经济学学科导论

刘明国　编著

本书受贵州财经大学重点学科建设基金资助

科　学　出　版　社

北　京

内 容 简 介

本书立足于马克思主义的立场，用马克思主义实事求是、辩证唯物主义和历史唯物主义的方法，从纵向和横向两个方面来介绍经济学的发展历史和现状。本书尽可能地让读者多了解真实经济世界，尽可能全面地让读者比较性地了解人类有史以来的基本经济学理论和观点。本书内容主要包括中国古典政治经济学、西方古典政治经济学、马克思主义政治经济学、庸俗经济学和国家主义政治经济学五大体系的简要述评，以及对经济学在微观和宏观两方面的若干基本问题的综合讨论。

本书是经济学的入门读物，可以作为财经类大学一年级学生的参考教材使用。

图书在版编目（CIP）数据

经济学学科导论/刘明国编著. —北京：科学出版社，2016.6
ISBN 978-7-03-048598-4

Ⅰ. ①经⋯ Ⅱ. ①刘⋯ Ⅲ. ①经济学 Ⅳ. ①F0

中国版本图书馆 CIP 数据核字（2016）第 125303 号

责任编辑：兰　鹏　陈会迎 / 责任校对：贾娜娜
责任印制：徐晓晨 / 封面设计：蓝正设计

科 学 出 版 社 出版
北京东黄城根北街 16 号
邮政编码：100717
http://www.sciencep.com

北京京华虎彩印刷有限公司 印刷
科学出版社发行　各地新华书店经销
*
2016 年 6 月第 一 版　开本：787×1092　1/16
2017 年 5 月第 二 次印刷　印张：10 1/8
字数：227 000

定价：42.00元
（如有印装质量问题，我社负责调换）

序　言

　　作者刘明国博士，贵州财经大学教授，与我有多年的师生情谊。我参加过他的硕士研究生入学面试，我旁听过他硕士毕业论文答辩，他在西南财经大学读硕士和博士期间我都给他上过课，也是我指导的第一个政治经济学专业的博士研究生。明国是一个爱钻研、喜较真、善独立思考、从不人云亦云、从不迷信权威的人，这或许与他的大学理科背景和深厚的哲学素养有关。

　　我们师徒两人经常讨论问题，很多时候还是激辩，甚至面红耳赤、互不相让。回想这些情景让我深感欣慰和快乐。明国这种"吾爱吾师，吾更爱真理"的较真性格，不正是学者最宝贵的一种素养吗？学术研究，一是要有求真知的志向，才能不断积累正确的知识，成为一个有学问的人；二是要有明辨是非的能力，才不至于深陷泥潭还"助纣为虐"，成为一个有风骨的人；窃以为，这两条是一个纯粹的学者最起码的素质，明国一直按照这个标准努力着。

　　想当年明国的硕士毕业论文答辩，还在我们西南财经大学经济学院掀起了一场小风波，缘由只有一个，他在论文中否定了经济学的一个基础性假设——等价交换。那是2005年的事情，现在已经过去近十年了。就以那次硕士毕业论文为基础，明国发微探幽、锲而不舍的研究，不仅构建了他的博士学位论文的核心思想，而且焚膏继晷著就了对西方经济学反思的专著：《新经济学原理（微观）——综合、反思与发展》（中国社会科学出版社出版）一书。

　　还值得一提的是，明国在攻博期间，以其硕士学位论文研究成果为基础，从微观转向了宏观，研究经济长期增长这个宏大的题目。一开始，都没有人相信他能胜任这个研究选题，以至于有些参与开题报告的老师都不赞同这个选题。但我深知明国的个性和理论素养。更重要的是，这种大胆探索理论的热情和勇气需要细心呵护，就支持他研究下去。最后，如愿以偿，明国按期完成了博士学位论文的答辩，并提出了一个新的宏观经济模型（理论）——谈判势力-经济长期增长模型，这是一个具有微观基础的宏观经济模型，它包括了三个子模型——谈判势力-收入分配模型、谈判势力-政府模型、总供求-经济增长模型。真可谓应了老祖宗讲的那句话——"天道酬勤"啊！

2008 年，明国博士生毕业到贵州财经大学任教，研究工作也没有放松；2011 年因为教学科研工作突出而一举破格评聘为教授，还是贵州财经大学政治经济学的学术带头人。在他承担的多门教学课程中，唯有这个《经济学学科导论》是经济学入门的基础理论课。这门课程的教学对刚刚踏入经济学殿堂的莘莘学子来说，具有导向性、奠基础的作用，明国深知其意义，任教多年下了不少功夫；再加之，在完成了新经济学原理的微观和宏观部分的初步研究后，梳理经济学这门学科的来龙去脉和各宗各派，并溯本追源、批注点评就成为明国在经济学教学和科研上不可逾越的课题。于是，就有了该书的创作与面世。

明国所著《经济学学科导论》一书，有诸多特点。比如，毫不讳言以马克思主义为指导，旗帜鲜明地对其他非马克思主义政治经济学的学派进行评判；又比如，大力强调中国古代经济学思想，并独辟蹊径地冠以"中国古典政治经济学"的名称[①]，不得不说是一个全新的提法，虽然这还待学理上缜密的论证与史料的佐证支撑，但这与从鸦片战争以来轻视中国古代经济学思想，甚至妄自菲薄地抛弃了对中国古代经济学思想的继承和发扬的倾向完全不同。中华民族要实现伟大复兴，没有了民族自信是不行的，没有了民族文化系统的发扬也是不行的。而这要求我们首先去了解、去传播中国古代优秀的文化遗产（包括古代经济学思想在内）。明国所作的《经济学学科导论》，估计也有这个用意——大力宣扬中国传统文化中的精华，使之为中华民族伟大复兴之梦服务。

明国所作的《经济学学科导论》一书，还有另一个独到之处——将经济学体系划分为五大经济学派——中国古典政治经济学、西方古典政治经济学、马克思主义政治经济学、庸俗经济学、国家主义政治经济学，这是一种新的经济学体系划分法；避免了单纯介绍西方主流经济学，或单纯介绍马克思主义政治经济学，或单独介绍西方古典经济学流派，或单独介绍西方经济学说史的狭隘，对全面正确地认识和把握经济学理论体系不无裨益。

目前，市面上还没有哪一本《经济学学科导论》像上述那样纵横捭阖地将中国古代经济学思想重新定位、从古论今对经济学体系如此分类，明国算是做了一个大胆的拓荒工作。诚然，作为一家之言还有许多研究工作要深入完成，如中国古典政治经济学与西方古典政治经济学都在政治经济学前冠以"古典"一词，众所周知一般后者断代为近代，前者断代在哪里，依据是什么？还有，学界公认，政治经济学是诞生在资本主义工业化之后，而将中国古代经济学冠以"中国古典政治经济学"的名称，究竟这种思想在中国古代有没有它成立的物质条件和社会基础？再有，将经济学体系划分为五大经济学派，划分标准及其科学性该如何把握？等等，此类问题都待进一步认真探究。该书中的有些观点，有方家们可能不会认同，甚至批判。我想不妨，真理总会越辩越明，正常的学术争论恰恰是科学发展

[①] 长期以来形成了这样一种观点，认为中国古代没有经济思想，只有"食货思想"，因为现代"经济"这个词，在中国古代是指"经国济民""经邦济世"，即治理国家、拯救平民的意思，而不是现在理解的财政经济之意；于是，现代经济学的古代源头就只能到西方古希腊文化中去寻找（如古希腊思想家色诺芬的著作《经济论》）。

的助推器。

　　当然，该书，对于经济学初学者，或者是任何想了解经济学这门学科概貌的求知者而言，都是一部不错的读物。它没有复杂的数学演算和公式推导，反而有不少趣味性和资料性的附录，增加了它的可阅读性。

　　基础科学的研究历来是严肃而又寂寞的，俗话讲的就是"坐冷板凳"，献身于此的人，他的幸福感就在于其研究成果为大众所接受、为社会添正能量、为文明进步做贡献。明国正在这条道路上忙碌着，但愿他一路走好！

　　应明国所邀讲了以上的话，是为序。

王朝明

于西南财经大学光华园淡定书斋

2016 年 4 月

目 录

导　论

帝国主义者能输送让中国崛起强盛的经济学理论吗？

——刘明国

■ 第一节　引　子

钱穆 1950 年在《中国社会演变》中写道：

"没有知识分子，则对社会发展之前途提不出理想，提不出方案。社会不会在盲目中发展。即使能在盲目中发展，但仍必先有知识分子的理想与方案出现。今天中国大陆所热切希望拼命追求的，无可讳言，只是一套苏维埃的现成的理想与方案。我们如先承认中国是中国，苏维埃是苏维埃，则至少该有一个取舍从违。近百年来，我们盲目抄袭德、日，失败了。又盲目抄袭英美，失败了。转而又盲目抄袭苏联。这正如百年前的盲目守旧一般。若明白这一点，旧的并非全该推翻，德、日、英、美也非全要不得，目前大陆政府所热切向往的苏联，自然也有些可学。在古今中外的复杂条件中，如何斟酌运用，这需要一种智慧。明白得智慧之重要，才知我们该如何培植知识分子及如何样来培植。"[①]

对于中国发展之方向或道路，从魏源提出"师夷长技以制夷"以来，历经约一个半世纪艰苦卓绝的探索与实践，但仍然未能在总体上跳出钱穆所言的"抄袭"。东施效颦绝不是什么英明之举。

国内有识之士，如毛泽东提出马克思主义要中国化[②]，如王亚南、于光远、卫兴华、刘国光、刘诗白、程恩富等，大声疾呼我们应该努力创建中国自己的经济学。

习近平明确提出："要立足我国国情和我国发展实践，揭示新特点新规律，提炼和总结我国经济发展实践的规律性成果，把实践经验上升为系统化的经济学说，不断开拓当代中国马克思主义政治经济学新境界。"[③]并且，习近平明确提出了"中国特色社会主义政治经济学"这个新概念。[④]

程恩富等还提出了中国现代经济学的创新原则和学术方针——"国学为根、马学为体、

---

① 钱穆. 2012. 中国社会演变, 国史新论. 3 版：北京：生活·读书·新知三联书店：40。

② 石仲泉. 2006. 毛泽东：致力于马克思主义中国化. http://theory. people. com. cn/GB/49157/49164/4517972. html[2016-5-1].

③ 习近平. 2015. 立足我国国情和发展实践 发展当代中国马克思主义政治经济学. http://news. xinhuanet. com/2015-11/24/c-1117247999. htm[2016-5-1].

④ 邱海平. 2015. 如何理解中国特色社会主义政治经济学. http://theory. people. com. cn/nl/2016/0107/c40531-28025967. html[2016-5-1]。

西学为用，世情为鉴、国情为据，综合创新"[1]，并创建了海派经济学（又称新马克思经济学综合学派或创新马克思经济学派，简称新马派）。

然而，我们不能等到创建好了中国自己的经济学体系后，再去培植中国的经济学知识分子。因此，作者认为，撰写一本较为简短的书，以让中国学子能从整体上了解和把握经济学这门学科的概貌，以免陷入狭隘或偏执是重要的。尤其是，将经济学分为中国古典政治经济学、西方古典政治经济学、马克思主义政治经济学、庸俗经济学、国家主义政治经济学五大理论体系，这种新型的经济学理论体系划分，或许，也算是为创建"中国特色、中国气派、中国风格"的经济学现代体系抛砖引玉了。或许，明确如何对待人类有史以来的主要经济学派，本身就是创建中国自己的经济学现代体系（即马克思主义中国化）的首要任务。

更为重要的是，让中国学子了解中国几千年文明所积淀下来的经济（学）智慧，不仅可以在很大程度上丰富我们的经济学知识、激发我们创建中国现代经济学的灵感，并为中国将来的发展提出理想、方案，还能增强（作者相信一定能增强）我们对自己国家、民族的自豪感和自信心。

另外，为了避免单纯介绍理论思想所带来的枯燥和空洞，同时增加本书的可阅读性和趣味性，本书每章后面有一些史料性、故事性的附录。

第二节 中国当代经济学的四个表象

对于中国当代经济学的特征，也许不同的学派，其认识也是不同的。比如，对于推崇西方主流经济学的人士而言，感叹"现在的经济学已经没有什么重大的问题可研究的了"，深信"能在这个完美的经济学大厦中将某朵窗花雕刻得更漂亮一些就不错了"；对于推崇马克思主义的人士而言，有的感叹"马克思实在是了不起，我们难以望其项背，更别说超越了"，有的认为"马克思主义需要中国化、需要不断发展"，等等。作者不想陷入流派间的争论，只想在此介绍中国当代经济学的四个客观表象。

一、混乱

2002 年左大培先生在《混乱的经济学》一书中指出，当今的经济学处于一种混乱的状况，主要表现在以下几个方面。

（一）胡乱的（不切实际的）假设

在现在流行的经济学教材中，存在很多不切实际的假设，比如，偏好不变假设、经济选择行为连续性假设、均衡假设、国内生产总值（gross domestic product，GDP）核算假设、等价交换假设、存货是非意愿投资的假设、机会成本是成本的假设、要素报酬是按照其边际生产力大小来分配的假设等。当我们的理论命题建立在不切实际的假设基础上时，理论的混乱就是难以避免的了。

---

① 程恩富. 2013. 论推进中国经济学现代化的学术原则. 经济理论与政策创新. 北京：中国社会科学出版社：3-24. 注：原文是"马学为体、西学为用、国学为根，世情为鉴、国情为据，综合创新"，作者按照"根""体""用"一般的关系，将其顺序做了调整——"国学为根"放在了首位。

（二）10个经济学家有11种观点

对待同一个问题，从不同的角度、站在不同的利益立场、采用不同的理论，就会有不同的观点。比如，从2002年开始，就中国的人民币是否升值的问题，就是一个公说公有理、婆说婆有理的问题。有的人从短期就业和GDP增长的角度，有的人从中国金融安全的角度，有的人从中国经济结构调整和国强民富的角度，有的人从改善国际关系的角度，可谓是众说纷纭，莫衷一是。

（三）没有统一的争论标准（或平台）和逻辑起点

之所以有上述"10个经济学家有11种观点"的众说纷纭的混乱状况，一个重要的原因就是没有统一的争论标准、没有统一的逻辑起点。坚持马克思主义政治经济学的、坚持自由主义经济学的、坚持凯恩斯主义经济学的、坚持国家主义经济学或发展经济学的，都各有自己的理论系统，由此导致他们不同的判断标准和逻辑起点。

（四）数学工具的乱用，思想的贫困化和形式的数学化、精致化

从20世纪以来，尤其是从第二次世界大战结束后以来，经济学鲜有突破性的发展，经济学理论界出现思想的贫困化，为了掩盖思想的贫困化，在形式上打着追求经济学科学化的旗号，乱用数学工具，以数学的逻辑来代替经济学的逻辑，从而表现出形式上的数学化、精致化的倾向。

这招致了经济学界的反思和批判，2000年法国一批学经济学的大学生发起了经济学改革国际运动，后扩展至全世界几十个国家的经济学界。他们宣言：我们不需要脱离现实的、虚假的、抽象的经济学，我们需要有助于我们认知真实经济世界的经济学，反对经济学中数学的滥用（见本章附录0-1）。

在中国，是贾根良教授率先将经济学改革国际运动的情况介绍给国内经济学界的，并且大声疾呼要反思中国流行的西方主流经济学。

经济学之所以出现上述种种混乱，从本质上讲，是方法论的混乱；从根源上讲，是意识形态的不同所致，或为广大民众利益，或为少数有产阶级利益，或为帝国主义国家利益，或为第三世界国家利益。为广大民众利益和为第三世界国家利益，经济学理论就必须直面经济世界中分配的不平等性、竞争的残酷性等事实和客观规律。为少数有产阶级利益和为帝国主义国家利益，经济学理论就只可能是顾左右而言他、似是而非的忽悠，只可能是脱离现实的、抽象的逻辑游戏，即使有规律性的见解，也是为了更好地忽悠和赚取利润。

二、偏见与傲慢

在中国经济学界，还有一个混乱现象，那就是马克思主义政治经济学和西方主流经济学这两大流派的对立，两派的学者常有画地为牢、故步自封的状况。日日朝晚谋面，老死不相谋。

更令人遗憾的是，中国古代经济思想曾经为中国几千年的灿烂文明做出了不可或缺的贡献，在所谓的"现代经济学"中却没有它应有的位置。一句"封建社会思想""小农经济思想"就将中国古人几千年的经济智慧给湮没封杀了。

一个排斥过去、排斥不同观点的"现代经济学"的存在，其实也是当代经济学混乱的一种表现。

三、经济学帝国主义

经济学一方面处于一种混乱的状况，另一方面却又具有帝国主义的特征，不断地向其他领域和学科扩张，与法学结合形成法经济学，与地理学结合形成区域经济学，与文化结合形成文化经济学，还有什么穷人经济学、富人经济学、产业经济学、土地经济学、城市经济学、行为经济学、房地产经济学、旅游经济学、循环经济学、会展经济学、新政治经济学、西方经济学、新制度经济学、新兴古典经济学、高级经济学、现代经济学、计量经济学、实验经济学等。

一时间，经济学成了一门显学，成了一门知识大爆炸的、让很多人以此谋生的学问。但是，有多少是属于科学的范畴，这是一个问题；至于有多少命题是成立的、在多大的范围内成立，同样是一个问题；而究竟有多少"理论"，可以有效地指导经世济民、治国安邦的实践，那就更是问题了。

以至于阿尔弗雷德·艾克纳发出"经济学为什么还不是一门科学"的呐喊，以至于安托万·多迪默和让·卡尔特里耶发出"经济学正在成为一门硬科学吗"的疑问。

四、学科分类细化

在复杂程度日益加深的当代社会中，科学研究需要越来越细的分工，以求研究更为精深，以期获得更好的成效。对作为社会科学的经济学而言，学科划分越来越细，原本也无可厚非，但实际上却出现了一些不好的表象。

国内目前对经济学这个学科的划分大体为：一级学科分为理论经济学和应用经济学，理论经济学二级学科又分为政治经济学、宏观经济学、微观经济学（有时又将宏微观经济学称为西方经济学）、经济史、经济思想史、世界经济学等，应用经济学二级学科又分为财政学、金融学、国际贸易学、产业经济学、国民经济学、区域经济学等。

这样一个学科的划分，原本是为了对研究方向的一个大体区分，但在中国当下的经济学教学和研究中，却因此而出现了各自画地为牢、故步自封的狭隘倾向和理论研究与应用脱节的问题。研究理论经济学的不关心现实应用，研究应用经济学的不关心理论研究，甚至还有不管理论是否正确、是否适合所研究问题的对象，拿来就用的情况。

殊不知，经济社会原本就是一个有机统一的整体，若总是用"显微镜"式的研究方法，往往并不能很好地获得指导我们更好实践的真知。

第三节　经济学方法论

为了在混乱的经济学现状中不被搞得晕头转向，我们必须了解经济学方法论，必须懂得什么才是科学的经济学方法论。

一、人类认知世界的两种基本方法

而在了解科学的经济学方法论是什么之前，我们又必须先了解人类认知世界的两种基本方法：归纳抽象和逻辑演绎。[①]

对于我们大多数人而言，所获得的知识大部分来源于书本、老师、同学、亲朋好友，还有一个重要的知识获取途径是耳闻目睹、亲身体验，但是，后者受到时空等多种因素的限制，获得的知识往往会非常有限。归根结底，人类的知识都是来源于对世界的认知，而人类认知世界不外乎两种方法，一是通过耳闻目睹、亲身体验，也就是所谓的观察实践，并在此基础上抽象出隐藏在现象背后的规律和本质；二是利用已有的知识通过合理的逻辑演绎，得出新的知识。中国古人所谓的"悟"，大抵也是这种逻辑演绎的认知方法。

但是，这两种基本认知方法都天然存在缺陷。这符合"没有十全十美的事物"的哲学命题。观察归纳抽象法存在归纳不完全的缺陷，往往会出现以偏概全的问题，如"白天鹅的脚是什么颜色的故事"。逻辑演绎法存在"惊人的思维飞跃"的缺陷，往往会出现"在真理前面再往前迈半步"的问题，比如，"毛主席姓毛，姓毛的都是主席""一年身高长5厘米，十年长50厘米，一百年长5米"！

那既然人类认知世界的这两种基本方法都是有缺陷的，是不是就不能用这两种方法，或者干脆就不去认知世界了呢？显然不是。

那我们究竟应该如何去认知世界呢？马克思主义哲学告诉我们，人类认知世界最好的方法是将观察归纳抽象和逻辑演绎这两种方法结合起来，所谓"从实践中来，到实践中去，再从实践中来，又到实践中去，……如此往复，不断地逼近真理"。

也就是说，通过对现象（实践）的观察，抽象出理论（谓之猜想或假说），再将抽象出来和通过逻辑演绎得出来的理论回到实践中去检验，越经得起检验，说明该理论越接近真理。

二、科学命题的特征和经济学理论的评判标准

按照证伪主义的观点，如果一个命题不能检验，那这个命题本身就不是科学的命题。比如，"我是上帝派来的"，这样的命题就不是科学的命题，由一系列这样的命题组成的理论体系就不是科学的范畴。

自19世纪中后期以来，在西方流行的数理经济学、计量经济学、凯恩斯主义宏观经济学、新古典宏观经济学等，在方法论上很难说是属于科学的范畴：不切实际的武断假设及不可证伪性、偷换概念、用数学的逻辑代替经济学的逻辑、非人本主义、用微观的思维代替宏观的思维等。以至于豪斯曼针对西方主流经济学不结合实际的假设-推理范式——工具主义方法论，责问："为何不揭开引擎罩？"[②]

对于经济学的假说（理论），作者认为有两个评判标准：一个是真实性；另一个是在"趋利避害"逻辑上的自洽[③]。当然，对于政策性的观点，还需要用社会价值观去评判。

三、经济学的三个特征

第一，与自然科学相比，经济学研究对象的性质不同。

① 注：从获取知识的途径来分，人们获取知识又可以分为直接手段和间接手段两种。但是要获取真知，最终还是离不开通过实践进行归纳抽象和逻辑演绎两种基本的方法。
② 豪斯曼 D. 2007. 经济学的哲学. 丁建峰译. 上海：世纪出版社，上海人民出版社：136-138.
③ 刘明国. 2011. 新经济学原理（微观）——综合、反思与发展. 北京：中国社会科学出版社：35-38.

经济学所研究的对象因为收入水平、文化习惯（偏好）、人口数量和结构、外部环境等差异，永远不可重复。经济学研究对象所面临的时空因素无法回避。

"每一个经济现象都是在特定的约束条件下发生的，要受到参与人的意识的影响，它是主观和客观共同作用的结果（而不像自然科学那样是一个纯粹的客观现象），现有的经济现状又对以后的经济行为有影响，而且经济学研究还需要考虑时间纬度，这都是社会科学与自然科学的不同之处。"[1]

第二，与自然科学相比，经济学在逻辑上也有不同。经济学的逻辑既不同于数学，也不同于生物学、物理学、化学的逻辑（详见本章附录0-2）。

第三，形而下的学科特征和科学特征。经济学与哲学、伦理学、宗教学等相比，它不是形而上的学科，而是形而下的致用型学科。另外，经济学研究的任务就是要揭示经济规律，所以，它又具有科学性，即可证伪性。

■ 本章附录

附录 0-1　法国经济学学生请愿书[2]

法国经济学学生致本学科教授和教学负责人的公开信

我们法国各大学的经济学学生宣布，我们对所接受的经济学教育普遍不满，理由如下。

（一）我们希望脱离虚构的世界

为了深刻理解现代人所面对的众多经济现象，我们当中的大多数人选择了从事经济学研究。但是，经济学教学就绝大部分内容而言是新古典理论和方法，总的来说，它不能满足我们这一期望。事实上，这一理论从一开始就以不考虑偶然性（contingencies）为借口，几乎没有对事实进行必要的关注。经验性内容（历史事实、制度功能、对经济人行为和策略的研究……）几乎是不存在的。这种教学中的差距和对具体现实的漠视给那些希望能有益于经济和社会的人造成了巨大的困难。

（二）我们反对无节制地使用数学

使用数学作为工具看来是必要的，但是，当数学本身不再是工具，而成为自身的目的时，求助于数学形式化会导致对现实世界的一种真正的精神分裂症。形式化易于构建问题（construct exercises）和操纵模型，而模型的意义局限于能为写出"一篇优秀论文"而发现"好的结果"（即来自初始假设的逻辑结果）。在科学的幌子下，这种习惯做法有利于评估和选拔，但永远不能回答我们所提出的有关现代经济争论的问题。

（三）我们要求经济学方法的多元化

通常，对授课内容（lectures）的质疑是不许可的。在研究现有经济问题的所有方法

---

① 刘明国.2011.新经济学原理（微观）——综合、反思与发展.北京：中国社会科学出版社：9-10.

② 注：2000年6月，法国经济学学生发表请愿书，由此掀起了经济学改革国际运动（post-autistic economics movement），有关资料读者可参见：贾根良.2011."经济学改革国际运动"十周年：回顾与反思.海派经济学，第1辑：1-18.

中，一般只有一种方法提供给我们。这种方法借助于纯粹的公理化程式，宣称能解释任何事物，似乎这就是所谓的经济学真理。我们不接受这种教条主义。为了适应研究对象的复杂性，对付经济生活中许多重大问题（失业、不平等、金融市场定位、自由贸易的优劣、全球化、经济发展等）所涉及的不确定性，我们需要一种多元化的方法。

（四）呼吁教师们：尽早觉醒

我们充分意识到，我们的教授受制于某些约束。然而，我们要向所有理解我们的请求和希望变革的人进行呼吁。如果重大的改革不立即推行，所产生的风险会大到使正在减少的经济学学生们整体地放弃这一领域，这并非因为他们失去了对经济学的兴趣，而是因为他们被孤立于当今世界的现实和争论之外。

我们再也不想让这种脱离现实的所谓科学强加于我们。

我们并非无中生有，只是希望好的思想能更加流行。因此，我们希望尽快得到回应。

附录0-2　1个男人+1个女人=？

我们一般认为，1+1=2。但是，我们很少去审视，这其实仅仅是从数学的逻辑来认识的。如果我们换用其他逻辑去思考，这个命题却并不一定成立。

比如，我们从社会学的角度讲，1个男人和1个女人在一起，可能（通过结婚）成为1个新的组织——家庭；如果我们从生物遗传学的角度讲，答案却是不唯一的（大于等于2？谁知道可能生几个孩子）；如果我们从经济学的角度讲，决不能得出"两件产品"的结论，但是却可能得出这样的结论——"1个劳动力生产与再生产的组织"。

由此，我们可以进一步扩展我们思维，思考"1台机器+1个工人=？"的问题，决不能用数学的思维去思考，而需要经济学的逻辑。经济学的逻辑告诉我们，这需要从生产资料归谁所有和产品如何分配等生产关系、生产技术水平、产品市场情况如何等方面去思考。

数学在经济学中的应用，难以保证其结果的可靠性。比如，"利润=价格−成本"成立，但是你对该命题进行数学恒等变形，则可得"价格=利润+成本"，但经济常识告诉我们，现实中的价格显然不是这样决定的。然而，在所谓的数理经济学中，数学的恒等变形是常事。

又如，国内曾经甚为流行的"计量经济分析"（所谓的实证经济学），也常犯错。比如，现有两棵松树，一棵是华山上的，一棵是贵州财经大学校园里的，我们对这两棵松树生长的时间序列数据（按照国内流行的做法）进行计量分析，会得出两者正相关的结论（同时在生长，岂能不正相关？）。但是生物学的常识告诉我们，树木的生长主要受阳光、雨水、气温、土壤肥力的影响。那么这样的计量分析就毫无意义，纯粹是在胡乱地拉郎配。当然，从事物普遍联系的观点来讲，你还不能说这两棵松树生长相关的结论就是错的。

甚至有人针对性地选择20世纪90年代中国国有企业的生产效率为样本，通过一番计量分析，得出"国有企业低效率"的结论。但是，按照其同样的逻辑，我们选择2007年金融危机爆发以来全世界的私人企业的生产效率为样本（企业倒闭破产是生产效率低的最好证据），我们也可以得出"私人企业低效率"的结论。问题是，究竟什么样的企业效率才高呢？"计量经济分析"，却是不会告诉你的。

■ 思考与讨论

1. 你的理想是什么？你准备凭借什么立足于这个社会？
2. 你心目中的大学教学应该是什么样子？或者说你对大学经济学教学有什么期待？

第一篇　经济学的由来和演变

只有站在巨人的肩膀上，我们才可能看得更远。

——牛顿

当我们将学习的目光投向狭隘的历史和世界时，就已经注定了我们思想的狭隘与偏执。

——刘明国

第一章

经济学的萌芽

合抱之木，生于毫末；九层之台，起于累土；千里之行，始于足下。

——老子

经济理论总是起源于实践的需要，也来源于实践的总结。经济学的萌芽，可以从东方的古代中国和西方的古希腊、古罗马的经济实践说起。中国的经济学和西方的经济学从起源或萌芽开始，就因为其哲学理念上的差异，分别沿着不同的方向发展：一个强调宏观和微观有机统一的经世济民、国强民富和国泰民安；另一个强调微观上的效率提高和单纯的物质财富增长。

■ 第一节　经济学在中国的萌芽

随着中国由氏族部落社会向封建领主制社会转变①，经济实践日趋复杂，有关经济运行规律和经济政策的经济学就诞生了。经济学在中国的萌芽，早可以追溯到神农氏时期的重农主义，比较保守的、有史为证的说法，是在西周时期（公元前 1046～前 771 年）开始的。

对中国古代经济学的认识，有一种观点是值得商榷的。这种观点认为，中国古代没有经济学，要有至多也仅是分散的经济思想。这其实是一种非常狭隘的观点，其本质是以西方的经济学范式为中心的思维，这本身就是国人妄自菲薄的一种思维。这种观点带来一个非常恶劣的影响，似乎要学习经济学，就只有向西方学习，毛泽东称之为"言必称希腊"。以至于，现在国内主流的经济学教材中，基本没有中国古代经济学的位置。

中国古代的经济学思想是博大精深的，是为了更好地经世济民而从实践中不断摸索和总结出来的，也是从中国独特的经济实践中归纳出来的。可以说，没有中国古代先进的经济学，就没有中国古代五千年灿烂而绚丽的物质文明和精神文明。

至于中国是否有类似于西方的科学体系的经济学，这本身就已经不重要了。理论知识毕竟是用来指导实践的，重要的是它是否符合事实、是否能有效指导我们的实践、是否能在其指导下实现可持续的国强民富和国泰民安。我们为什么一定要有类似于西方科学体系的经济学呢？

---

① 注：封建领主制社会，亦称领主制封建社会，为了与欧洲的封建农奴制社会相区别，故称封建领主制社会。

梁启超在《〈史记·货殖列传〉今义》（光绪二十三年，1897 年）中认为："西人富国之学，列为专门，举国通人才士，相与讲肄之……观计然、白圭所云，知吾中国先秦以前，实有此学。"[①]到光绪二十八年（1902 年），梁启超在《论中国学术思想变迁之大势》一文中又指出："盖全地球生计学，发达之早，未有吾中国若也。"[②]

蒋介石在《中国经济学说》（1943 年）中指出："近百年来西洋经济学的流入，'中国自己的经济的原理反而没有人讲求'。"[③]

中国由氏族部落社会向封建领主制社会转变时，经济活动是以种植业为主，重视农业的思想就产生了。相传，尧命羲仲、和仲等根据天象"敬授人时"（人时，即民时，也就是农时）；舜对十二牧（部落首领）说，"食哉，唯时"；舜曾向担任农官的后稷交代任务说，"弃，黎民阻饥，汝后稷，播时百谷"。[④]

夏禹还有关于广积粮的精辟论断："土广无守，可袭伐。土狭无食，可围竭。二祸之来，不称之灾。天有四殃，水旱饥荒，非务集聚，何以备之……小人无兼年之食，遇天饥，妻子非其有也。大夫无兼年之食，遇天饥，臣妾舆马非其有也。"[⑤]

虢文公对农业之重要性有相当透彻的分析："夫民之大事在农，上帝之粢盛（zī chéng）于是乎出，民之繁庶于是乎生，事之供给于是乎在，和协辑睦于是乎兴，财用繁殖于是乎始，敦庞纯固于是乎成。"[⑥]

虽然西周及其以前的重农主义还是非常朴素的，但是重农主义这一思想源远流长、至关重要，对中国古代五千年灿烂而绚丽的文明有着不可或缺的重大影响，直到今天，这一思想依然还有重大的现实指导意义。第二次世界大战以来，几乎所有的老牌资本主义国家都是重视农业的，几乎所有轻视农业的国家都是难以实现可持续的国泰民安和国强民富的。就连美国这样号称当今世界最为富强的工业化国家，对农业都是高度重视的，总统都要为他们的农场主向外国推销农产品。

农业作为国民经济的基础，过去是，现在是，未来还是。除非，人可以不吃饭了。

西周时期，除了上述的重农主义思想外，中国的经济学成就大体可以归纳为以下几个方面。

（一）价值论（财富观）

中国古人认为，①财富就是各种对人有用的自然物体，如土地山泽之所出、车、牲畜等；②对于不同等级的人而言，财富的内涵是不同的，土地山泽之所出是国君的财富，有宰食力和祭器衣服等是大夫的财富，车是士的财富，牲畜是庶人（自耕农）的财富[⑦]；③财富（价值）来源于劳动和自然。

《礼记·曲礼》记载："问国君之富，数地以对，山泽之所出；问大夫之富曰，有宰食

① 转引自：叶世昌. 2003. 古代中国经济思想史. 上海：复旦大学出版社：1.
② 转引自：叶世昌. 2003. 古代中国经济思想史. 上海：复旦大学出版社：1.
③ 转引自：叶世昌. 2003. 古代中国经济思想史. 上海：复旦大学出版社：2.
④ 转引自：叶世昌. 2003. 古代中国经济思想史. 上海：复旦大学出版社：14-15.
⑤ 转引自：叶世昌. 2003. 古代中国经济思想史. 上海：复旦大学出版社：14.
⑥ 转引自：胡寄窗. 1981. 中国经济思想史简编. 北京：中国社会科学出版社：5.
⑦ 注：食力，有解释为"食民下赋税之力"；有宰食力，指有主宰分配、最终享用庶民税赋的能力。

力，祭器衣服不假；问士之富，以车数对；问庶人之富，数畜以对。"[1]

《大戴礼·武王践祚·履屦铭》记载："慎之劳，劳则富。"[2]

芮良夫在《国语·周语》中说："夫利，百物之所生也，天地之所载也。"[3]

（二）国民财富分配论

中国古人认为，①财富由少数人占有（即"专利"），害处很多，不利于天下太平、不利于民心归附，国家应该调节社会财富在各个阶层、群体之间的分配（即"布利"），以避免出现"专利"；②商品交换的价格，不能任由市场机制发挥作用，必须受到政府的管制；③信贷等金融活动只能由政府经营，而且要根据借贷种类的不同来收取不同的利息，甚至有些公益性、救助性的信贷还不应收取利息；④财政支出应该遵循"量入为出"原则和"专税专用"原则，税收应该遵循"任土所宜"原则和"负担平均"原则；⑤对不从事生产者要通过征税来予以制裁，以促使社会多生产；⑥在灾荒时国家要通过救灾政策来凝聚民心。

芮良夫在《国语·周语》中说："夫利，百物之所生也，天地之所载也。而或专之，其害多也。天地百物，皆将取焉，胡可专也。……夫王人者，将导利而布之上下者也，使神人百物无不得其极，……匹夫专利，犹谓之盗，王而行之，其归鲜也。"[4]

《礼记·王制》记载："冢宰制国用，必于岁之杪，五谷皆入，然后制国用。用地大小，视年之丰耗，以三十年之通制国用，量入以为出。"[5]

（三）国民财富增长理论和宏观经济运行理论

中国古人已经认识到，①农、工、商、虞（开发山泽资源），都是一国经济正常运行所必需的产业；②贸易对于财富增长和国家繁荣具有重要作用，尤其是贸易在平抑物价、连接生产和消费上具有重要作用。

司马迁在《史记·货殖列传》中引《周书》（已佚）说："农不出则乏其食，工不出则乏其事，商不出则三宝绝，虞不出则财匮少，财匮少而山泽不辟也。"[6]

周公在《逸周书·大聚》中认为："工匠役工以功其材，商贾趣（趋）市以合其用。外商资贵而来，贵物益贱，资贱物，出贵物，以通其器。夫然则关夷市平，财无郁废，商不乏资，百工不失其时，无愚不教，则无穷乏，此谓和德。"[7]

可以说，中国古人上述有关农、工、商、虞的论述，是人类经济学说史上最早的宏观经济理论。

总之，中国西周及其以前的经济学家们，以如何更好地经邦济世为出发点，以实现国泰民安为目的，在价值论、分配论、国民财富增长论和宏观经济运行论方面做了诸多朴素而富有价值的贡献，不少理论和政策至今仍然还值得我们借鉴。

---

① 转引自：胡寄窗.1981.中国经济思想史简编.北京：中国社会科学出版社：3.
② 转引自：胡寄窗.1981.中国经济思想史简编.北京：中国社会科学出版社：2.
③ 转引自：胡寄窗.1981.中国经济思想史简编.北京：中国社会科学出版社：5.
④ 转引自：胡寄窗.1981.中国经济思想史简编.北京：中国社会科学出版社：4.
⑤ 转引自：胡寄窗.1981.中国经济思想史简编.北京：中国社会科学出版社：12.
⑥ 转引自：叶世昌.2003.古代中国经济思想史.上海：复旦大学出版社：16.
⑦ 转引自：叶世昌.2003.古代中国经济思想史.上海：复旦大学出版社：16-17.

■ 第二节　经济学在西方的萌芽

公元前 11～前 8 世纪，古希腊从原始公社社会向奴隶制社会过渡，就是所谓的"荷马时代"。公元前 8～前 6 世纪，奴隶制城邦国家开始在西方兴起，并繁荣了几个世纪，直到公元前 2 世纪，古希腊被古罗马吞并。

古希腊是典型的奴隶制国家，奴隶作为当时最稀缺的生产要素，被奴隶主完全占有。这是一个在崇尚霸道的文化下，建立的统治与被统治、剥削与剥削、压迫与被压迫的两极分化的社会。拥有奴隶的多少，就像现在拥有货币资本一样成为当时社会评判贫富的重要指标。在这种基本的所有制下，古希腊的经济还具有另外三个主要的特征，具体如下。

第一，城邦制。由于希腊多山，群山把希腊半岛分隔成若干小块地区，每一地区以一个城市为中心，形成一个城邦国家。最著名的城邦是斯巴达和雅典。

第二，政治体制上表现为奴隶主的民主制和贵族寡头制并存。雅典是奴隶主民主制城邦的代表，而斯巴达是奴隶主贵族寡头专政城邦的代表。

第三，自然经济占统治地位。但由于城邦之间交往和海上贸易的发展，也有了一定的商品贸易，因而工商业奴隶主也有一定的势力。

雅典和斯巴达为了争夺霸权，进行了长达 27 年之久的伯罗奔尼撒战争。战争使得奴隶制度固有的矛盾尖锐化，从而使奴隶制城邦制进入危险时期。在这种情况下，一些奴隶主思想家力图寻求巩固和发展奴隶制经济的途径，进而产生了对如何治理城邦经济的经济学思想的需求。

在这样的经济实践中，古希腊孕育了以下主要的经济学成就[①]。

第一，对财富性质（或内涵）的认识。古希腊人认为，财富就是土地、畜群、谷物等具体的使用物品。当时的奴隶主还不鄙视体力劳动，甚至以自己有高超的生产技能而骄傲。这与当时的生产力水平有关。由于当时的奴隶数量还不多，劳动生产率又很低，剩余产品还不足以使奴隶主摆脱体力劳动。但是，已经有了鄙视体力劳动的倾向。在《荷马史诗》中，"高贵的主人"和"卑贱的奴隶"这样的词句就已经出现了。

第二，色诺芬（约公元前 430～前 354 年）的经济学思想。色诺芬是古希腊著名的思想家、历史学家和作家，曾求学于唯心主义哲学家苏格拉底；由于参加军事远征，因战功而获得田庄。其亲自经营管理奴隶制田庄的经历，对他的经济学说的形成具有决定性的影响。《经济论》《雅典的收入》是他的经济学专著。

色诺芬认为：①家政管理（经济）应该成为一门学问，这门学问研究的问题是——奴隶主如何管理好自己的财产，使自己的财富不断增加；②财富在本质上就是有用的东西，对于奴隶主来说，财富具体表现为奴隶所生产的剩余产品，比如，"一支笛子对于会吹它的人是财富，而对于不会吹的人，它无异于毫无用处的石头"[②]；③奴隶主想增加自己的财富，必须致力于组织和监督奴隶从事劳动，用驯服野兽的办法来驯化奴隶；④"农业是

---

① 注：现在有人怀疑所谓的"古希腊文明"是后世假借古人名伪造，详见任志刚的《为什么是中国》（台海出版社，2015 年版）和何新的《希腊伪史考》（同心出版社，2013 年版）。

② 色诺芬.1961.经济论 雅典的收入.张伯健，陆大年译.北京：商务印书馆：3.

其他技艺的母亲和保姆"，手工业是"粗俗的技艺"，手工业和商业都不应该包括在经济学的研究范围内[①]；⑤分工会带来效率的提高，但分工要求市场容量足够大。

比如，由于分工，"波斯国王餐桌上的食物就必定比别的地方的食物可口得多"；"一个人不可能精通一切技艺，专门从事一种技艺的人必然工作得更好；但是某一个人只靠一种技艺就能生活，在小城市里是办不到的，因为那里的主顾太少，而在大城市里则完全不成问题"。[②]

第三，柏拉图（公元前 427～前 347 年）的经济学思想。柏拉图是古希腊的唯心主义哲学的最大代表，也是苏格拉底的学生；在政治上拥护贵族专政、反对民主政治；他的经济思想主要反映在《理想国》和《法律论》中。

他认为，在一个理想国中，①因为人的需要是多方面的，而人的才能却是有限的，所以人们应该按照自己的天生禀赋进行分工，并进行互助，由此形成团体，进而形成联合国家；②人们不能相互交换职业和地位，否则就违背了人的天性，造成社会的混乱，危害国家的安全；③按照人们的天性进行分工使社会分成三个等级，第一等级是国家的执政者（包括富有理性和知识的哲学家），第二等级是国家的保卫者（即战士），第三等级是提供生活资料的人（即农民、手工业者和商人，奴隶只是奴隶主会说话的工具）；④私有财产是国内矛盾和意见分歧的根源，在第一、第二等级中应该消灭私有财产，由国家来供应他们的一切生活需要，并且不应该有个体家庭的存在，只允许第三等级拥有私有财产；⑤农业是理想国的经济基础，手工业和商业是最低贱的，但又是必不可少的，最好是让奴隶从事手工业劳动、让外国人来经营商业；⑥分工的存在导致了商业、商人和市场，而交换的日益频繁导致了对货币的需求。

第四，亚里士多德（公元前 384～前 322 年）的经济学说。亚里士多德是古希腊集大成的思想家，早年是其老师柏拉图的忠实跟随者，后来与柏拉图在思想上发生分歧，他常与弟子在散步时讲课，故有人称其学派为逍遥派，其经济思想主要反映在《政治学》和《伦理学》中。

亚里士多德认为：①经济学不同于政治学（政治学研究的是国家制度），研究的是取财术或者致富术；②取财术在现实中有两类，一是"家庭管理"，二是"货殖"（货币增殖，如放高利贷），但只有"家庭管理"才是经济学研究的对象；③真正的财富是对家庭和国家具有使用价值的物品的总和（这种物品的消费是有限的，合乎自然）；④"货殖"是违反自然（即不合乎人类和事物本性的），因为货殖以货币的无限积累为目的；⑤产品作为商品还具有交换价值。

古希腊时期的经济学思想可以说是非常丰富的，虽然大多处于朴素的阶段，但是为经济学的发展做了很多基础性的拓荒式探索。在价值论上，他们主张效用价值论，这一直流传到今天。在财富分配论上，他们主张等级制度，认识到了所有制在财富分配中的决定性作用。在国民财富增长论上，他们主张分工、强调贸易、强调农业在国民经济中的基础地位，主张用驯服野兽的方法来驯化奴隶为奴隶主创造更多的财富。这体现了西方的经济学为统治者、为强势利益集团服务，不把弱势群体当人看的意识形态，其背后是西方"遵循

---

① 色诺芬.1961. 经济论 雅典的收入. 张伯健，陆大年译.北京：商务印书馆：18, 20.

② 葛杨，李晓蓉.2003. 西方经济学说史. 天津：南开大学出版社：13, 14.

自然法则"（即推崇弱肉强食的丛林法则）之野蛮的霸道哲学思想。这一意识形态也一直沿袭到今天。

另外，色诺芬所提出的"经济"概念，用现代语言来解释，指"有效率"——在成本既定的条件下收益尽可能地大、在收益既定的条件下成本尽可能地小。这与中国古代的"经邦济世""经世济民"相比，在意识形态上是有极大差别的。

中国古代经济学家们，始终将国家治理的落脚点放在国泰民安上，而不是单纯地讲财富的增长或效率的提高。单纯地讲财富的增长或效率的提高，其实质是单纯地为统治者、强势利益集团的财富增长考虑。

古罗马是西方古代又一奴隶制国家，经历了三个历史时期：氏族制向奴隶制过渡时期（约公元前 8～前 6 世纪，史称"王政时期"）、军事扩张时期（公元前 6～前 1 世纪，史称"共和时期"）、由盛转衰时期（公元前 30～公元 476 年西罗马帝国灭亡）。古罗马的经济是在大规模榨取奴隶劳动，尤其是大规模榨取被军事占领地的奴隶劳动的基础上繁荣起来的。战争给古罗马带来了源源不断的奴隶，同时也就给胜利者——奴隶主——带来了源源不断的财富。

可以说，古罗马的经济学就是战争经济学。以至于埃克伦德和赫伯特说，在古罗马时期，"经济学中几乎没有重要的分析的进步"[1]；以至于斯皮格尔说，"罗马人是实践家而不是思想家，他们对经济思辨的贡献不超出少许关于简易生活、农业经营以及与奴隶劳动相比而言的自由劳动的优越之处的说法"[2]。

■ 思考与讨论

1. 经济学分别在中国和西方萌芽时的经济文化背景有什么差异？
2. 在经济学的萌芽阶段，中国和西方在价值追求上有什么区别？

---

① 埃克伦德 R，赫伯特 R. 2001. 经济理论和方法史. 杨玉生，张凤林，等译.北京：中国人民大学出版社：19.
② 斯皮格尔 H. 1999. 经济思想的成长. 晏智杰，刘宇飞，王长青，等译. 北京：中国社会科学出版社：31.

第二章

中国古典政治经济学

> 仁爱，是中国古代文化的核心，也是中国古代文化伟大之处，同时还是一种文化是否属于文明的评判标准。
>
> ——刘明国

> 中国经济学具有道德基因。
>
> ——张苏

中国的古典政治经济学，是试图实现以农业为主的、经济社会构成复杂多样的封建地主制社会的国强民富和国泰民安的经济学，始于春秋、大发展于战国秦汉、完善于两晋至唐宋、没落于清中至今，代表性学派有儒家、墨家、管子派、法家、道家等，代表性人物有管仲、孔子、孟轲、荀况、墨翟、商鞅、李悝、韩非、司马迁、贾谊、晁错、桑弘羊、王安石等，代表性著作有《管子》《墨子》《论语》《大学》《中庸》《孟子》《礼运》《荀子》《商君书》《韩非子》《老子》《史记·货殖列传》《史记·平准书》《盐铁论》《汉书·食货志》等[①]。

中国的古典政治经济学，兴盛于以土地作为相对最稀缺生产要素的、农耕经济大发展的时代，伴随着工商业逐渐代替农业成为一国经济的主导产业、货币资本主义兴起而没落。[②]

中国古典政治经济学是中国灿烂文明中的一个重要部分，也是世界文明中的一个重要部分，更是经济学说史中的一个重要部分。

■ 第一节　中国古典政治经济学的萌芽

在春秋时期，伴随着铁器冶炼制作技术的出现，铁制农具和牛耕在农业生产中的广泛

---

① 注1：中国春秋战国开始的经济社会构成的复杂多样，主要表现在生产技术条件的多样化、所有制的多样化、社会阶层的多样化、经济主体的多样化、产业的多样化、收入分配制度的多样化、人口民族文化的多样化。

注2：中国古代是否经历了类似于西方中世纪的封建社会，学术界是有争论的。钱穆认为，中国先秦以前之封建，是指政治制度，与秦后的郡县制度相对应；而西方之封建（feudalism），乃是指一种社会形态（钱穆. 2012. 国史新论. 3版. 北京：生活·读书·新知三联书店：1-41）。

② 注：之所以我们称中国在这段时期的经济学为中国古典政治经济学，原因有三：一是具有中国特色；二是在中国古代；三是中国古人在探讨经世济民时，政治和经济从不分家。在中国古代哲学社会科学思想家头脑中，或许根本就没有我们现代的哲学社会科学的如此碎片化的学科门类划分（这是从西方引入的范式），而只有如何更好地实现经世济民、治国安邦这一门学问——大学之道。

应用，再加之黄河流域（包括渭河流域）优良的农业生产自然条件，社会生产力大幅度提高，人口快速增长，这又倒回来推动了农业生产的发展，原有的土地资源和工商业生产活动（生产经营权）垄断在少数领主手中的经济体制已经不能适应新的经济形势了，西周的封建领主制开始向封建地主制转变，地主阶级、工商业者阶级及大量自耕农出现，经济基础随着生产技术条件的变化而变化。

经济基础的变化，要求新的意识形态（最终要求新的政治上层建筑）来适应，以实现国强民富、国泰民安，中国古典政治经济学就在这样的历史背景下开始了萌芽，一个百家争鸣、群星荟萃、思想大爆炸的时代开始了，代表人物有管仲、单旗、范蠡和孔子。

一、管仲的四民分业定居论和盐铁专卖论等经济理论[①]

管仲（约公元前 730～前 645 年），字夷吾，齐国颖上人，出生于一个没落的贵族领主家庭，少年时代曾经营过商业，作为齐国的宰相，辅佐齐桓公成为春秋时代的第一霸主。

管仲认为，①士、农、工、商四大社会群体应该按照他们职业的不同分别聚居在不同的指定区域，不能混居；②各群体成员的职业须世代相传；③四民分业定居有诸多好处，比如，可以增加群体内部的组织性、团结性和认同感，可以使人安居乐业以起到增加社会安全感、稳定人心的作用，利于彼此交流职务经验、提高技术水平。这被称为四民分业定居论。

由此，我们可以找到时下机会主义盛行的一个原因——人们生活在陌生的社会群体中。

管仲认为，盐和铁应该由国家专卖，原因如下：①盐作为生活的必需品，如果由私人生产销售，会导致其价格高，这会使民众不堪其苦，甚至民不聊生；②铁作为农业工具和武器生产的必需原材料，如果由私人生产销售，会导致铁制农具价格和武器生产成本高，这不利于农业生产和国家军队的武装建设；③如果盐和铁由国家专卖，一方面可以避免食盐和铁制农具的价格过高，从而稳定社会和农业生产，另一方面可以增加国家的财政收入。[②]

管仲除了上述两个方面的思想外，还提出了"均田分力"的耕地所有制、"相地而衰征"和"取民有度"的税收原则。[③]

正是通过在管仲上述思想指导下的改革，齐国经济实力和财政实力均得以大增，齐国得以在此基础上大力扩张军事力量，最终成就了齐桓公春秋第一霸主的地位。从结果上看，不得不说，管仲的思想是非常合理且行之有效的。盐铁专卖的思想、均田分力的思想、相地而衰征和取民有度的税收原则，到现在为止依然闪烁着天才的光辉，依然是行之有效的经济学原理。

---

① 注：管仲的思想集中在《管子》一书中，但是理论界多认为《管子》一书不是管仲一人所著，而是管仲及其追随者或敬仰者的论文集，后文还将论述《管子》中的思想，在此仅是介绍被认为是管仲本人的思想（参见：胡寄窗. 1981. 中国经济思想史简编. 北京：中国社会科学出版社：18；叶世昌. 2003. 古代中国经济思想史. 上海：复旦大学出版社：82）。

② 注：胡寄窗和叶世昌都将盐铁专卖论归属于管仲的追随者或敬仰者，而孙翊刚和王文素在《中国财政史》中将之归属于管仲。作者认为，若没有实施盐铁专卖这样的政策，农业生产条件比较差的齐国是很难率先在春秋称雄的，从这个意义上讲，盐铁专卖的思想归属于管仲，产生于春秋时期，也就是产生于中国古典政治经济学的萌芽时期，比较合理（参见：孙翊刚，王文素. 2007. 中国财政史. 北京：中国社会科学出版社：46、53-54）。

③ 注：均田分力，就是将土地按照一定的标准分给农民，耕者有其田的思想或许就是起源于管仲。相地而衰征，是指按照土地的贫瘠好坏而征收有差额的税赋。

管仲所处的春秋时期，诸侯林立、弱肉强食，一个国家要想国泰民安，就离不开强大的军事实力作保障，而强大的军事实力又离不开充盈的财政实力，而充盈的财政实力最终又离不开坚强的经济实力。很难想象，一个依靠不断借债来"刺激经济""增加就业"的财政空虚的国家能实现国泰民安。

二、单旗的子母相权货币理论

单旗（约生活于公元前 6 世纪上半期），曾为周景王及周敬王的卿士，为了反对周景王（公元前 544～前 520 年）拟铸大钱以代替流通中的较小货币，提出了著名的子母相权货币理论。

《国语·齐语下三》中记载了他的这一理论："古者天灾降戾，于是乎量资币，权轻重，以振（拯）救民。民患轻，则为之作重币以行之，于是乎有母权子而行，民皆得焉。若不堪重，则多作轻而行之，亦不废重，于是有子权母而行，小大利之。今王废轻而作重，民失其资，能无匮乎？"[①]

对单旗的这一货币理论，世人理解有异。胡寄窗和叶世昌认为，单旗关注的是货币与商品价格水平（实为商品数量）之间的比例关系或货币与商品之间的价值比例关系是否合适的问题[②]。但作者的理解有所不同。

在中国春秋时期，用金属（金、银、铜）作为货币，货币的分割或找零对于普通民众来说，是一件麻烦的事情，而商品的价格经常相差很大，有时需要币值很低的货币，有时需要币值很高的货币用来买卖才方便。若流通中的"重币"——币值高的货币过多，那用来买卖价格比较低的商品就不方便；若流通中的"轻币"——币值低的货币过多、"重币"过少，那用来买卖价格比较高的商品就不方便。所以，单旗的子母相权货币理论，其实说的是不同币值的货币供给结构与社会的买卖（交易）对不同币值的货币需求结构是否匹配的问题。

就好像，今天我国流通的人民币中有 100 元、50 元、20 元、10 元、5 元、1 元、5角、1 角、5 分、2 分、1 分等多种面额的货币一样，若在计划经济时期发行的人民币大多是 100 元的大钞，而在改革开放期发行的人民币大多是 1 分、2 分的小钞，估计这会极大地阻碍买卖行为。当然了，马克·吐温笔下描述的《百万英镑》的故事，也说明了同样的问题。不过，在脱离金本位制、以纸币普遍作为法定货币的今天，估计民众只会不断地"患轻"而不会"患重"。

三、范蠡的经济周期论等思想[③]

范蠡，生活于公元前 5 世纪，辅佐越王勾践战败吴国并称霸诸侯，后经营商业成为当时举

---

① 转引自：胡寄窗. 1981. 中国经济思想史简编. 北京：中国社会科学出版社：23.

② 胡寄窗. 1981. 中国经济思想史简编. 北京：中国社会科学出版社：23；24；叶世昌. 2003. 古代中国经济思想史. 上海：复旦大学出版社：32-33.

③ 注：叶世昌在《中国经济思想史》中认为，本部分介绍的经济周期理论和贸易理论等是"计然"的思想。不过，作者比较赞同胡寄窗的说法，在中国历史上，除了《史记·货殖列传》介绍范蠡的条目中出现"计然"外，班固的《汉书》以前的古籍书中绝无"计然"事迹的记载。而范蠡辅佐越王勾践，后又成为巨富，却是没有什么异议的，范蠡具有卓越的经济学思想是沟通这两个事实之间的绝妙解释。当然了，作者更赞同叶世昌的如下观点："将某种经济思想归之于计然或归之于范蠡，并不改变经济思想本身"（参见：叶世昌. 2003. 古代中国经济思想史. 上海：复旦大学出版社：34）。

世闻名的巨万富商，被后人尊称为"商圣"。范蠡提出的经济周期理论，又可称为经济循环论。

范蠡的经济循环论可能是全世界最早的经济周期理论，类似的经济周期理论——太阳黑子周期理论在 20 世纪才在西方出现[①]。范蠡认为，①岁星（木星）的周期性运动使得气候也周期性地变化，从而影响农业周期性地丰歉——水年天成不好甚至大旱、木年是好年份、金年是大丰收年份、火年是旱年、土年为平常年份；②谷物的丰歉三年一小循环，谷物的价格也必然三年一变；③农业的丰歉必然导致农产品价格的周期性波动，以及经济繁荣和衰败的交替出现。

范蠡在其经济循环论的基础上，提出了他卓越的价格管理理论——平粜（tiào）论：①农产品的价格，随着农业周期性的丰歉变化，而出现周期性的巨幅波动；②农产品价格过低，农民和农业受到损害，农产品价格过高，工商业者及其产业受到损害；③国家（准确地讲是执政组织）必须采取措施，将农产品价格的波动限制在合理的范围内，以利农工商业；④为了平抑物价的过度波动，国家应该在丰年粮价过低时以高于市场价格的合理价格收购粮食以储备，在歉年粮价过高时以低于市场价格的合理价格出售储备粮食。[②]

《史记·货殖列传》记载了范蠡的价格管理理论："夫粜，二十病农，九十病末（工商业）。末病则财不出，农病则草不辟也。上不过八十，下不减三十，则农末俱利。平粜齐物，关市不乏，治国之道也。"[③]

范蠡还在其经济循环论的基础上提出了他的商业经营之道：①商品价格的变化具有周期性变化的规律，"物极必反"；②闲时买来急时卖，"水则资车，旱则资舟"的"待乏"原则；③所经营的物品必须质量完好，易腐蚀的东西切勿长期储存；④货币资本不能使其停滞；⑤不能一味贪图高价。[④]

范蠡经济思想的精深，是不言而喻的，令后人叹为观止，以至于胡寄窗高度赞美，称其经济思想在春秋时代是无与伦比的[⑤]。范蠡的平粜论，不仅包含了物以稀为贵的价格理论，还包含了各产业之间的合理收入分配对一国经济之健康运行，乃至实现国泰民安具有重要意义的收入分配理论或宏观调控理论。

四、孔子的均贫富等仁政思想

孔子（公元前 551～前 479 年），名丘，字仲尼，生于鲁国昌平乡，被誉为中国历史上第一个创办"私学"的教育家，儒家学派的创始人，著名思想家，被世人尊称为孔圣人；其思想主要由其弟子和再传弟子收集整理于《论语》中，在中国历史上产生了极其深远的影响。《论语》与《大学》《中庸》《孟子》合称儒家具有代表性的经典"四书"。

"孔丘的整个经济思想体系都渗透着社会伦理考察，人们的经济活动首先必须服从于一定的道德规范。即使从整个国民经济的角度出发，他自然是首先考虑'食'或'富'的问题，但到紧要关头，又会回到伦理规范的考虑上去。"[⑥]

---

① 胡寄窗. 1981. 中国经济思想史简编. 北京：中国社会科学出版社：27，30.
② 叶世昌. 2003. 古代中国经济思想史. 上海：复旦大学出版社：35.
③ 转引自：胡寄窗. 1981. 中国经济思想史简编. 北京：中国社会科学出版社：33.
④ 胡寄窗. 1981. 中国经济思想史简编. 北京：中国社会科学出版社：32.
⑤ 胡寄窗. 1981. 中国经济思想史简编. 北京：中国社会科学出版社：26.
⑥ 胡寄窗. 1981. 中国经济思想史简编. 北京：中国社会科学出版社：48.

孔子提出的均贫富、什（十）一而税、克己复礼、崇俭安贫等经济思想，大多是立足于执政者如何实现仁政的。如果说，上述管仲、范蠡、单旗的经济思想着重于经济运行规律及建立在其基础上的国家经济政策的话，那么，毫无疑问，孔子的思想就是着重于意识形态的社会伦理方面，强调了社会伦理对治国的重要性。不管孔子的思想正确、合理与否，单纯从经济学说发展史的角度讲，无疑填补了中国古典政治经济学在春秋时期的一个空白。

《论语·季氏》载："闻有国有家者不患寡而患不均，不患贫而患不安。盖均无贫，和无寡，安无倾。"[①]这已经蕴涵了社会主义的核心价值观——共同富裕与和谐，这是孔子的经世济民、治国安邦理论体系的基础。

第二节　中国古典政治经济学的大发展

严格意义上讲，区分中国古典政治经济学存在萌芽和大发展这两个阶段，意义不大，从萌芽到大发展的转变过程中并没有明显的界限。只不过，事物的发展总是遵循由初生到成熟再到结束的规律和为了叙述的方便，我们人为地作此区分罢了。当然，在战国秦汉期间，中国古典政治经济学确实出现了一个日臻成熟的大发展阶段，经济社会在这段时间内由巨大的裂变趋向稳定，生产关系和生产技术条件之间、上层建筑与经济基础之间不断地磨合，各诸侯强军富国的不断尝试，都为之提供了丰富而又广阔的实践条件。在这一阶段，中国古典政治经济学主要有以下代表性人物和成就。

一、儒家的大同社会思想

大同社会的思想，是后来的儒者在孔子的均贫富思想基础上进一步的发展。这一思想对中国从战国至明清延续两千多年的历史的影响深远。虽然过程中也有诸多的曲折，虽然大同社会更多是一种理想化的构想，但大同社会的思想始终像一盏明灯，激励着千千万万的中国人艰苦卓绝地奋斗和抗争、鞭策着执政者要考虑广大民众的利益。

均贫富（或亲民至善）和大同社会的思想，成了中国古典政治经济学在意识形态（或价值取向）方面的一个重要观点。

中国先贤在《大学》中写道："大学之道，在明明德，在亲民，在止于至善"；"是故君子先慎乎德。有德此有人，有人此有土，有土此有财，有财此有用"。[②]

中国先贤在《礼记·礼运》中写道："大道之行也，天下为公，选贤与能，讲信修睦。故人不独亲其亲，不独子其子，使老有所终，壮有所用，幼有所长，矜（同鳏）、寡、孤、独、废疾者皆有所养。男有分，女有归。货，恶其，弃于地也，不必藏于己；力，恶其不出于身也，不必为己。是故谋闭而不兴，盗窃乱贼而不作，故外户而不闭。是谓大同。"[③]

《大学》中的两句，讲的是"施仁政"对于社会经济发展的意义。《礼记·礼运》中的

① 胡寄窗.1981.中国经济思想史简编.北京：中国社会科学出版社：44.

② 杨伯峻译.1989.白话四书·大学.长沙：岳麓书社：289，292-293.

③ 转引自：胡寄窗.1981.中国经济思想史简编.北京：中国社会科学出版社：53.注：原文为"货，恶其弃于地也"。作者认为应在"恶其"后间断，前后语义更为通顺。

社会大同思想，是"施仁政"的具体做法和最终希望达到的目的。这与人民大众的社会主义核心思想何其似也！

二、中国古典政治经济学的集大成者：《管子》

《管子》据说是管仲及其追随者和崇拜者共同完成的论文集，现存 76 篇，又分为《经言》《外言》《内言》《短语》《区言》《杂篇》《管子解》《轻重》八组，包含法家、儒家等多家学派的思想。

胡寄窗对《管子》中的经济学理论给予了高度的赞赏："先秦各学派虽各有一些卓越的经济见解，但整理起来颇似沙里淘金。在《管子》经济思想研究上就不如此。《管子》一书中所载的经济论述有许多都是非常卓越的见解，美不胜收。无论从它的量或质的方面来看，《管子》的经济思想均较当时的思想家优越得多。以数量来说，《管子》一书涉及经济问题的论述不下数万言，可算是中国古代历史上从来不曾有过的经济巨著。以质来说，除价值论及商业循环论外，对社会经济活动领域中各个方面的问题差不多都曾接触到，而且常出现独特的观点。即使我们将视野扩大到世界范围内，在前资本主义的一个漫长时期内，也罕见有像《管子》这样辉煌而丰富的经济论著。"[①]

其实，就以自给自足的农民生产为主的、社会构成复杂多样的中国独特封建地主经济而言，《管子》的经济学理论在很多方面都堪称经典，至今仍然有非常强的现实指导意义。[②]另外，《管子》的商品货币关系理论也是包含价值论的，只不过，不是以西方的经济学价值论的形式出现而已，他（们）始终关心商品交换的相对比例意义上的价值——交换价值——价格的大小及其变化（背后是财富的分配），而似乎对通约的价值尺度意义上的价值不予关注。

当经济学家们对价值问题的探讨，由财富的形式和财富的分配，转向可以通约的价值尺度意义上的价值时，很可能是将经济学研究引入了歧途。

"无论如何，作为古代经济思想家，……《管子》（作者）毕竟做出了非常杰出的贡献，在中外历史上都是一颗（群）灿烂的明星。"[③]

《管子》中的经济学成就除了前面介绍过的归属于管仲的以外，主要有以下诸多成就，尤其是其"轻重"论。

（一）富民观——理论体系的出发点和落脚点

"凡治国之道，必先富民。民富则易治也，民贫则难治也。……故治国常富而乱国常贫。是以善为国者，必先富民，然后治之。"[④]

"善为政者，田畴垦而国邑实，朝廷闲而官府治。公法行而私曲止，仓廪实而囹圄空。"[⑤]

---

① 胡寄窗. 1981. 中国经济思想史简编. 北京：中国社会科学出版社：167.
② 注：按照马克思主义的历史唯物观，认识评价一个思想，必须要回到这个思想产生的历史中去。抛开了思想意识赖以产生的实践，进行跨越时空的比较，都有点"张飞杀岳飞"的味道。
③ 胡寄窗. 1981. 中国经济思想史简编. 北京：中国社会科学出版社：168.
④《管子·治国》（转引自：胡寄窗. 1981. 中国经济思想史简编.北京：中国社会科学出版社：128）。
⑤《管子·五辅》（转引自：胡寄窗. 1981. 中国经济思想史简编.北京：中国社会科学出版社：128）。

（二）自利论——人之本性论及无为而治理论

人情都是"得所欲则乐，逢所恶则忧，此贵贱之所同有也"[1]。

"见利莫能勿就，见害莫能勿避。其商人通贾，倍道兼行，夜以续日，千里而不远者，利在前也。渔人之入海，海深万仞，就彼逆流，乘危百里，宿夜不出者，利在水也。故利之所在，虽千仞之山，无所不上，深源（渊）之下，无所不入焉。故善者，势利之在，而民自美安。不推而往，不引而来，不烦不扰而民自富。如鸟之复卵，无形无声，而唯见其就。"[2]

司马迁将上述言论归结为，"天下熙熙，皆为利来，天下攘攘，皆为利往"。

事实上，上述理论还包括了无为而治的国家治理理论，只不过它与时下流行的"无为而治理论"——政府不干预市场行为、任由弱肉强食之市场机制支配社会财富的生产与分配——不同，而是指政府不应该烦民扰民，应该将一国的利益安放在民众力所能及的地位，让民众自己去谋取，老百姓自然"美安"。这里的"民"，并不是仅指部分之"民"，而是泛指与执政组织相对应的所有"众民"。

"仓廪实则知礼节；衣食足则知荣辱。"[3]《管子》的作者还指出人是否会讲礼义廉耻（精神）与物质财富的富足与否有关。当然了，"仓廪实"和"衣食足"仅仅是"知礼节荣辱"的必要条件，而不是充分条件。为富不仁者，天下比比皆是。

（三）"轻重"论——微观与宏观有机结合的经世济民、治国平天下之道

《管子》的作者们在上述富民观和自利论的基础上，构建了其博大精深、循序渐进的"轻重"论。按现代的语义来表述，就是"收入分配理论或宏观调控理论"[4]，包括市场（价格）机制作用下的收入分配原理和执政者应该采取的宏观调控政策（核心是收入分配的调控）两个方面，宏观调控政策又涉及操作的基本原则和具体措施。

"自理国虑戏（伏羲）以来，未有不以轻重而能成其王者也。"[5]此语讲的是，收入分配对于治国安邦的至关重要性。

商品"重则至，轻则去"[6]。此语讲的是，商品价格的高低对商品供给的影响：商品价格高，则其供给就会增多（从他处运来或者多生产）；商品价格低，则其供给就会减少（运往他处或生产减少）。马歇尔1890年在其《经济学原理》中所描绘的供给曲线的含义，与此语似乎有相似之处[7]。

"多则贱，寡则贵"；"散则轻，聚则重"[8]。"物臧（藏）则重，发则轻。"[9]此处讲的是，价格的贵贱高低是如何受到以下诸多因素影响的：商品数量的相对（于需求）多余（价

---

① 《管子·禁藏》（转引自：胡寄窗.1981. 中国经济思想史简编.北京：中国社会科学出版社：131）。
② 《管子·禁藏》（转引自：胡寄窗.1981. 中国经济思想史简编.北京：中国社会科学出版社：132）。
③ 李山译注.2009. 管子·牧民.北京：中华书局：2.
④ 注：宏观调控，从本质上讲就是收入分配的调控，离开了收入或者利益的调控，宏观调控将无计可施、一事无成。
⑤ 《管子·轻重戊》（转引自：叶世昌.2003. 古代中国经济思想史.上海：复旦大学出版社：135）。
⑥ 《管子·揆度》（转引自：胡寄窗.1981. 中国经济思想史简编.北京：中国社会科学出版社：142）。
⑦ 详见：马歇尔 A.1965. 经济学原理（下卷）.陈良璧译.北京：商务印书馆：36.
⑧ 《管子·国蓄》（转引自：胡寄窗.1981. 中国经济思想史简编.北京：中国社会科学出版社：143）。
⑨ 《管子·揆度》（转引自：胡寄窗.1981. 中国经济思想史简编.北京：中国社会科学出版社：142）。

格贱）与不足（价格贵）、经销的主体分散竞争（价格低）与垄断（价格高）、囤积（价格高）与否（价格低）。

"彼币重而万物轻，币轻而万物重"[①]；"故粟重黄金轻，黄金重而粟轻，两者不衡立"[②]；"凡五谷者，万物之主也。谷贵而万物必贱，谷贱而万物必贵"[③]；"谷独贵独贱"[④]。

此处讲的是，货币和商品之间、谷物和黄金之间的相对交换价值存在此消彼长的规律，以及谷物在其他万物的价格形成中的基础性作用。也就是说，在整个国民经济的价格体系中，除了货币与商品数量的关系是影响价格体系的重要因素外，谷物与其他商品数量的关系也是影响价格体系的重要因素。

上述思想可以引申为：谷物（以及其他基础性商品，如能源、土地等）与其他商品的数量比例关系、货币与商品的数量比例关系，是国民经济中价格体系的两大决定性因素。

"人君操谷、币准衡，而天下可定也。"[⑤]此语是上述理论的深化，表明了上述理论在治国安邦上的价值，意思是：君王或执政者通过掌握控制货币和谷物两大实物，并根据上述价格形成规律进行收储和向市场发放（即现代所言的宏观调控），以调节国内和国际各利益主体之间的收入分配结构，进而天下就可以安定了。

《管子》的作者们还提出了进行宏观调控的基本原则和具体措施，措施又涉及财政、金融、对外贸易等诸多领域。

"力重与天下调。彼重则见射，轻则见泄，故与天下调。泄者失权也，见射者失策也。"[⑥]此语说的是执政者进行宏观调控的基本原则之一：尽可能将国内价格水平与国际的价格水平调和，勿使国内价格过高或过低；价格过低，国内货物流失，等于国家失去了权利；价格过高，外国货物来倾销，黄金等其他货币流出，执政者就会丧失宏观调控的能力。

"轻重无数，物发而应之，闻声而乘之"[⑦]；"凡轻重之大（失）利，以重射轻，以贱泄平（贵）"[⑧]。这说的是执政者宏观调控的基本原则之二：商品价格没有固定不变的合适数（类似于现代西方主流经济学之均衡价格，即供给与需求相等、供求双方都满意的价格[⑨]），宏观调控不能追求静态的某一固定价格，而应该是在动态中根据商品价格变化趋势和供求形势相机行事，以免出现某些商品价格过高（贵）或过低（贱）；若价格过低，国家就以高于市价的价格购买货物；若价格过高，国家就以用低于市价的价格出售货物。

"故善者委施于民之所不足，操事于民之所有余。"[⑩]这说的是执政组织宏观调控的基

①《管子·山至数》（转引自：叶世昌.2003.古代中国经济思想史.上海：复旦大学出版社：138）。

②《管子·轻重甲》（转引自：叶世昌.2003.古代中国经济思想史.上海：复旦大学出版社：138）。

③《管子·国蓄》（转引自：叶世昌.2003.古代中国经济思想史.上海：复旦大学出版社：139）。注：胡寄窗对此句的理解与作者大体相同，而梁启超的理解是"故谷则犹今日之实币也，金属货币则犹今日之纸币也"。

④ 谢浩范，朱迎平.2009.管子全译（下）.贵阳：贵州出版集团，贵州人民出版社：691.

⑤《管子·山至数》（转引自：胡寄窗.1981.中国经济思想史简编.北京：中国社会科学出版社：145）。

⑥《管子·山权数》（转引自：胡寄窗.1981.中国经济思想史简编.北京：中国社会科学出版社：146）。

⑦《管子·轻重甲》（转引自：胡寄窗.1981.中国经济思想史简编.北京：中国社会科学出版社：146）。

⑧《管子·国蓄》（转引自：谢浩范，朱迎平.2008.管子全译（下）.贵阳：贵州出版集体，贵州人民出版社：706）。注：后人认为原文中的"大"可能是"失"的误笔，"平"应为"贵"（参见：瑞林.1994.以重射轻　以贱泄贵——《管子·轻重》解.商业经济文萃，（4）：51）。

⑨ 注：对均衡价格的解释，详见第五章第一节。

⑩《管子·国蓄》（转引自：胡寄窗.1981.中国经济思想史简编.北京：中国社会科学出版社：147）。

本原则之三：在民间物资不足时，国家将储存的物资供应出去；在民间物资多余时，国家就将之收储起来。

"君章（障）之以物（谷物）则物重，不章（障）以物则物轻；守之以物则物重，不守以物则物轻。……子大夫有五谷菽粟勿敢左右，请以平贾取之子。……国粟之贾坐长而四十倍。君出四十倍之粟以振孤寡，牧贫病，视独老穷而无子者；靡得相鬻而养之，勿使赴于沟浍之中。"①此语说的是执政者宏观调控的措施之一：执政者若掌控富豪们剩余的粮食（用平价买进），则粮食价格就会上涨而贵，反之亦然；国家的粮食储备调控部门就可以获取 40 倍的收入，国家用价格涨了 40 倍的谷物来救助鳏寡孤独、贫穷疾病的民众，免得他们卖身为奴或死于沟壑荒野（这样，就可以救助更多的贫困者了）。

"令疾则黄金重，令徐则黄金轻。"②此语说的是执政者宏观调控的措施之二：执政者可以利用税收等政策使市面上对黄金的需求急切起来，则黄金的价格就会上涨而贵；若使黄金的需求徐缓起来，则黄金的价格就会下降而贱，执政者就可以从中获利。

"夫民有余则轻之，故人君敛之以轻。民不足则重之，故人君散之以重。敛积之以轻，散行之以重，故君必有十倍之利。"③这说的是执政者宏观调控的具体措施之三：低价时收购财物，高价时卖出财物，（除了稳定物价、调节收入分配的功效外）执政者可以获得极大的财政收入。④

"故善为国者，天下下我高，天下轻我重，天下多我寡，然后可以朝天下。"⑤"彼诸侯国谷（价）十，使吾国谷二十，则诸侯谷归吾国矣。诸侯国谷二十，吾国谷十，则吾国谷归于诸侯矣。故善为天下者，谨守重流。"⑥这说的是执政者宏观调控在对外贸易中的具体措施：要让谷物这样的重要物资价格比他国高，然后这些重要物资就会流入本国；同时，天下多余的货物本国要少生产；这样就可以让天下来朝。

（四）贫富有度理论——调节财富分配的原则之一

"夫民富则不可以禄使也，贫则不可以罚威也，法令之不行，万民之不治，贫富之不齐也。"⑦"民贫难治也"⑧，"甚贫不知耻"⑨；"甚富不可使"⑩，"家足其所者，不从圣人"⑪。这说的是，民众太富了，不能用利益来规引他们；民众太穷了，法律惩处对他们来说就失去了意义；总之，贫富要适度。

①《管子·轻重甲》(转引自：谢浩范，朱迎平.2008.管子全译（下）.贵阳：贵州出版集团，贵州人民出版社：786)。
②《管子·地数》(转引自：叶世昌.2003.古代中国经济思想史.上海：复旦大学出版社：138)。
③《管子·国蓄》(转引自：胡寄窗.1981.中国经济思想史简编.北京：中国社会科学出版社：147)。
④ 注：对于如何增加财政收入，读者可以结合前文管仲的盐铁专卖论来理解。若读者将本部分所述《管子》的经济学理论结合前文所述管仲的盐铁专卖理论、均田分力理论和薄敛赋税理论，来理解《管子》的经济学成就，相信读者定然会更加感慨《管子》一书经济学水平之博大精深。
⑤《管子·轻重乙》(转引自：叶世昌.2003.古代中国经济思想史.上海：复旦大学出版社：141)。
⑥《管子·山至数》(转引自：叶世昌.2003.古代中国经济思想史.上海：复旦大学出版社：141)。
⑦《管子·国蓄》(转引自：胡寄窗.1981.中国经济思想史简编.北京：中国社会科学出版社：135)。
⑧《管子·治国》(转引自：胡寄窗.1981.中国经济思想史简编.北京：中国社会科学出版社：135)。
⑨《管子·侈靡》(转引自：胡寄窗.1981.中国经济思想史简编.北京：中国社会科学出版社：135)。
⑩《管子·侈靡》(转引自：胡寄窗.1981.中国经济思想史简编.北京：中国社会科学出版社：136)。
⑪《管子·轻重乙》(转引自：胡寄窗.1981.中国经济思想史简编.北京：中国社会科学出版社：136)。

至于如何防治贫富过度，以免出现两极分化，《管子》提出了以下主要措施：①执政者掌握一部分农业生产资料和生活资料，于农忙季节赊售或租给农民使用，将来以产品偿还，以免富豪乘机操纵牟取暴利；②注意农忙时节的物价动态，运用价格政策以防止物价暴涨，杜绝富豪兼并的机会；③运用预购制度先行付给农民生产资金，使农民不受私人高利贷的剥削；④以财政的方式调剂各地民众的租税（或按产品的某个价格水平征收货币，或按产品质量征收实物），以接济受灾地区民众。[①]

（五）农本论和侈靡论——古老的产业经济学理论

"行其田野，视其耕芸（耘），计其农事，而饥饱之国可以知也"；"行其山泽，观其桑麻，计其六畜之产，而贫富之国可知也"。[②] "地之守在城，城之守在兵，兵之守在粟，故地不辟则城不固。"[③] "民事农则田垦，田垦则粟多，粟多则国富，富国者兵强，兵强者战胜，战胜者地广，是以先王知众民、强兵、广地、富国之必生于粟也。"[④]

这是强调农业的重要性，国之饥饱、贫富、强弱和安全与否皆与农业有密切关系。农业生产的粮食是"众民、强兵、广地、富国"之根本。

"有地不务本事，君国不能壹民（于农），而求宗庙社稷之无危，不可得也。"[⑤] "为民除害（禁害农事）兴利（利农事）。"[⑥] "禁山泽之作"，"恶废民生谷"。[⑦]

这说的是，为了维护执政者的政权，执政者也应该制定相关的政策以利农事，同时禁止危害农业之事，从而让民众安心从事粮食生产。

"俭则伤事，侈则伤货"；"侈则金贵，金贵则货贱，故伤货。货尽而后知不足，是不知量也"；"俭则金贱，金贱则事不成，故伤事。……事已而后知货之有余，是不知节也"。[⑧]

这说的是，整个社会的消费需要量力而行，既不要超前消费，也不要过分储蓄（货币）。如果社会过度（超前）消费，黄金（货币）价格必然上涨（货物价格低贱），这不利于生产（如现今纸币时代下资金成本上涨，不利于生产），等货物完全没有了才知道不足就太晚了，这是不懂得量力而行的结果；如果社会过度节俭（而储蓄货币），则黄金（货币）价格就低，人们就对从事生产工作活动缺乏积极性，等已经出现了这种经济形势（衰退）才发现货物过剩了，这是不懂得适度消费的结果。

反观中国从 20 世纪末开始至今，超前消费与商品过剩、高利贷、资源日趋枯竭并行，不正是《管子》所说的"侈则伤货"吗？但是，当下之人，大多认为超前消费有利于生产。殊不知，这却是只知有初一，不知有十五的短视观点。

《管子》作者在其侈靡论中还提出了在现代被称为凯恩斯主义的核心思想——政府通过增发行货币、增加工程建设投资，以增加就业，不过，后人大多断章取义：

① 胡寄窗.1981.中国经济思想史简编.北京：中国社会科学出版社：136，137.
② 《管子·八观》（转引自：谢浩范，朱迎平.2008.管子全译（上）.贵阳：贵州出版集团，贵州人民出版社：115，156）。
③ 《管子·权修》（转引自：叶世昌.2003.古代中国经济思想史.上海：复旦大学出版社：87）。
④ 《管子·治国》（转引自：谢浩范，朱迎平.2008.管子全译（下）.贵阳：贵州出版集团，贵州人民出版社：489）。
⑤ 《管子·牧民》（转引自：叶世昌.2003.古代中国经济思想史.上海：复旦大学出版社：87）。
⑥ 《管子·治国》（转移自：谢浩范，朱迎平.2008.管子全译（下）.贵阳：贵州出版集团，贵州人民出版社：492）。
⑦ 《管子·八观》（转引自：谢浩范，朱迎平.2008.管子全译（上）.贵阳：贵州出版集团，贵州人民出版社：159）。
⑧ 《管子·乘马》（转引自：胡寄窗.1981.中国经济思想史简编.北京：中国社会科学出版社：138）。

"若岁凶旱水泆，民失本，则修宫室台榭，以前无狗后无彘者为庸（雇工）。故修宫室台榭，非丽其乐也，以平国策也。今至于其亡策乘马（不懂货币发行政策）之君，春秋冬夏，不知时终始，作功起众，立宫室台榭。民失其本事，君不知其失诸春策，又失诸夏秋之策数也。"[①]

《管子》虽然强调以农为本，但并不反对奢靡消费和奢侈品的生产，而是主张"富者靡之，贫者为之（贫穷的人生产）"[②]。而这个理论又是来源于《管子》作者们看到了奢靡品的消费与工商业乃至农业之间存在内在相互联系："本（农业）善而末事起。不侈，本事（农业生产）不得立。"[③]

（六）国轨理论——古老的集经济统计与国家规划于一体的计划经济理论

《管子·山国轨》说："田有轨，人有轨，用有轨，人事有轨，币有轨，乡有轨，县有轨，国有轨。不通于轨数而欲为国，不可。""轨"者，统计与计划也。

（七）币乘马——古老的货币数量论

《管子·山至数》中还提出了一个闪烁着天才光辉的货币理论："币乘马者，方六里，田之美恶若干，谷之多寡若干，谷之贵贱若干，凡六里用币若干，谷之重用币若干。故币乘马者，布币于国，币为一国陆地之数，谓之'币乘马'。"[④]

这说的是，货币对于一个国家经济的运行，就像马在陆地上行走一样是一个流通工具（这是何等的形象）；由田地的数量、单产的高低计算出谷物产量，再结合谷物价格（考虑价格较高时），确定（购买谷物余量的）货币需求量和货币发行量。

三、墨家和儒家的义利论

义利论是中国古典政治经济学中的有关价值观或社会意识形态的理论，其中，墨家和儒家的观点最有代表性。

（一）墨子等墨家学派的义利论

墨子（约公元前478～前392年），名翟，鲁国人（也有人称为宋国人），他创立了墨家学派，墨家的思想主要集中在《墨子》一书中，基本主张包括尚贤、尚同、兼爱、非攻、节用、节葬、天志、明鬼、非乐、非命10个方面。义利论是墨家学派的一个基本理论。

"利，所得而喜也。"[⑤]这说的是让人欢喜的"所得"，都是"利"，自然包括物质财富和精神财富在内了；同时，这还揭示了不管是什么"利"或什么财富，最终都是落脚在让人"喜"——高兴、快乐上。这远比以某个抽象的经济增长指标或者是单纯的实物为"利"，

---

① 《管子·乘马》（转引自：谢浩范，朱迎平.2008.管子全译（下）.贵阳：贵州出版集团，贵州人民出版社：688）。
② 《管子·侈靡》（转引自：谢浩范，朱迎平.2008.管子全译（上）.贵阳：贵州出版集团，贵州人民出版社：376）。
③ 《管子·侈靡》（转引自：胡寄窗.1981.中国经济思想史简编.北京：中国社会科学出版社：140）。注："末"指的是奢侈品的生产、销售和消费；然而，有人认为《管子》中还有"禁末"的观点（甚至有人认为，《侈靡》是苏秦的阴谋之作），这与《管子》并不反对奢靡消费的观点矛盾。作者认为合理的解释是，《管子》的基本观点为：一个国家的经济生产不能舍本逐末，即使要"禁末"，也是在农业受到冲击、奢侈品产业过甚时进行，而不是无条件的。当然，反对浪费显然是应该的。
④ 叶世昌.2003.古代中国经济思想史.上海：复旦大学出版社：139.
⑤ 《墨子·经上》（转引自：胡寄窗.1981.中国经济思想史简编.北京：中国社会科学出版社：70）。

要客观、全面得多。

"子自爱而不爱父，故亏父而自利；弟爱己而不爱兄，故亏兄而自利；臣自爱而不爱君，故亏君而自利，此所谓乱也。""大夫各爱其家，不爱异家，故乱异家以利其家；诸侯各爱其国，不爱异国，故攻异国以利其国。"[①]这说的是，损人利己的价值观或者意识形态，也就是时下我们所说的（极端）个人主义，是国家社会祸乱的根源。

"所谓贵良宝者，可以利民也。而义可以利人，故曰，义，天下之良宝也。"[②] "义，利也。"[③]这说的是，因为"义可以利人"，所以一个国家在意识形态上要尊崇"义"；"义"也是一种"利"——国家社会或者集体意义上的大利。

"利人者，人必从而利之。……害人者，人必从而害之。"[④]这说的是，利人与利己是可以统一的，为了更好地利己，我们首先要利人。

墨子等将"义"的落脚点放在了"利己"上，可见墨子等并不反对自利，反对的仅仅是纯粹的或者说极端的自利——损人利己的价值观（因为这样的自利最终是害人害己）。这就是著名的"兼爱""交利"思想。这远比单纯地宣扬社会应该崇尚大公无私、无私奉献的价值观要先进得多，也更富有感召力。在墨子的义利论中，充分体现了"义"和"利"对立统一的辩证思想。中国先贤们早在两千多年前，就已经敏锐地意识到了利益不仅有狭隘的个人利益，还有属于一个群体、一个国家的公共利益。

所以，墨家学派的义利论又称为"交利论""兼爱论"。遗憾的是，世人多知"博爱论"而不知"兼爱论"，至于为什么要"博爱"，知之者就更少了。

（二）儒家的义利论

在孔子的"不义而富且贵，于我如浮云"[⑤] "君子喻以义，小人（工人、农民和小商贩等）喻以利（物质利益）"[⑥]思想及对此思想的误解的影响下，后辈儒家学者常将"义"和"利"对立起来，并且"重义"而"轻利"[⑦]。以至于有人称儒者为伪君子。鲁迅更是将其塑造为儒者象征的"孔乙己"。孔乙己者，"孔"亦"己"也。

不过，《大学》中的"长（掌管）国家而务财用者，必自小人矣。彼为善之，小人之使为国家，菑害并至。虽有善者，亦无如之何也！此谓国不以利为利，以义为利也"却很值得我们深思和称道[⑧]。由此可见，儒家先贤的"以义为国家之利"的思想与墨家的思想是一致的。

实际上，儒家重视道德伦理的思想与墨家无为而治的经济政策主张是有机结合在一起的。在民众都在以获取"实物财富"为"利"时，执政者如果不强调推崇道德伦理，亦即今天所说的精神文明的建设，而也去强调物质文明建设，必然招致儒家所言的"菑害"、

---

① 《墨子·兼爱上》（转引自：叶世昌.2003.古代中国经济思想史.上海：复旦大学出版社：50，51）。

② 《墨子·耕柱》（转引自：胡寄窗.1981.中国经济思想史简编.北京：中国社会科学出版社：70）。

③ 《墨子·经上》（转引自：胡寄窗.1981.中国经济思想史简编.北京：中国社会科学出版社：70）。

④ 《墨子·兼爱中》（转引自：胡寄窗.1981.中国经济思想史简编.北京：中国社会科学出版社：70）。

⑤ 《论语·述而》（转引自：胡寄窗.1981.中国经济思想史简编.北京：中国社会科学出版社：39）。

⑥ 杨伯峻译.1989.白话四书·论语.长沙：岳麓书社：313.

⑦ 注：在古人眼中，"小人"的称谓是否有现在的贬义，很难说，或许类同于我们现在所说的"弱势群体"吧。而将"小人"和卑鄙无耻连在一起，成为今天所言的"小人"，不知从何说起。

⑧ 杨伯峻译.1989.白话四书·孟子.长沙：岳麓书社：292.

墨家所言的"乱"也。①在一个弱肉强食的社会里，孔乙己这样具有儒家仁义思想的人，无疑成了他人眼中的一个"怪胎"。

胡寄窗认为："中国学者一向认为，孔丘总是少谈财利问题而强调伦理规范对财富获得的制约作用。这是不适当地把孔丘为国的政治纲领和他对个人获取财富的伦理限制混同起来。'君子'在获取财利时必须首先考虑伦理要求，绝不等于说在主持国政时，也能不把解决人民的物质生活问题作为首要的政治纲领。"②否则，如何能实现"因民之所利而利之"③，又如何实现均贫富呢？

孟子曰："王何必曰利？亦有仁义而已矣。……上下交征利（追逐物质利益），而国危矣。……苟为后义而先利，不夺不餍（满足）。未有仁而遗其亲者，未有义而后其君者也。"④孟子在此强调的，也不过是不能"先利而后义"而已，而不是"不言利"。

反观自西方资本主义兴起，商业和金融资产阶级成为社会统治者以来的短短五百多年历史，侵略、战争、杀戮与祸乱何其多也，规模何其大也，损害何其惨烈也！究其文化根源，或许与"只言利"的极端个人主义有关。

不管怎么说，只言"利"或者只言"义"的观点，都是片面的。对于民众个人而言和对于执政者而言，各有侧重（君子喻以义，小人喻以利）是更为合理的观点。儒家学派中另一个代表性人物荀子的义利论比纯粹地"言义"要全面一些："义与利者，人之所两有也。虽尧舜不能去其人之欲利，然而能使其欲利不克其好义也。虽桀纣亦不能去民之好义，然而能使其好义不胜其欲利也。……义胜利者为治世，利克义者为乱世。"⑤荀子在此也强调了"重义"对于治国安邦的重要性，但并没有否定"欲利"的存在。

四、商鞅的重农抑商理论、禁末理论和徕民理论

商鞅（约公元前390～前338年），卫国国君之后，原名公孙鞅或称卫鞅，做秦国宰相后受封于商地，号称商君，故此后多称为商鞅。他是先秦法家主要代表人物之一，曾推行一系列的政治经济政策改革，使秦国"兵革大强、诸侯畏惧"⑥，"乡邑大治"⑦。被后世称为"商鞅变法"。商鞅立足于富国强兵的目的，提出并践行了他的诸多经济学理论⑧。

（一）重农抑商理论

重农的思想虽然在中国古典政治经济学中，早已有之，但最为简明扼要阐述重农抑商理由的，当首推商鞅。

他认为："国之所以兴者，农战也"，"国待农战而安，主待农战而尊"，"故治国者欲

---

① 注：由此可见，认为墨家和儒家是完全对立的两派，是值得商榷的。作者认为，他们强调的侧面不同而已。不过儒家中确有狭隘地理解先贤思想的"儒者"，墨家的义利论与其相对立却是可以肯定的。

② 胡寄窗.1981.中国经济思想史简编.北京：中国社会科学出版社：47.

③《论语·尧曰》（转引自：胡寄窗.1981.中国经济思想史简编.北京：中国社会科学出版社：46）。

④ 杨伯峻译.1989.白话四书·孟子.长沙：岳麓书社：373.

⑤《荀子·大略篇》（转引自：胡寄窗.1981.中国经济思想史简编.北京：中国社会科学出版社：97）。

⑥《战国策·秦策》（转引自：胡寄窗.1981.中国经济思想史简编.北京：中国社会科学出版社：109）。

⑦《史记·商君列传》（转引自：胡寄窗.1981.中国经济思想史简编.北京：中国社会科学出版社：109）。

⑧ 注：商鞅的这一治国目标与儒家的国泰民安治国目标、墨家的构建兼爱社会治国目标，虽然是相通的，但是并不完全相同。

民之农也。国不农，则与诸侯争权不能自持也，则众力不足也"；"归心于农则民朴而可正也，纷纷则易使也。信可使守战也"。①这是商鞅重视农业的三个方面的原因。

他还认为："民之内事，莫苦于农，农之用力最苦而赢利少，不如商贾技巧之人"②；"商贾之士佚且利"③；"农少商多，贵人贫，商贫，官贫，三官贫，必削"④。这是商鞅要抑制商业的原因——商业活动既安逸又赚钱，而农业活动既苦又赚钱少，那从事农业的人少了，从事商业的人就多了，农、商、官三者都会贫，所以，必须抑制商业。

但商鞅限制商业的目的，主要是鼓励农业，并非完全否定商业的社会功能。商鞅认识到"农、商、官三者，国之常官（职）也。农辟地，商致物，官法民"。⑤

（二）禁末理论

商鞅不仅主张抑制商业，而且主张严禁奢侈娱乐行业。商鞅说："末事不禁，则技巧之人利，而游食者众之谓也"；"夫农者寡而游食者众，故其国危"；"能事本而禁末者富"。⑥商鞅的禁末理论与魏国李悝（约公元前455～前395年）的思想类似。

（三）徕（来）民理论——古老的生产要素禀赋结构理论

商鞅认为："凡世主之患，用兵者不量力，治草莱者不度地。故有地狭而民众者，民胜其地，地广而民少者，地胜其民。民胜其地者，务开。地胜其民者，事徕。"⑦

商鞅对秦国当年的实际情况做了分析并提出了政策建议："今秦之地，方千里者五，而谷土不能处二，田数不满百万，其薮泽、溪谷、名山、大川之财物货宝又不尽为用，此人不称土也"；（三晋）"土狭而民众""其土不足以生其民"；"徕三晋之民，而使之事本"；"利其田宅，复之三世"。⑧而中国今天，恰与战国时秦不同——人多地少（可引申为人多、自然资源少）。

商鞅认为：通过给他们提供田宅、免除三代人的徭役、免除兵役，以吸引三晋地区的人民到秦国来从事农业生产，一方面可以增强秦国的实力，另一方面还削弱了三晋的实力，其效果"与战胜同实"。⑨

商鞅的这一伟大思想，至今被美国、加拿大等国家稍加改头换面，而发挥得淋漓尽致。美国、加拿大等国通过其高工资、优越的生活环境吸引世界各国的优秀人才和富翁，从而起到"与战胜同实"的效果。

总览《管子》作者利用国际贸易手段（见本章附录2-2）、商鞅利用徕民手段，在列强林立

---

① 《商君书·垦令》《商君书·农战》（转引自：胡寄窗.1981. 中国经济思想史简编.北京：中国社会科学出版社：114）。

② 《商君书·外内》（转引自：胡寄窗.1981.中国经济思想史简编. 北京：中国社会科学出版社：111）。

③ 《商君书·算地》（转引自：胡寄窗. 1981. 中国经济思想史简编. 北京：中国社会科学出版社：112）。

④ 《商君书·去强》（转引自：叶世昌. 2003. 古代中国经济思想史. 上海：复旦大学出版社：70）。

⑤ 《商君书·弱民》（转引自：叶世昌. 2003. 古代中国经济思想史. 上海：复旦大学出版社：70）。

⑥ 《商君书·外内》《商君书·农战》《商君书·壹言》（转引自：叶世昌. 2003. 古代中国经济思想史. 上海：复旦大学出版社：72）。

⑦ 《商君书·算地》（转引自：胡寄窗. 1981. 中国经济思想史简编.北京：中国社会科学出版社：112）。

⑧ 《商君书·徕民》（转引自：叶世昌. 2003. 古代中国经济思想史.上海：复旦大学出版社：67）。

⑨ 《商君书·徕民》（转引自：叶世昌. 2003. 古代中国经济思想史.上海：复旦大学出版社：68）。

的国际环境中，游刃有余、不战而屈人之兵，不得不对中国古人治国安邦智慧之高超而叹服。

五、徐干的人口理论

徐干（公元170～217年），东汉人，著有《中论》20篇，他在《中论》中专辟一篇《民数》以谈论人口问题。徐干认为，掌握一国人口数目是国家（执政者）的根本要务，一切政治经济措施皆需要以人口数目作为基础。

他在《中论》中说："故民数者，庶事之所出也，莫不取正焉：以分田里，以令贡赋，以造器用，以制禄食，以起田役，以作军旅。国以之建典，家以之立度，五礼用修，九刑用措者，其为审民数乎。"[①]这说的是，人口数目一定要搞准确，因为执政者分配土地、规定税收、筹划军用及官禄、办理劳役和兵役、设立法律规章制度等，都需要将人口作为考虑问题的基础。

胡寄窗对徐干的人口理论给予了高度的评价："人口是一切政治经济问题的基础这一概念（理论）本身，看起来似乎简单，但到今天还有不少人未必能清楚地了解，对于一千七、八百年前的思想家更非易事。……不管其内容是如何简单，却在我国历史上开辟了一个专篇谈人口问题的先例。"[②]

马克思主义方法论教导我们，思考处理问题要实事求是、要具体问题具体分析，也就是中国古人所云的"对症下药"。作为一个国家的经济社会而言，人口数目无疑是最基本的"实事"和"具体"，也就是我们今天所言的基本国情。徐干为我们奠定了今天称之为"人口资源环境经济学"的第一原理。令人遗憾的是，在不同的人口规模条件下，我们究竟应该采用什么样的法律、制度和政策才是合适的理论问题，依然没有得到彻底解决。

六、财政和金融政策的日臻成熟

一个经济学理论体系是否成熟，其观点是否正确或其理论是否先进，最终都要表现在其财政和金融政策是否有利于国强民富和国泰民安。这是由经济学的致用性决定了的。一个"高深"而又"先进"的经济学理论，却无助于国家强盛和人民的安康，这是不可思议的事情。

中国古代能创造出几千年灿烂的精神文明，没有灿烂的物质文明作为基础是不可能的，而物质文明的灿烂是离不开先进的财政和金融政策的，而没有先进的经济学理论就不可能有先进的财政和金融政策。因为一个国家或民众的经济活动，一刻也离不开利益的分配，而财政和金融是执政者调控社会利益分配的两大手段。

在中国古近代以农民自给自足生产为主的、所有制多样化的封建地主经济社会中，财政和金融政策在战国秦汉时期就趋于成熟了，著名的实践家当首推春秋时期的管仲，其后代表性人物有李悝（也有人称李克）、商鞅、桑弘羊和王莽。在这一时期的财政金融政策，归结起来，主要有以下政策。

（一）重农抑商、禁末政策

重农抑商政策肇始于春秋战国，成熟于秦汉，从此成为中国封建地主经济时期的一个

---

① 《中论·民数二十》（转引自：胡寄窗. 1981. 中国经济思想史简编. 北京：中国社会科学出版社：258-259）。

② 胡寄窗. 1981. 中国经济思想史简编. 北京：中国社会科学出版社：259.

传统政策。战国时代，魏国的李悝、秦国的商鞅，都实施了不同程度的抑商措施。西汉时期，执政者抑制商业甚为有力，尤其是汉武帝时期出台的一系列的工商货币政策，使抑商政策臻于完备，成为后世之圭臬。[①]

这一政策又是和下面所述的国家垄断经营政策相配合的，准确地说，国家垄断经营政策是重农抑商的重要内容之一。[②]

具体的重农抑商、禁末措施有很多，如商鞅，他采取了以下诸多的政治经济上的措施。

在政治上，①"作壹（农业）而得官爵"；②免除农业生产搞得好的农户的劳役；③从事工商业和奢侈娱乐行业的不仅不能免除劳役，破产了还得没（mo）为官奴；④减少行政官吏的侵扰，使农民能专心生产；⑤禁止各县的声色娱乐、废除旅店，禁止自由迁徙，贵人、文士不得到各县游览居留，军队和市场所在地不准妓女、流氓寄寓；⑥农家剩余劳动力，如不务农，就得担负官役；⑦使那些好斗、好讼、浪费和喜欢捣乱的人相互联保连坐，不能滋生事端。

在经济上，①增加农业人口，最大限度地限制劳动者的其他就业；②提高粮价；③管制粮食贸易，不许私人从事粮食贸易；④对农业实行相对较轻的税收政策，对非农业采取重税政策。

胡寄窗对商鞅的重农抑商、禁末政策的评价是："无所不用其极。"[③]

（二）国家垄断经营政策

这主要指国家垄断盐、铁、酒等商品的生产和销售，以期稳定经济社会中的物价（莫使过高），稳定生产，让国家获得稳定的财政收入和充实国家财政，避免社会出现豪强而不利于政权的稳定。具体地讲，在不同朝代、不同时期，对不同的商品，所实施的具体政策又有所变化。比如，在桑弘羊主持财政时期，盐，由私人负责生产，按照国家规定价格由国家全部收购并发货；铁，其生产销售过程全部归由国家垄断经营；酒（公元前98年才开始专卖），由国家完全控制酿造生产，但允许私商代为销售，后让私人缴纳酒税而允许其自由酿造。

后来，甚至茶叶、丝绸等产品也有由国家垄断经销的情况。在我国当下，盐、烟草、铁路、能源、电信、军工、土地还是由国家垄断经营或者主要是由国家经营的。[④]

国家垄断经营，固然有管仲等所说的上述诸多好处，但是在政府腐败、官员贪渎的情况下，这又成了贪官污吏们鱼肉百姓的最好政策（不仅是国家垄断经营的政策，应该说所有由政府官员掌控的经济政策，在官员贪渎的情况下，都是如此）。但是，这并不意味着国家垄断经营某些产品和行业的政策是错误的、是不应该的。不应该的，是政府官员的贪渎。至于说对国家垄断经营企业的利润比较低或比较高的责难，纯粹是以获取利润为目的的私人资本家的观念，而不是站在如何治国安邦以期国强民富和国泰民安的执政者角度的观念。

① 齐涛.1999.中国古代经济史.济南：山东大学出版社：353.

② 注：有人也将"国家垄断经营"说成"官方垄断经营"。若这种垄断收入完全是用于官员的私用，那么说成是"官方垄断经营"是有道理的，但当这种垄断收入用于国家的宏观调控、社会救济、社会发展等公益事业时，"国家垄断经营"的说法似乎更合适一些。

③ 胡寄窗.1981.中国经济思想史简编.北京：中国社会科学出版社：118.

④ 注：食盐，我国于2015年开始允许私人经营。

在中国古代封建地主经济时期，除了国家垄断经营上述产品外，执政者还有为宫廷生产比较昂贵的消费品的工厂，如官窑、官办缫丝厂等。

（三）均输政策

均输法创始于公元前 115 年，是桑弘羊推行各种财政政策中最为成功的一种。它推行后一年即扭转了国家财政困窘的局面，大体做法如下。

"各郡国贡品，除确有价值又为京师所需用者可照旧直接运送京城外，其他不必再运送京师，可由各地均输官另选当地价廉而又是一向外销的商品运往价高地区出售。"

"这样以来，不但以往因贡品直接运送京师所产生的弊病可以完全避免，而且各地均输官可以不费官府一文成本即可获取大量有利可图的产品，并在运往高价地区出售后为国家财政谋取巨额收入。"①

（四）平准政策

平准（又称平籴、平粜或常平仓），也就是管仲所言的执政者在物贱时高（于市场）价买入、在物贵时执政者再低（于市场）价卖出，以稳定物价和实现收入合理化分配，从而增加财政收入、稳定社会生产、利于民生。时下，世界各国所实行的粮食储备制度，就是该政策的沿袭。

"桑弘羊的平准措施更为巧妙之处，在于将它与均输政策结合起来，以保证其稳定物价所必需的物资资源。"②

李悝对平粜政策定的实施原则是："使民适足，价平则止……虽与饥馑水旱，粜不贵而民不散。"③

（五）统一货币政策

货币种类多了，不同货币之间的兑换，就成了一个非常复杂和麻烦的事情，非常不利于市场交换，也不利于执政者管理国家。

统一流通的货币，可以追溯到公元前 300 多年在秦国实施变法的商鞅，但最后完成这个任务的是秦始皇，各诸侯国在行政上统一后得以实施。

"秦始皇统一币制，将货币分为二等：黄金为上币，以镒为单位；铜钱为下币，每枚重半两，即以秦国的半两钱为全国统一的铜钱；珠玉、龟贝、银锡之属为器饰宝藏，不为币。"④

统一货币政策还有另外一个方面的内容，就是货币的统一铸造。西汉初到汉武帝初年，货币铸造由郡国分享，这使得货币出现严重的贬值，持有货币的民众严重受损，国家经济社会出现了紊乱。公元 112 年，汉朝执政者规定：货币铸造权收归上林苑三官，铸造五铢钱，废除郡国所铸的货币，五铢钱为法定货币⑤。

---

① 胡寄窗.1981. 中国经济思想史简编.北京：中国社会科学出版社：222.

② 胡寄窗.1981. 中国经济思想史简编.北京：中国社会科学出版社：223.

③《汉书·食货志》（转引自：胡寄窗.1981. 中国经济思想史简编. 北京：中国社会科学出版社：107）。

④ 叶世昌.2003. 古代中国经济思想史.上海：复旦大学出版社：126.

⑤ 注："由上林苑统一铸造发行五铢钱这一措施，现存史籍并未明确指出是桑弘羊的主张，但是在盐铁会议上为这一措施所作的理论辩护，却是他独特见解。"参见：胡寄窗.1981. 中国经济思想史简编. 北京：中国社会科学出版社：224。

胡寄窗给予了统一币制政策高度的评价："这一措施在中国货币史上的意义是深远的，自此以后，各继起的封建王朝均将币制的统一与集中视为指导原则，尽管事实上在个别时期又曾分散铸造过。同时，当时所发行的'五铢钱'的形式、大小、成色和重量，在以后七百年的时间里，被后世看作是模范或理想的货币。"[①]

（六）屯垦政策

这一政策，最早可以追溯到汉文帝时期晁错提出的"移民实边"。基本思想是：执政者利用物质利益引导和鼓励内地的民众去边区屯垦，以达到巩固边防、遏制外族、降低财政负担、发展经济的目的。

比如，政府为移民准备房屋、农具，并赐给官爵，免除全家赋税；供给衣服和粮食直到能自给时止；没有配偶的，政府为其买配偶；能够从匈奴手中夺回被劫掠的财产的，其中一半归夺回者所有；有人口被匈奴俘虏的，由政府赎回。大汉朝的强盛，离不开这一政策。新中国成立后，兵团屯垦新疆，也是与此类似。

（七）赈济政策

赈济的政策建议，最早可以追溯到西周时期，《管子》对此也有诸多阐述，是指执政者或富人对贫民的无偿救济，或者是在灾害年份减免受灾民众的赋税，有时也包括有偿（低息）借贷。

这一政策在稳定社会、稳定生产以期实现国泰民安上具有重要的意义。虽然这一政策在中国从战国起的历朝历代皆在不同程度上实施过，但是实施的效果往往受限于政府的廉洁程度、政府储备的物资及调拨转运物资的能力。上述的平准政策也包含赈济的思想。当今世界的执政者无一不在某种程度上效仿这一政策。

除了上述七个方面的财政金融政策外，中国古典政治经济学发展到汉朝时，还有几个重要的财政原则值得我们学习：量入为出原则（《礼记·王制》）、取民有度原则（《管子》）、开源节流原则（《荀子》）。

上述七个方面的政策和三个财政原则，可以说是中国封建地主经济时期财政金融政策中最为精华的部分，至今依然有非常重大的借鉴价值。胡寄窗对我国战国秦汉时期财政金融政策的评语是："如果掌握了桑弘羊的经济政策和李悝的平粜政策，就对此后两千年的中国财政措施的知识，除货币行政外，理解已过半矣。"[②]

第三节　中国古典政治经济学的完善与没落

西汉时期，中国经历了经济发展的第二次高峰（春秋战国时期算是第一次高峰），农业、工业和商业都得到了很大的发展。这也使得中国古典政治经济学在此期间趋于成熟。西汉经济的繁荣，除了上面所述的先进的经济学理论及相应的财政金融政策的应用外，还与以下重要因素有关：①汉武帝开疆拓土、稳定边关，给中国带来了广阔的领土和市场，

---

① 胡寄窗.1981.中国经济思想史简编.北京：中国社会科学出版社：224.

② 胡寄窗.1981.中国经济思想史简编.北京：中国社会科学出版社：225.

以及和平的国内、国际环境；②先进的农耕技术代田法和区（沤）种法在关中地区的实行，男耕女织和精耕细作的生产经营模式在关东地区的推行，大修水利工程带来的农业灌溉条件的改善，铁制农具和牛耕技术的推广。[①]

当然了，中国优越的农业生产自然条件、富饶的矿产资源、便宜的交通条件、人口的增多和劳动人民的勤劳也是不可或缺的基础性条件。

但是，随着经济的繁荣、社会财富的积累，重农抑商的政策未能得到坚持，土地兼并加剧，豪强逐渐形成，经济基础和社会结构也相应地发生了改变，最终导致了西汉王朝的崩溃和繁荣盛世的终结。虽经王莽"新政"，也未能逃避一个豪强林立、两极分化、皇权旁落、国家动荡不安的历史宿命。

直到经过三国、两晋、南北朝长达360年（公元220～580年）的分裂、战乱和纷争，贵族豪强势力大为衰弱后，于隋唐才开启了中国经济发展的第三次高峰[②]。但是，即使在隋唐的第三次经济发展高峰期间，中国古典政治经济学也鲜见大发展，大多是应用和完善先贤的经济学理论及其政策。

伴随着蒙古人、满族人及后来的西方帝国主义列强的入侵，以及外族文化的传入和渗透，中国古典政治经济学就开始没落了。魏源既是中国近代引进西方经济学思想的先驱，同时也是中国古典政治经济学的终结者。

从鸦片战争以来，众多国人试图从西方学到让中国富强之术，跌跌撞撞一百多年了，但建立在中国特有的人口、文化、自然资源条件、技术水平和国际环境基础上的有利于中国富强、国泰民安的经济学理论体系，始终没有建立起来。中国究竟应该向何处的问题，始终是在不断地探索中。中华民族伟大复兴之梦的实现，是离不开符合当今中国基本国情的中国特色经济学理论体系的。

下面简单介绍一下中国古典政治经济学在西汉以后几个方面的完善情况。

一、精彩的土地所有制变革

（一）西晋的占田课田制变革

生产资料归谁所有的所有制，是攸关国家政权是否稳定、国强民富和国泰民安是否能实现的重要因素。上述有关国家垄断经营某些产业、豪强兼并的内容，都涉及生产资料归谁所有的问题，确切地说是生产资料所有制结构的问题。

随着东汉末年起数十年的战争，中原人口大为减少，政府手中掌握的大量官田、公田无人耕种，怎样在不太损害世族大地主集团利益的前提下，调整土地所有制，让耕地资源得到充分利用、充实国家财政、巩固国家政权，就成了西晋王朝执政者

[①] 注：代田法是西汉时期赵过推行的一种适应北方旱作地区的耕作方法，由于在同一地块上作物种植的田垄隔年代换，所以称为代田法。它在用地养地、合理施肥、抗旱、保墒、防倒伏、光能利用、改善田间小气候诸方面多有益处。在代田法耕作下，产量"超出常田一斛以上，善者倍之"。

区田法是西汉后期在畎（zhèn，同"圳"）种法和代田法基础上发展起来的一种田园化的集约耕作方法，适用于北方旱作地区；特点是，在小面积土地上集中使用人力、物力，精耕细作，防旱保收，求得单位面积的高额丰产；具体做法，首先深挖沟或坑（称"区"），然后点播密植、播前浸种（以肥料和可以防虫的物质处理种子）和在区内重施有机肥，最后是注重中耕除草、保墒和灌溉；区田法的田间布置有两种——开沟点播和坑穴点播。

[②] 注：其间，只有西晋时有短暂的统一和安宁。

所面临的一个重大问题。

公元 280 年，晋武帝司马炎平吴后实行占田制："男子一人占田七十亩，女子三十亩。其外，丁男课田五十亩，丁女二十亩；次丁男半之，女则不课。官吏分为九品，各以贵贱占田，依次递降；最高为第一品者占五十顷，最低第九品占十顷。"[①]

占田数，是指土地所有者在向政府办理土地和户口登记手续时，被允许耕种的土地面积最高限额。课田数，是指对土地所有者征税赋的土地面积标准数或必须耕种的土地面积数。男女 16～60 岁为正丁，13～15 岁、61～65 岁为次丁，12 岁以下、66 岁以上为"老小""不事"。

西晋执政者在实行上述占田课田制度的同时，又在以往的赏赐公卿百官租牛客户的基础上，制定了按官品占客和庇荫亲属的制度。原本是想在承认这些特权的基础上，对诸侯郡守们加以适当地限制，而结果却适得其反：原来那些占田不足、佃客缺少的官僚贵族，借此机会而补足了他们的占田和佃客，至于那些已经拥有过量土地和佃客的官僚士族，实际上并未受到限制。其结果是，既不能满足农民对土地的要求，又不能巩固和扩大税基、增加税收，所以，西晋的占田课田制只能是以失败而告终。

（二）北魏的均田制变革

到了南北朝时期，北魏执政者采纳了李安世（公元 442～493 年）的建议，实施了均田制。北魏实施均田制的历史背景与西晋实施占田课田制的历史背景很相似，总体说来，都是土地过于集中在少数人和官僚手中，广大老百姓没有土地或只有极少的土地。

从西晋永嘉之乱起的一百多年中，由于中原地区各民族间的不断混战，一方面，大量居民被杀戮，同时迫使汉族居民陆续大量迁移到江南地区，大量的田地被改为征服者的牧场，甚或成为无主荒地，另一方面，不曾南迁的世族大地主，多为东汉以来的多年世族，各自拥有独立田庄及武装，彼此结为堡坞，原留下来的、流亡的或由南朝北返的农民，在战乱中只好依附于堡坞大地主，一户大地主可能荫蔽数十、数百乃至数千的贫苦农户。

而那些北返或流落他乡的贫苦农民回到故里后，发现自己的田宅被征服者或其他汉族地主占用，激起了他们强烈的民族仇恨和阶级仇恨。一个两极分化、地方豪强林立的社会结构形成了。

北魏统治集团意识到，为了缓和尖锐的民族矛盾和阶级矛盾，就必须一方面阻止土地兼并趋势，另一方面满足农民对土地的要求。北魏实施的均田制（魏孝文帝太和九年，即公元 485 年颁布）主要包括三个方面的内容：受田的一般规定、还田的一般规定、还田和受田的特殊规定。土地又分露田、麻田、桑田和宅地四种类型。农民从政府手中得到的土地所有权仍属于国家（实为执政者），农民只有使用权。我们在此仅简单介绍一下受田的一般规定。[②]

露田的一般规定：男女超过 15 岁即行受田，男夫受露田 40 亩，妇女 20 亩；奴婢也照样受田，不过田地是分配给其主人的。一家有耕牛 1 头，可以多分 30 亩，按牛数递增，

---

① 孙翊刚，王文素. 2007. 中国财政史. 北京：中国社会科学院出版社：112.

② 参见：孙翊刚，王文素. 2007. 中国财政史. 北京：中国社会科学出版社：122-123；胡寄窗. 1981. 中国经济思想史简编. 北京：中国社会科学出版社：278-280.

但 4 头牛之数是上限。这些都称为"正田"。如果是采用休耕制的地区,那么受田数量根据休耕的周期年份数再相应地倍增,这部分增加的受田称为"倍田"。

麻田的一般规定:在产麻地区,每一丁男受麻田 40 亩,丁女 5 亩,不另外分配倍田(因麻田数量不多,土地亦不需休耕)。

桑田的一般规定:对初受田的人,除受露田、麻田外,另给男夫桑田 20 亩,规定至少须种植桑树 50 棵、枣树 5 株、榆树 3 棵,多种或杂种其他果树不加限制;非桑之土,另给男夫 1 亩,用于种枣、榆;奴婢也是同样对待;限定 3 年内必须全部栽种上,否则,没有种的地政府收回。

宅地的一般规定:新到居民每三口给宅地 1 亩,奴婢每五口给宅地 1 亩。男女在 15 岁以上均应在宅地内每人种菜 1/5 亩。[①]

由以上我们可以看出,中国古代的土地所有制,是一种多层次的混合所有制,与欧洲中世纪时期的封建领主土地所有制是大为不同的:中国除有地主外,还有很多自耕农,国家(执政者)拥有大量的土地,同时还拥有授给农民的土地的所有权。这样一种多层次的混合所有制,对于稳定社会、激发社会生产活力和稳定国家财政,从而巩固政权和实现国泰民安,都是具有极大的作用的。

当一个社会存在大量无产者的时候,甚至出现一个贫困的无产阶级时,这个社会能否长治久安,就是一个大问题了。从中国古代经济史来看,从来没有哪一个贤明的君主或明智的执政者,是希望大量制造流民、唯恐天下不乱的。

二、叹为观止的财政思想与实践

唐代(公元 618～906 年),是我国汉朝以后又一个光辉的历史时期,经济发展经历了又一次高峰。虽然唐代的经济理论不如在文学和对外事务方面的成就卓越,但是这一时期的农、工、商业都得到了巨大的发展,一时间,万国来朝,首都长安"摩肩接踵""车水马龙"。

杜甫在诗歌《忆昔》中描绘了唐代(开元盛世)景象:忆昔开元全盛日,小邑犹藏万家室。稻米流脂粟米白,公私仓廪俱丰实。九州道路无豺虎,远行不劳吉日出。齐纨鲁缟车班班,男耕女桑不相失。

中国封建地主制经济的政治、法律及意识形态等上层建筑虽早已形成,但到唐代才算达到其完全成熟形态。由以下财政学及其实践上的日趋完善可见一斑。

(一)唐代建立的财政预算制度和审计制度

公元 736 年,李林甫建议颁发"长行旨条"五卷,将各项财政收支做了原则性的规定。唐初中央各部门及各军、州、县的财政收支实数,应于每年年初编造表册报请主管部门审查,由于缺乏原则性的规定,名目繁多,易滋生腐败,难于审查。"长行旨条"颁布以后,各军、州、县即以此为准,可省去编造时之烦难且易于审查。

但是,在中国封建地主经济社会中,国家财政原则上只能在一年的实物征收进来后,

---

① 参见:孙翊刚,王文素.2007.中国财政史.北京:中国社会科学出版社:122-123;胡寄窗.1981.中国经济思想史简编.北京:中国社会科学出版社:278-280.

才谈得上如何支付的问题。所以，其每年所编造的报表事实上仅仅是现代意义的国家决算而不是预算。但"长行旨条"颁布的目的，原本是要求给国家各种财政支出规定一个完备的长期性的指导原则，事实上是要实行一种国家年度概算制度。这是我国历史上最早的有关年度财政收入的长期指导性原则，也是人类史上国家预算制度的发轫。[1]

到唐代中国古人已认识到，对国家财政稽核的职能须由财务行政系统中分割出来，由另外的机构执行。唐代执政者规定，所有中央或地方各级政府机构的各项财政收支，都必须报送"比部""勾复"（审核批准）。各级财务支用单位向"比部"呈送账目以供审核的期限亦有规定。这就是现代所谓的审计制度的发轫。

我国唐代出现的独立审计、财政预算的思想及其相应的实践，在世界财政（学）发展史上都是非常超前的，这也是中国古代封建地主经济社会的政治上层建筑高度完善的表现。

（二）唐代刘晏的财政思想

刘晏（公元718~780年），唐代著名的财政学家和实践家，他提出了著名的"知所以取人不怨""因民之所急而税"的征税原则，大力推行了与盐铁专卖政策一脉相承的"榷盐"政策，"出奇"地恢复了由安史之乱所摧毁的唐帝国的经济繁荣。

刘晏"知所以取人不怨"的征税原则，类似于管仲"取民有度"的征税原则，但是比之更为精道——以"人不怨"为"度"。其"因民之所急而税"的征税原则，突出了国家财政的公益性，同时也蕴涵了征税要具有灵活性。

刘晏最受后人称道的，是他大力推行的"榷盐政策"，其基本的内容是：①允许私人生产（官府也生产）盐，但是产品必须按照政府定价统一出售给政府的盐业部门，由盐业部门按照政府规定的某个批发价格批发给私人盐商，由私人盐商自由定价买卖；②政府盐业部门囤积一定数量的盐作为平准之用，并行使平准职能；③创立十三巡院，严查不法盐商和私盐，了解全国商情和物价动态。

这一政策带来三个直接的好处：①国家财政得到充实；②私商也从盐的生产销售中获得了好处，极大地调动了民间的积极性，经济活动得到了繁荣；③执政者与商业资本之间的矛盾得到了缓解，强势利益集团与弱势利益集团之间的矛盾被控制在一个合理的范畴内。最终，实现了国泰民安。

这一政策的精妙之处在于——恰到好处的收入分配制度：①由以前国家垄断经营盐的官家独享盐利，转变为官商分利，政府只掌控"盐"生产经营中的一个环节，这符合当时商业资本兴起必然要与官僚地主统治者分利的经济基础；②执政者利用市场经济手段（兼以行政手段），既照顾了商业资本的逐利要求，又避免了社会物价过高带来的民不聊生状况，国家财政还得到了充实。

这一政策是很值得所有有致于治国安邦、经世济民和致富的人细细揣摩的。它蕴涵了太多的中国古人高妙的哲学思想。胡寄窗是这样评价刘晏的："如果桑弘羊是西汉时代最成功的封建理财家，则唐代的刘晏也应享受同样的荣誉，甚至更高的荣誉，因为他曾受到

① 胡寄窗.1981. 中国经济思想史简编. 北京：中国社会科学出版社：293.

后代思想家们不加非议的赞扬。"①

国家执政之难，莫过于财富和收入分配的适度。一千多年前的刘晏居然能对此游刃有余，不得不令人叹为观止。

（三）杨炎的量出为入财政原则

与刘晏同时期，还有一位值得一提的财政学家，那就是杨炎（公元727～781年）。杨炎提出了与我们前面所述的中国古典政治经济学大发展时期不同的财政原则——量出为入。这似乎与中国古代一贯强调的"取民有度""薄赋税""开源节流""量入为出"的思想大为不同。但是，如果我们理解了刘晏的"因民之所急而税"的理论，那就可以理解杨炎的"量出为入"的财政原则了。

这其实，更是彰显了中国古人对立统一、不偏执一轨的辩证思想，也体现了中国古人"两害相权取其轻"的经济原则。

（四）董煟的救荒活民理论

董煟（wèi）（？～1217年），著《救荒活民书》，受南宋宁宗皇帝赏识，得旨颁行各州县。《救荒活民书》包括三部分，第一部分叙述了宋代以前的救荒议论和措施，第二部分专谈他自己的救荒措施，第三部分选录了宋代学者的救荒议论。董煟的《救荒活民书》是人类历史上第一本系统探讨救荒原则的著作，这对于农业生产占主体的经济社会来说，具有极大的意义。董煟的救荒活民理论成了现代意义的福利救助制度最早的理论。

董煟列举了20种救荒措施，并指出其中较为重要的为常平、义仓、劝分、禁恶粜、不抑价5种，其余如检旱、减租、和籴等15种可以根据情况采用。

常平，就是平准的意思。但董煟在此强调的是救灾活民，而不似管仲等更多强调的是增加国家财政收入。

对于义仓，董煟指出：①储备的粮食必须散储民间，不能集中在城市，以使乡村山谷农民均能得到实惠；②义仓主要用在大灾年份，如果灾荒不太严重，市场上的粮食尚有流通、价格没有出现暴涨趋势，那么用钱来救灾最省便，或者是钱米兼用来救灾。

劝分与不抑价是结合在一起的，董煟认为：①要利用民众自利的心理，在灾荒年份政府不要抑制粮食价格的上涨，否则，富人越是不愿意卖粮、市面上的粮食供给越少，只要能赚钱，富人自会争先恐后出售粮食的；②不用劝富人卖粮（劝也没有用），而是劝富人借钱给政府，政府往丰收地方去买粮回来卖给饥民，并归还本钱给富人。

禁恶粜。董煟认为：不要怕粮食出境，天下是一家，各地都有灾荒，要相互调剂。这无疑是一种崇高的国际共产主义精神或者说墨家的兼爱思想、儒家的世界大同思想。但是在国家与国家之间存在压迫与被压迫、欺骗与被欺骗、掠夺与被掠夺的激烈残酷甚至血腥斗争的时代，董煟的思想就显得有些迂腐了。

（五）清代实行的摊丁入地税收制度

康熙五十一年（1712年），针对人口迅速增加而土地增辟有限的情况，为防止民众因

---

① 胡寄窗.1981.中国经济思想史简编.北京：中国社会科学出版社：297.

为丁役加重而逃亡，康熙颁布了将田赋和丁役合并为田赋的税收制度。其基本做法是：将康熙五十年各省应征丁银数与田赋数相加，除以各省田（地）亩数，得出每亩田（地）应缴税银和粮食数量。史称"摊丁入地"（又称"摊丁入亩"）税收制度。从康熙五十五年（1716年）至乾隆四十二年（1778年），历时六十多年，该税收制度才在全国全面推行。

这一税收制度是明代"一条鞭法"的继续与发展，取消了以劳动力为征税对象的人头税制度，将生产资料中相对更稀缺的土地作为征税的对象。这是在经济社会演变到土地相对于人口（劳动力）来讲更为稀缺的生产技术条件下，与其相适应的税收制度变革。

中国古代税收制度由人头税为主向田地税为主转变的历史，给我们留下了非常宝贵的税收思想遗产。

三、金融货币理论的多方面探索

（一）刘秩的货币数量理论

刘秩（生卒年不详），是唐王朝中央政府的一位高级官员，在开元二十二年（公元734年）所上奏的"泉货议"中，提出了一个重要的货币数量理论。他指出，"夫钱重者，犹人日滋于前而炉（铸钱炉）不加于旧"[①]。意思是说，人口多了，铸造的钱没有相应增多，钱的相对价格就会提高。之所以人口多了，钱的相对价格会提高，是因为社会对货币的需求增大了。

（二）沈括的货币流通理论

沈括（1038～1095 年[②]），字存中，湖州钱塘人，曾任宋朝廷的三司使，伟大的科学家，其经济学方面的成就因其自然科学方面成就的伟大而常不被人注意。他针对当时出现的"钱荒"问题，提出了以下货币流通理论。

"钱之所耗者八，而其不可救者二事而已，其可救者五，无足为患者一。"[③]

其所说的"不可救者二事"，是指某些在流通过程中不可避免的现象，比如，人口增多、官方和私人对货币需求的增多，以及（金属货币）自然耗损。

其所说的"可救者五"，是指当时不妥当的货币政策及行为，比如，开铜禁（即允许私人从事铜器的生产）、盐钞信用不佳、黄金没有作为交换媒介的货币、货币的储藏、铜币的外流。

沈括认为："钱利于流借。十室之邑，有钱十万而聚于一人之家，虽百岁故十万也。贸而迁之，使人飨（同'享'）十万之利，遍于十室，则利百万矣。迁而不已，钱不可胜计。"

意思是说，钱越集中于少数人，流通频率越小；钱应该让众人得到，这样，钱的流通频率就会提高；钱的流通频率提高，那么市面上的钱就多了。因此，沈括反对货币的储藏及由此上溯的货币集中。

---

① 《旧唐书·食货志》（转引自：胡寄窗. 1981. 中国经济思想史简编. 北京：中国社会科学出版社：295）。
② 注：沈括的出生年份有资料载为1031年，本书从胡寄窗《中国经济思想简编》。
③ 《续资治通鉴长编》（卷二八三）（转引自：胡寄窗. 1981. 中国经济思想史简编. 北京：中国社会科学出版社：332）。
下面有关沈括的货币理论引文，与此同。

其所谓"不足为害者一",是指当时黄、洮、岷三州货币太多而物价上涨。沈括建议该地与西羌贸易,将货币输出。中国当下的"一带一路"发展战略,大抵也有将国内过剩货币输送出去的用意。

(三)19世纪三四十年代我国的货币问题大争论

从19世纪20年代开始,伴随鸦片进口走私的日益猖獗,白银大量外流,清代的中国出现了"银贵钱贱"的问题,由此引发了对货币问题较长时期的争论[①]。争论基本上围绕货币本位应该是什么的问题进行,铜钱是参加争论各方均一致赞同的货币,分歧在于:有的主张专门行使铜钱而废除其他一切形式的货币,有的主张铜钱和白银并行流通(以铜钱为主而银为辅),有的(如林则徐)主张用银元代替银锭流通,有的(如王鎏)主张采用纸币流通。

时代出现了新的特征——资本主义在世界范围内快速扩张,西方强国此起彼伏,国际贸易规模不断扩大。在大规模的国际贸易条件下究竟需要什么的货币理论和政策,在严重不平等的国际贸易背景下货币政策能否解决经济问题,等等,都是这个时代的中国思想家们所面临的更为宏大的新问题。没有时代的、国际的眼光,无论如何是看不清楚这些问题的。

四、魏源:中国古典政治经济学的终结者

魏源(1794~1857年),字墨深,湖南邵阳人,是中国古典政治经济学最后一位值得称颂的经济学家,同时,也是号召国人学习西洋文化(包括经济制度)的重要倡导者,在《海国图志》中提出"师夷长技以制夷"[②]。胡寄窗称之为"中国经济思想史变革的发轫者"[③]。

伴随国人努力向西方学习,以探求中华民族独立和国家富强之路,中国古典政治经济学也就终结了,直到毛泽东提出新民主主义等理论,中国的政治经济学发展才开始了新的篇章——马克思主义的中国化。

纵观中国清代以前的经济学家们,空谈理论者少,治国安邦者多;醉心于致富者少,致力于经世济民者多。这是中国古典政治经济学在经济学发展史上的一大特征。

如果说,中国古典政治经济学主要是代表地主和小农阶级的利益、着眼于可持续的国强民富和国泰民安的话,那么第三章所要介绍的西方古典政治经济学就是代表工

---

① 注:据估计,1837年各海关外流白银就达5000万两以上,而1830~1833年中英贸易总额才约1728.5万两白银;在1785~1833年,对英贸易占中国国际贸易的绝大部分(参见:齐涛.1999.中国古代经济史.济南:山东大学出版社:348,349)。

② 注:"师夷长技以制夷",这个话看起来,似有道理,但是,若仔细斟酌,就会发现问题:西方资本主义国家的兴起,一是靠强大的军事力量,二是靠强有力的上层建筑(全力支持本国资产阶级的政权和为本国资产阶级利益服务的意识形态),最后才是科学技术的进步。这就是所谓的"夷之长技"。如果我们要学习他们的"长技",那就意味着我们要走帝国主义的路。但是具体到已经是列强环顾的殖民地国家和第三世界国家而言,帝国主义道路是否符合道义、是否是人类之幸,尚且不说,就单说有没有条件走帝国主义道路之可能,也会发现是行不通的。这正是后文所要述及的毛泽东的政治经济学思想所要解决的问题。对于中国古典政治经济学的终结者,有观点认为是康有为,同时还认为康有为是中国古典政治经济学的集大成者(详见:程恩富,何干强.2013.论推进中国经济学现代化的学术原则//程恩富.经济理论与政策创新.北京:中国社会科学出版社:16-17)。

③ 胡寄窗.1981.中国经济思想史简编.北京:中国社会科学出版社:439.

商业资本家的利益，着眼于致富。

■ 本章附录

附录 2-1　爱国商人弦高

弦高是我国春秋时期郑国的一位行商，经常来往于各国之间做生意。鲁僖公三十三年（公元前 627 年），他去周王室辖地经商，途中遇到秦国军队，当他得知秦军要去袭击他的祖国郑国时，便一面派人急速回国报告敌情，一面伪装成郑国国君的特使，以 12 头牛作为礼物，犒劳秦军。秦军以为郑国已经知道偷袭之事，只好班师返回。郑国避免了一次灭亡的命运。当郑国国君要奖赏弦高时，他却婉言谢绝，"作为商人，忠于国家是理所当然的，如果受奖，岂不是把我当作外人了吗？"

附录 2-2　管子买马和买生鹿

《管子·揆度》中记载：齐桓公想买阴山产的宝马 4000 匹，按市场价——每匹马价格是 10 000 钱，他只有 1000 斤黄金可用来买马（每斤黄金折算 10 000 钱），只能买 1000 匹马。于是，齐桓公就找管仲想办法。管仲建议将赋税改用黄金来缴纳。这使黄金的价格上涨为原来的 4 倍，1000 斤黄金就增值为 4000 万钱，于是就买到了 4000 匹马。此所谓"令疾则黄金重"也。

《管子·轻重戊》记载了多个通过其所主张的国际贸易战略不战而降服邻国的故事，买生鹿的故事是其中之一。齐国在藏谷、铸钱的基础上，派中大夫王邑带 20 万钱到楚国收购楚国的生鹿。楚王认为这是楚之福，命令人民去捕鹿，"楚民即释其耕农而田（猎）鹿"。等到齐国"藏粟五倍"，楚国"藏钱五倍"，齐国就"令人闭关，不与楚通使"。楚国缺乏粮食，回过头来生产粮食，可"谷不可三月而得"，粮价大涨。齐国派人运粮食到接近楚国的边境，"楚人降齐者十分之四。三年而楚服"。

此所谓"人君操谷，币准衡，而天下可定也"。

〔作者按〕反观第二次世界大战以来美国纵横天下的经济政策，一方面，忽悠发展中国家大肆发展工业、大肆扩张城市——"生鹿"（使得发展中国家资源耗竭、生态环境破坏、农业衰败），同时输出纸币——美元（连金都不是）；另一方面，自己却大肆收储黄金、石油、稀土等战略性财物，大肆从世界各国网罗人才，对农业实行强有力的保护政策，大力保护生态环境、吸引世界各国的富人去生活居住，与两千年前中国古人在《管子》中阐述的治国平天下的经济思想何其似也！

附录 2-3　秦始皇抑商

秦始皇采取了高强度的抑商政策，主要有以下几个方面：第一，将天下富豪迁离本土，置之于关中帝辇之下（如"徙天下富豪于咸阳十二万户"）或西南、西北荒远不毛之地；第二，对工商业者实行"重关市之赋、商无得籴"的重税政策；第三，盐铁由官方专卖，建立健全的官营手工业体系及相应的组织机构（少府，类似于我国现在的国有资产管理委员会）。

附录 2-4　汉高祖和汉武帝抑商

汉高祖刘邦是一个很有趣的草莽皇帝。在其扫灭敌手、建立政权之初，为了稳定经济、恢复社会秩序，采取了一系列的抑商措施，他下令"贾人不得衣丝乘车，重租税以困辱之"、本人及子孙不得"仕宦为吏"、"遏贪鄙之俗，而醇至诚之风"[1]，而且规定商人不得持有兵器[2]。这就是历史上有名的"贱商令"。

汉武帝刘彻是中国历史上一个有雄才大略、文治武功非常卓著的皇帝，他任用桑弘羊、张汤等一班能臣，采取了全面的抑商政策，如盐铁由国家垄断经营、发行五铢钱、禁止私人铸币、征收算缗（mín）钱等。这里介绍一下着重针对商人富豪的算缗令。

《史记·平准书》记载："异时算轺车贾人缗钱皆有差，请算如故。诸贾人末作贳贷（借贷）买卖，居邑稽（获取）诸物，及商以取利者，虽无市籍，各以其物自占，率缗钱二千而一算。诸作有租及铸，率缗钱四千一算。非吏比者三老、北边骑士，轺车以一算；商贾人轺车二算；船五丈以上一算。匿不自占，占不悉，戍边一岁，没入缗钱。……"[3]

附录 2-5　王莽"新政"

王莽在西汉王朝发生统治危机的时候，玩弄政治手腕，篡夺了政权，为了强化其统治，开始了回归先朝贤明皇帝所采用的重农抑商、抑制兼并、强化执政者调控经济能力政策的"新政"，但是，由于豪强势力过于强大、官僚行政已经腐朽及政策上的失误，最终以失败而告终。尤其是其币制改革带来的混乱，更是充分说明了单一货币制度及稳定币值在一国经济运行中的重要作用。

王莽在短短的八年时间内就进行了四次币制改革：第一次，增加契刀、错刀两种货币，与黄金、五铢钱并行流通；第二次，废除契刀、错刀和五铢钱，专用大、小钱，而且新铸的大、小钱比以前流通的钱又大为贬值；第三次，制定了"五物、六名、二十八品"货币体系[4]；第四次，废除大、小钱，改用货泉、货布两种货币。

结果是搞得民怨沸腾，不管是达官贵人、富商巨贾，还是普通百姓，都对王莽新政不满。在天灾人祸和农民起义的反抗声浪中，王莽新政以其被斩首而宣告失败。

■ 思考与讨论

1. 中国这样的人口大国，应该采用什么样的法律、制度和政策？
2. 我们现在需要什么样的收入分配制度？

---

① 《史记·平准书》（转引自：胡寄窗.1981.中国经济思想史简编.北京：中国社会科学出版社：364）。
② 《汉书·高帝纪》（转引自：胡寄窗.1981.中国经济思想史简编.北京：中国社会科学出版社：364）。
③ 注：轺（yáo）车，一般是由车轮、车轴、车舆和伞盖等组成，专供上层贵族或者帝王乘坐的中国古代"豪车"。算缗钱，当时用线连串的钱叫缗钱，每一千钱为一缗；一百二十钱为一算。
④ 注：五物，指金、银、铜、龟、贝五种币材；六名，指金货、银货、龟货、贝货、泉货、布货六种；二十八品，指金货一品、银货二品、龟货四品、贝货五品、泉货六品、布货十品。

第三章

西方古典政治经济学

地理环境条件与文化之间，似乎有某种联系。西方文化中似乎缺少了点仁爱之心。

——刘明国

恩格斯对西方古典政治经济学真实面目的评价，一语中的："一门完整的发财致富的科学来代替那简陋的非科学的生意经。"[①]读者若将下文所要介绍的西方古典政治经济学与中国古典政治经济学做一比较，您会发现两者之间的惊人差别。

第一节　西方古典政治经济学的萌芽：重商主义

古罗马灭亡后，欧洲由奴隶制社会演变为封建农奴制社会（约5世纪末~15世纪末），这是一个基督"天使"笼罩的黑暗时代，史称"黑暗的中世纪"。古罗马时期的大量自由劳动者，随着落后的日耳曼等部落的入侵，沦为依附于由奴隶主转变过来的封建领主的农奴。完全占有土地资源和不完全占有农奴的统治者们，除了依靠强权进行统治外，还发明了宗教教义来奴化和统治广大的农奴。

这是一个两极分化明显、结构单一的社会，与中国战国至清代复杂多样化社会构成——存在大量的自耕农、佃农和相对自由的手工商业者及少数的官僚地主和皇室——是大为不同的。欧洲在近1000年的漫长的中世纪中，在政治、经济、文化上都没有多大的发展，而中国同时期却在政治、经济和文化上都创造了灿烂的文明，或许与这一社会构成的差别有关。

这一社会构成及相应的经济基础上的差别，就注定了中国和欧洲在意识形态上的差异，从而也就注定了它们在同时期不同的命运。将中国战国至清代这段历史归属于类似欧洲中世纪的封建社会，是不合适的。[②]然而，为什么会有这种经济基础上的差异，却是很值得深入研究的课题。

蒙古人的大炮、通过丝绸之路传到欧洲去的中国指南针等先进技术和文化，打破了欧洲人思想上和地理上的禁锢，欧洲人从此开始觉醒并崛起，从而掀开了近现代资本主义主宰世界的喜怒哀乐交加、繁荣与罪恶相伴、富裕与贫困相生的波澜壮阔的历史新篇章。伴

---

① 《马克思恩格斯全集》第1卷，第596页（转引自：吴忠观. 1987. 经济学说史. 成都：西南财经大学出版社：358）。

② 参见：胡寄窗. 1981. 中国经济思想史简编. 北京：中国社会科学出版社：185，186；朱伯康，施正康. 2005. 中国经济史（上册）. 上海：复旦大学出版社：92-94.

随着西方资本主义于 15、16 世纪兴起，重商主义继古希腊的经济学说后率先走向了西方的经济学前台，成为最早的商业（货币）资产阶级经济学说。

在东方大炮和先进技术文化的冲击下，于 14 世纪，以意大利为中心的文艺复兴运动在欧洲大地兴起，反对宗教束缚、宣扬人性的解放，推崇科学和个人主义。思想上的解放，让欧洲大陆迸发出了惊人的活力，怀着对东方财富的强烈渴望，达·伽马、哥伦布、麦哲伦等在国家力量的支持下开始了远洋探险，美其名曰"远洋航线的开辟"。随着横在欧洲人面前的难以逾越的铁幕——茫茫大海——被扯下，欧洲人开始了他们的远洋贸易及对亚洲、美洲和非洲的大规模掠夺运动。

一时间，超越了狭小的欧洲大陆的、如此广阔的世界范围内的贸易，尤其是与有着几千年文明史的、富庶的印度和中国互通有无，给 15、16 世纪的欧洲带来了繁荣，也给它们带来了丰厚的财富。这使得欧洲的思想家们开始了对商业贸易在社会财富增长和国家繁荣中的作用和意义的思考，重商主义由此诞生。第二次世界大战以后的经济全球化思想，不过是三四百年前的重商主义的翻版罢了。

重商主义开始产生于意大利，之后荷兰、西班牙、葡萄牙、英国、法国、奥地利、德国等国家也相继出现了重商主义。重商主义的代表人物主要有以下几人。

在意大利，有银行家伽斯巴罗·斯加卢菲，著有《货币讨论》（1582 年）；安东尼奥·塞拉，著有《论可以使无矿之国金银充裕的成因》（1613 年）。

在法国，有让·博丹，著有《对马莱斯特罗特悖论的答复》（1568 年）；安徒安·德·蒙克莱田，著有《献给国王和王太后的政治经济学》（1615 年），"政治经济学"在该著作中首次出现；法国路易十四的财政大臣让·巴蒂斯特·柯尔贝尔，重商主义的实践家。

在英国，有威廉·斯塔福德和约翰·海尔斯，著有《关于英国公共福利的对话》（1581 年）；托马斯·孟，著有《论英国与东印度公司的贸易》（1621 年），后全面改写为《英国得自对外贸易的财富》（1664 年），恩格斯盛赞此书在 100 年之内一直是重商主义的福音书。

在英国，还有一个人值得一提，那就是重商主义向西方古典政治经济学过渡时期的代表人物之———雅各布·范德林特，他高度强调了足够数量的货币对一国贸易乃至经济繁荣的重要意义，著有《货币万能》（1734 年）。

重商主义概括起来有以下基本观点：①财富就是金银，金银是社会财富的唯一形态；②财富来源于商业贸易；③政府应该重视、支持商业。

重商主义又分早期重商主义和晚期重商主义。早期重商主义，因为主张金银只能进不能出的政策，故又称为重金主义。晚期重商主义，因为认识到要在对外贸易中获得尽可能多的金银财富，最终依赖于国内生产尽可能多的工业产品，故强调重视工业生产，又被称为重工主义。重商主义由关注商业贸易向关注工业生产的这一转变，最终开启了西方资产阶级古典政治经济学的大门。

第二节　西方古典政治经济学的大发展

随着世界贸易的继续繁荣，以英国和法国为首的欧洲国家的手工商业得到了极大的发展。尤其是英国对北美洲等地的殖民，更是为英国工商业的扩张开拓了广阔的空间（原料市场、产品市场和粮食供给）。然而，法国没有这么幸运，在其政府大力推行重商主义、发展手工业时，于18世纪初遭遇了粮食危机及财政和经济危机，从而使得法国在18世纪英国大踏步工业化时却转向了重农主义。

而被英国殖民的北美洲及1789年成立的美国，其优越的农业生产条件及其农业裂变式的发展，成功地化解了英国工业化过程中所必然遭遇的粮食危机[①]。历史的偶然，注定了英国必然成为18、19两个世纪在世界经济舞台上的领舞者乃至世界的霸主，同时，也孕育了20世纪中期至今的世界霸主——美国。

理论来源于实践。这一人类认知的基本规律，注定了代表实业资本家（工业资本家和农业资本家）利益的西方古典政治经济学的大发展，必然孕育于英国和法国为代表的欧洲资本主义国家工商业大发展时期。

西方古典政治经济学大发展时期——17世纪中叶至18世纪后期，正是中国古典政治经济学走向没落的时期，是全球化商业大发展引领下的工业大发展时期，直到18世纪末、19世纪初，资本主义的发展遭遇了相对过剩的瓶颈制约，西方古典政治经济学才进入了完成和解体阶段。

西方古典政治经济学大发展时期的代表人物有英国的威廉·配第和亚当·斯密，以及法国的布阿吉尔贝尔、魁奈和杜尔阁等。

一、威廉·配第的经济学理论

威廉·配第（1623～1687年），出生于英国一个贫穷的小裁缝家庭，当过水手、做过英国的土地分配总监和国会议员，是一个依靠掠夺、投机而暴富的资产阶级化了的大地主和新贵族；英国古典政治经济学的创始人，被誉为英国古典政治经济学之父。他著有《赋税论》（1662年）、《献给英明人士》（1691年）、《政治算术》（1690年）、《爱尔兰的政治解剖》（1691年）、《货币略论》（1695年）。其经济学的思想主要有以下几个方面的成就。

（一）价值论和收入分配论

威廉·配第的这两个经济学理论，至今仍然闪烁着天才光芒。

他认为，①价格可以分为自然价格、政治价格和真正的市场价格三个层次；②自然价格就是商品的价值，即决定于生产"自然必需品"所需要人手的多少（这是劳动价值论的前身）；③政治价格是受供求关系影响在市场上直接实现的价格；④真正的市场价格是指用货币来表现的政治价格。

配第的价值论实际上指出了影响商品价格的几个重要因素：商品生产的机会成本（同样劳动时间所生产的"自然必需品"）、商品的供求关系和货币（价值）。但是，这三种层次意义上的价格之间如何转换、各种因素如何共同决定商品的最终形式上的价格，并没有说清楚。

他认为，①收入可以分为工资、地租和利息三种形式；②工资是劳动的价格，由维持工人生活和繁衍后代所必需的最低限度的生活资料的价值决定；③地租是劳动者所生产的产品价值中扣除了工资和生产资料价值的部分（利润），地租因工资的上涨趋势而存在下

---

① 注：美国和英国之间在18世纪的相生相克关系，留在介绍亚当·斯密的经济思想时阐述。

降的趋势[①]；④利息是货币的租金，是地租的派生形式，其大小至少应等于所借贷的货币所能买到的土地所产生的地租。

配第的收入分配理论，实际上是其价值论在劳动、土地、货币资本三种生产要素的价格决定问题上的应用，但是在他看来，工资具有与地租和利息不同的性质，其形成机制也是不同的。由此我们可以看出，配第只是朦朦胧胧地意识到价格决定在纵向和横向上的复杂多样性，其价值理论和收入分配理论其实可以统属于价格理论。若将配第的价格理论和《管子》中的价格理论结合在一起，去理解真实世界中的价格形成机制，那我们对经济世界的认识必将向前迈出一大步。

（二）财富的源泉和增长理论

他认为，①经济学研究的目的在于促进国家的"安宁和富庶"，主要在于促进国民财富的增长，着重是货币财富的增长；②分工和专业化对节约劳动和提高生产率是有意义的；③决定一国经济发展的基本因素不是土地和人口的绝对数量，而是土地和人口的素质及人口的构成与密度；④土地是财富之母，劳动是财富之父；⑤应该增加人口以增加生产性劳动者数量，同时采用官方计划手段尽可能地减少非生产性劳动者人数。

配第认识到决定一国经济发展的基本因素是生产要素的素质及其结构，而不是孤立地看待各种生产要素在总量上对经济发展的作用，这本身就是非常了不起的，并为宏观经济学开启了大门。但遗憾的是，立足于他这一重要思想的宏观经济学，至今依然没有形成。

如果我们将配第的宏观经济思想与中国古人的宏观经济理论，尤其是《管子》轻重论相比较，就会发现其差别：配第强调客观因素——生产要素的素质及其结构，而中国古人强调主观因素——执政者如何调控国家的收入分配结构。

至于财富源泉来源于劳动和土地的思想，这并没有什么新鲜的，中国古人在西周时期就已经认识到了。至于其经济学研究的目的"促进国家安宁和富庶"，这与中国古人的"富民论""治国安邦论""经世济民论"倒是有几分相似，不同的是，他着重强调的还是致富，这是其狭隘的资产阶级意识形态所决定的。

（三）货币理论

他认为，货币就像是国家身体上的脂肪，太少会使它生病，太多也会经常影响它的灵活性。从货币作为交易媒介的职能来看，威廉·配第无疑是对的，尤其是纸币作为法定货币时，更是如此。但是，诸如黄金、白银、布帛等稀有物资为货币，因其本身就具有可资人类使用的性质，那是多多益善了。

二、法国的重农主义和"经济表"等经济学理论

法国的古典政治经济学产生比英国晚了半个多世纪，其成就主要体现在重农主义和"经济表"上，萌芽于18世纪初，成熟、流行于18世纪50～70年代，代表人物有布阿吉尔贝尔、魁奈和杜尔阁（又译杜尔哥或杜阁）。

---

① 注：配第认为，随着工商业的发展，其吸引农业工人越来越多，农业工人供给呈现出不足，农业工人工资上涨。中国从20世纪末到21世纪的今天的二十多年的改革开放实践，与该理论非常吻合。

从 15 世纪开始，葡萄牙、西班牙、荷兰、英国等欧洲诸国通过大力发展商业和工业而相继崛起，法国也不甘在此历史浪潮中落后，于 17 世纪下半叶至 18 世纪初（路易十四统治时期），由财政大臣柯尔贝尔推行了重商主义政策——大力发展工场手工业（主要是皇家工场）、大量豢养军队进行战争，这虽然给法国带来了大量的金银财宝和短期的经济繁荣，但极大地损害了地主、农民、小资产阶级、小手工业者的利益和农业生产。

到 18 世纪初叶，法国农业生产比前一世纪减少了 1/3，国家收入急剧下降，国内市场缩小；而且，法国与英国争夺海外殖民地战败，其国际市场的拓展也受到极大的限制，不足以容纳其急剧扩张的工业生产；再加之，粮食供给未能得到足够保障，使得法国的工商业发展不仅受到极大的制约，而且出现了饥荒，陷入了深重的政治经济危机中。

尤其是 1716 年，病急乱投医的法国国王路易十五轻信了来自英国的"江湖骗子"约翰·罗，任命其为财政大臣，并推行了饮鸩止渴般的通货膨胀政策——开办银行滥发纸币以代替硬币，彻底破坏了法国的经济秩序，更是加重了法国在政治和经济上的危机。为了反对重商主义，试图让法国摆脱危机的困扰，法国的重农主义等古典政治经济学理论由此产生，主要有以下理论或观点。

（一）布阿吉尔贝尔的经济理论

布阿吉尔贝尔（1646～1714 年），重农主义的先驱，主要经济著作有《法兰西详情》（1695 年）、《法兰西辩驳书》（1707 年）、《谷物论》（约 1697 年）、《论财富、货币和税赋的性质》（1705 年）。

他认为：①货币不能等同于财富，它甚至是祸害、是人民不幸和贫困的根源；②真正的财富，是满足人们身体官能需求和带来快乐的一切物品——生活必需品、非必需品；③农业是国民财富的源泉，流通领域并不创造财富；④农业是国民经济的基础，农业衰退，百业衰退（农民和地主收入减少，他们就必然要缩减对工业品的消费）；⑤各产业部门之间要保持适当的比例，以实现"经济协调"；⑥人们只能按照自然秩序办事，实行自由竞争，政府不应该实行干预经济的政策。

执政者应该重视农业的思想，这并没有什么新奇的，在中国经济学萌芽时期就已经出现了。其主张遵循自然秩序、实行自由竞争的观点，虽然在当时有反对法国统治者推行错误的重商主义政策的进步性，但是也为后来的自由放任主义开了先河。[①]否定别人的错误，不能证明自己的主张就是正确的。

布阿吉尔贝尔重农思想深刻的地方，在于他是从宏观的角度——不同产业部门之间相互关联的角度——来强调农业的重要性。在西方，继威廉·配第提出生产要素质量及其结构对一国经济发展具有决定性作用这一个重要命题之后，布阿吉尔贝尔提出

---

① 注：有人认为西方的自由放任主义，其实就是中国先哲老子所言的"无为而治"的思想。但也有人不认同这种观点，他们认为，老子的"无为而治"说的是执政者不要"妄为"。作者认为，西方主张的遵循自然秩序和老子主张的尊重"道"，虽然都有尊重客观规律的含义，但是又有很大的差异——西方所强调的客观规律是自然界的秩序，而老子所言的"道"不仅包括自然界的"道"，还包括人类社会发挥主观能动性而经世济民之"天道"，如"损有余而补不足"；西方在尊重自然秩序的命题下得出人类经济社会发展也应该遵循自然界的"秩序"——弱肉强食——自由放任，这在逻辑上存在"飞跃"——忽略了人类社会为了追求幸福文明还具有社会管理的智慧或主观能动性。这样一种用自然界来类比人类社会的思想倾向，至今在西方思想文化界依然存在，而且这种思维倾向在近代对中国思想文化界的影响颇大。

了真正意义上的宏观经济学的又一个重要命题——各产业部门之间是否相互协调，是决定一国经济是否可持续健康发展的另一个重要因素（这与前文所述周公和商鞅的同类理论极为相近）。即使他没有明确这么说，但至少是给了我们这样的暗示或者说已经朦胧认识到了这一点。

经济学说史家们往往比较轻视的，是他的"货币是祸害、是人民不幸与贫困的根源"的理论。虽然这个说法有些过于极端和褊狭，但是他能朦胧意识到"货币在社会财富分配中具有不利于广大人民的功能"，这是非常了不得的。实际上，货币在市场经济社会中，尤其是在20世纪中期以后的当今世界，确实是一个非常重要的统治力量，以至于有"金融寡头统治世界"一说。

（二）魁奈的经济理论

弗兰斯瓦·魁奈（1694～1774年），法国重农学派的创始人和领袖，生于法国巴黎西部的梅里村，主要经济著作有《农民论》（1756年）、《谷物论》（1757年）、《赋税论》（1757年）、《经济表》（1758年）、《农业国的经济》（1763年）。

他认为，①"从土地取得的盈利扣除了一切支出后，所余的产品（纯产品）就是构成国家收入的每年创造的财富"[①]；②财富是具有交换价值和使用价值的物质资料；③在自然秩序下，交换遵循等价的原则，流通过程并不创造财富；④在社会各生产部门中，只有农业这个以人和自然之间的交换为前提的生产部门才能够生产净产品、才存在财富的增加；⑤"工业制造品价值的增加，不过是劳动者所消费掉的生活资料价格的增加（转移）"[②]。

除了上述重农主义理论外，魁奈对经济学所做的最杰出的贡献，是《经济表》。他以其"纯产品"理论为基础提出了社会阶级结构论，并在吸纳布阿吉尔贝尔等的理论成果的基础上，构建起了宏观经济学的第一个动态模型——经济表（图3-1），其基本思想如下。

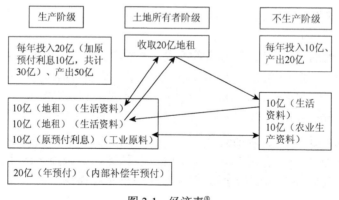

图3-1 经济表[③]

① 魁奈 F. 1981. 赋税论//魁奈经济著作选集. 吴斐丹，张草初译. 北京：商务印书馆：176（转引自：葛扬，李晓蓉. 2003. 西方经济学说史. 南京：南京大学出版社：97）。

② 魁奈 F. 1981. 谷物论//魁奈经济著作选集. 吴斐丹，张草初译. 北京：商务印书馆：85（转引自：葛扬，李晓蓉. 2003. 西方经济学说史. 南京：南京大学出版社：98）。

③ 注：为了便于读者更易于理解，作者按照魁奈的意思对"经济表"略做了些修改。

假设：①生产阶级在流通前，投下 100 亿里弗尔（法国当时的货币单位，下面单位同，省略）的"原预付"（固定成本），每年投下 20 亿的"年预付"（可变成本）；②"原预付"可以用 10 年，"原预付"利息（折旧）为每年 10 亿；③地租每年 20 亿；④产出价值 50 亿的总产品（40 亿的粮食和 10 亿作为工业原料的农产品实物，则"纯产品"为 20 亿）；⑤不生产阶级在流通开始前有 20 亿的工业品，是该阶级在上年度投资 10 亿生产出来的。

《经济表》蕴涵了以下重要的宏观收入分配理论：①地租过高、工业产品价格过高或农产品价格过低，都可能使国民经济再生产不能持续；②如果农业生产资料价格较低、地租较低，那（农业）生产阶级才会有剩余，才可能扩大（农业）再生产，并最终带动工业生产的扩大；③而工业要扩大再生产，出售给地主阶级的产品的价格就要较高，使其在补偿生产资料和消费资料后还有剩余。

总之，在市场经济中，要想一国经济（工农业）扩大再生产，地租必须维持在足够低的水平。放眼世界，第二次世界大战以来，所有依赖于房地产泡沫经济来推动经济增长的国家（地租在房地产泡沫中必然飙升），无一不以失败而告终，也充分说明了这一点。

同时，《经济表》还蕴涵了以下重要思想：国民经济可持续发展有两个必要条件——价值补偿和实物补偿。这一思想被马克思在其社会资本再生产理论中得以发展。

马克思对魁奈的《经济表》给予了高度的赞扬："这是一个极有天才的思想，毫无疑问是政治经济学至今所提出的一切思想中最有天才的思想。"[1]葛扬和李晓蓉认为，"魁奈的《经济表》是经济学说史上第一个明确而系统地对社会资本的再生产和流通过程进行理论研究的"[2]。

但是，魁奈的财富（价值）源泉理论仍然是不科学的，其提出的等价交换命题也是想当然的（假设），这也就注定了他的《经济表》不能充分展示资本主义社会经济运行的诸多特征，尤其是资本主义社会固有的弊端，同时，也为西方古典政治经济学走向歧途并最终解体埋下了伏笔。

（三）杜尔阁的两阶级结构论和工资理论

杜尔阁（1727～1781 年），出生于法国巴黎贵族家庭，担任过海军大臣、财政大臣等要职，法国重农主义晚期最重要的代表人物，在实践上推行过重农主义政策，代表作是《关于财富的形成和分配的考察》（1776 年）。

在杜尔阁的经济理论中，最值得称道的是，他的两阶级结构理论和在此基础上建立的工资理论。

他认为，"企业家、制造业主、雇主阶层，都是大量资本的拥有者，他们依靠资本，使别人从事劳动，通过垫支而赚取利润；另一阶层则由单纯的工匠构成，他们除了双手以外，一无所有，他们的垫支只是他们每日的劳动，他们得不到利润，只能赚取工资"[3]。

---

① 马克思，恩格斯. 1972. 马克思恩格斯全集（第 26 卷Ⅰ）. 中央编译局译. 北京：人民出版社：366（转引自：吴忠观. 1987. 经济学说史. 成都：西南财经大学出版社：108）。

② 葛扬，李晓蓉. 2003. 西方经济学说史. 南京：南京大学出版社：100.

③ 杜尔哥 A R J. 2007. 关于财富的形成与分配的考察. 唐日松译. 北京：华夏出版社：49.

他认为，由于工人过多，资本家在竞争中处于有利的位置，从而使工资必然趋向于工人最必要的生活资料。

如果对杜尔阁上述理论再往前走稍微做些引申，立马就会得出资本主义社会必然随着财富的不断积累而出现两极分化的结论，甚至会得出更多的有关资本主义社会基本特征的重要结论。然而，在资本主义刚开始崭露头角、显示出勃勃生机的时代，谁会想到它会有弊端，谁会想到它还会遭遇危机呢？

实际上，这些结论直到资本主义社会已经出现了两极分化，并导致了经济危机的 18世纪末期，西方古典政治经济学家们才从实践中总结而出。

三、亚当·斯密的经济学理论

在法国由重商主义转向重农主义的同时，英国凭借强大的海军，其殖民掠夺和海外扩张达到了空前的规模，再加之持续三个多世纪的圈地运动的进一步发展，重商主义取得了节节胜利——海外贸易和工业得到了极大的发展，最终成就了庞大的"日不落帝国"[①]。亚当·斯密的经济思想，正是在英国的重商主义取得节节胜利的历史背景下产生的。

亚当·斯密（1723～1790 年），出生于苏格兰的一个海关官吏家庭，当过大学教授、苏格兰海关税务司长、格拉斯哥大学校长，英国古典政治经济学的主要代表，"第一个创立了比较完备的古典政治经济学的理论体系"[②]，主要著作有《道德情操论》（1759 年）、《国民财富的性质和原因的研究》（1776 年，简称《国富论》[③]）。

《国富论》的出版，标志着政治经济学作为一门独立的学科正式诞生了。这是因为斯密在该书中做出了如下两个方面的重要贡献：一是明确指出了西方古典政治经济学的逻辑起点——"看不见的手"思想；二是构建了比较完备的西方古典政治经济学理论框架，几乎涉及了西方古典政治经济学所需要探讨的所有基本问题（图 3-2）。

在西方经济学说发展史上，该书是第一部在内容丰富程度与深刻程度两个方面能与中国《管子》相媲美的经济学著作。

但非常耐人寻味的是，斯密为自己拟定的墓志铭是"格拉斯哥大学道德哲学教授《道德情操论》的作者"，而他墓地背面的房子的山墙上镶嵌的墓碑上面写《国民财富的性质与原因的研究》的作者亚当·斯密安眠于此"。

（一）"看不见的手"思想

斯密在《国富论》中说道：

"我们每天所需要的食料和饮料，不是出自屠户、酿酒师或烙面师的恩惠，而是出自

---

① 注：在分析西方资本主义国家的兴起这一重大历史事件时，它们强大的军队及其对外侵略获取的诸多利益，是不可或缺的至关重要的因素，讨论除此之外的任何单个因素——技术进步、分工、私有产权的保护等，都是避重就轻、有失偏颇的。因为没有强大的军队，就没有广阔的世界殖民地，就不会有快速积累的货币资本、广阔的产品市场和原料来源及足够的粮食补给。将西方资本主义国家的兴起与古罗马的繁荣相对照，可以发现这两者之间存在某种相似之处，甚至可以说还存在某种必然的联系。

② 吴忠观. 1987. 经济学说史. 成都：西南财经大学出版社：121-122.

③ 注：亚当·斯密语义下的"国民"（the national），并不是中国传统文化中"国家和人民"的统称，实际上指的是"市民"（the citizen）——资产者。

他们自利的打算。我们不说唤起他们利他心的话，而说唤起他们利己心的话。我们不说自己需要，而说对他们有利。"①

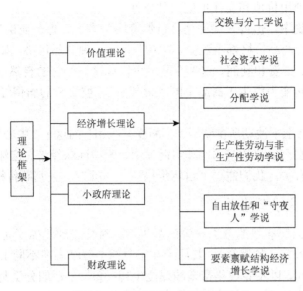

图 3-2　《国富论》理论框架图

"每个人改善自身景况的一致的、经常的、不断的努力是社会财富、国民财富以及私人财富所赖以产生的重大因素。"②

"在这场合，像在其他许多场合一样，他受着一只看不见的手的指导，尽力达到一个并非他本意想要达到的目的。也并不是因为事非出于本意，就对社会有害。他追求自己的利益，往往使他能比在真正出于本意的情况下更有效促进社会的利益。"③

后人常把斯密的这一思想称为"经济人"假设，把自利的动机称为"看不见的手"。在当今的西方主流经济学中，为了回避"经济人"假设在伦理上的责难，遂改为"理性人"假设。言下之意，自利、遵循经济原则，是一种"理性"。

"看不见的手"思想或"经济人"假设，对于中国人而言，并没有什么新奇的，其核心的观点就是人性自利或趋利避害是人之本性。但在中国传统文化中，至多是肯定人性自利的客观存在，从来没有为个人追逐利益摇旗呐喊过。斯密的"看不见的手"思想之所以备受资产阶级推崇，最重要的原因在于，他在人性自利观点基础上做了进一步的引申——自利与利他是可以统一的，而且在利己动机下行事对社会利益的增进往往比在利他动机下行事更有利。

原本为中性的自利就此披上正义的外衣。这为西方的资本家们到全世界追逐利润树起了伦理大旗。现实中，我们经常看到的，除了交相利外，还有损人利己甚至是损人不利己。

（二）价值理论

在价值内涵（即国民财富的性质）方面，斯密继承了布阿吉尔贝尔的观点，但还不如

① 斯密 A. 1972. 国民财富的性质和原因的研究（上卷）. 郭大力，王亚楠译. 北京：商务印书馆：14.
② 斯密 A. 1972. 国民财富的性质和原因的研究（上卷）. 郭大力，王亚楠译. 北京：商务印书馆：316.
③ 斯密 A. 1972. 国民财富的性质和原因的研究（下卷）. 郭大力，王亚楠译. 北京：商务印书馆：27.

布阿吉尔贝尔彻底，将国民财富局限在具有使用价值的生活消费品上。在价值源泉方面，斯密继承了配第的观点——劳动和土地是价值的源泉。除此之外，他继承了亚里士多德的观点——商品具有使用价值和交换价值两种属性。

在他的价值学说中，值得一提的是"自然价格"这个概念。他认为，"自然价格可以说是中心价格，一切商品价格都不断受其吸引"[①]，"一种商品价格，如果……等于……按自然率支付的地租、工资和利润，这种商品就可以说是按照它的自然价格出售的"[②]。"自然价格"被马克思转变为内生于商品中的"价值量"，被后来的庸俗经济学演化为"均衡价格"。

但是，商品价格上下波动所围绕或"不断受其吸引"的这个"中心"究竟是什么含义，到现在依然是一个富有争议的问题。真实世界中，所谓泡沫经济、泡沫价格等，都与"自然价格"这个中心有关。我们需要"自然价格"作为标准，去判断价格是否存在泡沫。

（三）分工与交换的理论

斯密在继承配第等前辈的分工理论的基础上，对分工理论做了进一步的发展，他认为，①分工能带来效率（的提高），其原因在于节约了劳动者在不同工作岗位、不同工作地点之间转换的时间，以及专业化带来的熟能生巧；②一个新的分工是否出现，要受到市场大小的制约；③随着经济增长，市场越来越大，分工不断地深化，社会生产效率进一步提高，又进一步地推动经济增长，……如此循环作用，经济就可以实现长期增长了。

如果单说强调分工有利于生产效率的提高，这也不算什么新发现，古希腊时期的色诺芬就已经认识到了。受西方主流经济学所特别强调的，是斯密的"经济增长—市场扩大—分工深化—生产效率提高—经济增长"内生长期增长思想。

但是，如果我们由此而认为一国经济这样就可以一劳永逸地增长下去，那就错了，因为现实毕竟不是这样的。我们至多可以认为经济增长存在这种内生因素。至于这种内生力量在多大程度上影响一国之经济增长，就是一个问题了，更不要说能否左右一国之经济增长趋势了。

（四）社会资本理论和收入分配理论

斯密在其国民财富的性质是"具有使用价值的消费品"的观点基础上，进一步推演出了他的社会资本学说和收入分配学说。

他认为，①资本是用于继续生产并提供收入或利润的过去劳动的积累——预蓄资财，包括生产资料和货币资本；②要增加国民财富，就需要增加社会中的资本；③要增加社会资本，社会财富的分配就应该向实业资本家倾斜——让他们获得较多的利润，一方面让他们有足够的激励去积累更多的资本，另一方面也让他们有足够多的货币转换成资本；④社会财富向实业资本家倾斜，具体表现为压低工资、地租（及政府税收）和利息。

为了有利于社会资本的积累，他反对政府举债。他认为：

"当国家费用由举债开支时，该国既有资本的一部分，必逐年受到破坏；从来用以维

---

① 斯密 A. 1972. 国民财富的性质和原因的研究（上卷）. 郭大力，王亚楠译. 北京：商务印书馆：52-53.

② 斯密 A. 1972. 国民财富的性质和原因的研究（上卷）. 郭大力，王亚楠译. 北京：商务印书馆：50.

持生产性劳动的若干部分年生成物，必会被用来维持非生产性劳动。"①

"举债的方策，曾经使采用此方策的一切国家，都趋于衰弱。首先采用这种方法的，似为意大利各共和国。热那亚及威尼斯……它们都因举债而衰弱。西班牙……比它们尤见衰弱。……法国虽有自然资源，亦苦于同样债务的压迫。荷兰共和国因负债而衰弱，其程度与热那亚或威尼斯不相上下。由举债而衰微而荒废的国家，所在皆是，英国能独行之而全然无害么？"②

斯密还揭露了国家举债的欺骗性："当公债增大到某种程度时，公公道道地完全偿还了的实例，我相信几乎没有。国家收入上的负担，如果说是曾经全然解除过，那就老是由倒账来解除的，有时是明言的倒账，常常是假偿还，但没有一次不是实际的倒账。"③

在资本主义尚未出现相对过剩的历史条件下，斯密的上述理论是有其合理成分的。但是，如果用中国古人经世济民、治国安邦的出发点来比对的话，那么他的上述理论的片面性和狭隘性就是显然的了。当然了，他反对政府举债开支也是很有道理的，更为重要的是，他揭露了政府借债的真实面目。除此之外，斯密还指出，由于投资增加会导致工资上涨和同行业竞争，利润（实为利润率）有下降的趋势。

（五）生产性劳动和非生产性劳动学说

斯密的经济学理论体系存在非常严密的逻辑。他在上述价值学说、社会资本学说和收入分配学说基础上，提出了他的生产性劳动和非生产性劳动学说。

他认为，①只有能够增加物的价值的劳动是生产性的劳动，如农业、制造业、批发商业和零售商业的工人的劳动，以及将资本投在这四种用途上的人的劳动（即资本家的经营管理劳动）；②不能增加物的价值的劳动是非生产性劳动，如君主、官吏、军人、牧师、律师、医生、文人、演员、歌手、舞蹈家等的劳动（也就是上述四种部门外的劳动）；③地主是非劳动者；④要促进国民财富的增多，就必须尽可能地提高生产性劳动者对其他社会成员的比例。

（六）自由放任与"守夜人"学说

斯密在"看不见的手"思想、分工与交换的理论基础上，立足于促进社会财富的增多，得出了与布阿吉尔贝尔相同的自由放任观点——按照自然秩序办事（不要限制民众追求私利，他们在追求私利时也就增加社会财富），实行优胜劣汰的经济自由竞争，政府不要干预经济；各经济主体按照各自生产优势进行分工，并进行自由贸易，不仅在国内应该如此，在国际也应该如此。

而且，既然为了有利于促进国民财富的增多，政府官吏不能太多，政府税赋也不能太多，那么政府的职能就自然不能太多了。斯密认为，政府的职能应该主要是：保护社会不受其他独立社会侵犯、保护个人不受其他任何人的侵害和压迫、建立并维持某些公共事业

① 斯密 A. 1974. 国民财富的性质与原因的研究（下卷）. 郭大力，王亚楠译. 北京：商务印书馆：490.
② 斯密 A. 1974. 国民财富的性质与原因的研究（下卷）. 郭大力，王亚楠译. 北京：商务印书馆：493.
③ 斯密 A. 1974. 国民财富的性质与原因的研究（下卷）. 郭大力，王亚楠译. 北京：商务印书馆：494. 注：倒账，原意是指，在你账上支付现金时，借（记）：其他应付款，贷（记）：现金，喻指用你的钱来还我欠你的账。这是当今世界最常见的经济现象之一，通常由持续的收支不平衡引起，增发纸币（或提高硬通货名义价值）是政府向民众倒账的最主要方式。

及某些公共设施。①后人将斯密的这一思想称为"守夜人"理论②。也就是说，一个不干预经济的政府，就像是只负责打扫庭院卫生和看守大门的守夜人，至于主人在庭院中干什么，一概不管。

一个既没有多少人，也没有多少钱，更没有多少职能的政府，自然就是一个小政府了。所以，后人将斯密的这一政府理论称为"小政府理论"。

斯密的自由放任理论和"守夜人"理论是其前面所述各种理论的最后归属，这两个理论有机地结合在一起，为有利于资产阶级追求私利描绘了一个资本主义经济体制的基本框架。在这个框架中，还有一个隐含着的重要内容，那就是生产资料私人所有制。"私有制+守夜人政府+自由放任的意识形态"就构成了资本主义社会的三大支柱。至于公平与正义，斯密却寄期望于没有独立经济权力的小政府来维护。

（七）要素禀赋结构经济增长学说

对于斯密的这一伟大的增长理论，经济思想史家们常常重视不够，当然，或许他也不过是真实地记录下了客观的事实而已。这一理论是他在《国富论》中论述殖民地繁荣的原因时提出来的。但单是他能敏锐地发现这一真相，就已经非常了不起了。

他在《国富论》中写道："但在此等殖民地已经建立，而且相当可观，足以引起母国政府的注意时，母国最初对它们颁布的一些条例，其目的总在于保证它独占此等殖民地的贸易，限制它们的市场，牺牲它们以扩大自己的市场，因此，与其说促进它们的繁荣，倒不如说加以压抑"。③

为了便于读者更好地理解斯密的意思，我们可以将他的这段话换成一个问题：作为殖民地的宗主国，绝对不愿意殖民地繁荣，但为什么北美洲作为英国的殖民地却繁荣起来了呢？事实上，"北美殖民地"后来在20世纪还取代了英国这个宗主国的世界霸主地位。

斯密在《国富论》中写道："每个殖民者所得的土地，都多于他所能耕种的土地。……他所有的土地往往是那么广阔，以致尽他一己的劳动，以及他所能雇用的他人的劳动，也不能使土地生产出它所能生产的数量的十分之一。所以，他极想从各地搜集劳动者，并以最优厚的工资来作报酬。但此等优厚的工资，加上土地丰饶低廉，不久就使那些劳动者要离开他，自作地主，以优厚的工资，报酬其他劳动者。"④

为了便于读者能更好、更快地理解斯密的要素禀赋结构经济增长理论，准确地说，是为了更好地理解北美洲作为殖民地繁荣的逻辑，作者在这里用图3-3来表示。

在北美洲作为殖民地而繁荣的过程中，优越的农业生产条件、人少地多的要素禀赋结构、黑奴和华工的贩卖、英国等欧洲工业化国家对粮食的大量进口这四大因素是缺一不可的。虽然斯密并没有系统全面地如此阐述，但是他敏锐地看到了北美洲作为殖民地繁荣的两个重要特有因素——优越的农业生产条件和人多地少的要素禀赋结构。

从某种意义上我们可以说，北美洲的崛起，也就是后来的美国的崛起，充满着偶然。

---

① 斯密 A. 1974. 国民财富的性质和原因的研究（下卷）. 郭大力，王亚楠译. 北京：商务印书馆：253.
② 注："守夜人"政府是拉萨尔在1863年2月发表的《公开信》中首次采用。
③ 斯密 A. 1974. 国民财富的性质和原因的研究（下卷）. 郭大力，王亚楠译. 北京：商务印书馆：160-161.
④ 斯密 A. 1974. 国民财富的性质和原因的研究（下卷）. 郭大力，王亚楠译. 北京：商务印书馆：137.

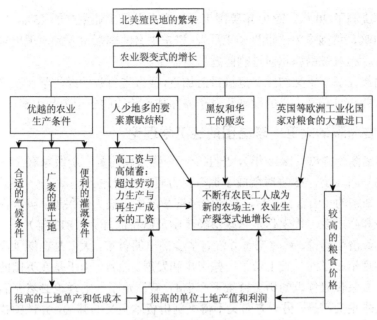

图 3-3 北美洲作为被殖民地繁荣的原因

同样充满偶然的，就是号称"日不落帝国"的英国了。因为，没有北美洲农业裂变式的增长，英国的工业化就会失去足够的粮食补给来源，就很可能会像 18 世纪中后期的法国一样转向重农主义。[①]被世人高歌的"工业革命"，就有可能不会降临到英国头上了。蒸汽机的发明，也正是在英国经济快速工业化，而劳动力的增长却又跟不上的现实需求下产生的。

斯密的要素禀赋结构经济增长理论，可以说是配第的"要素结构是经济发展决定性因素"思想的一个重要发展，是真正意义上的宏观经济学的一个不可或缺的重要理论。这一理论，对于任何试图走向繁荣富强的国家而言，都是不应该忽视的理论。

从这个意义上讲，世界上根本没有适合所有国家的繁荣富强之路。这个思想在中国哲学中其实就是"对症下药、因地制宜"。正因为如此，我们才要探索中国特色的社会主义发展之路。

（八）"公平、确实、便利和经济"的赋税原则[②]

这是斯密丰富而深邃的经济学思想中，最后一个最值得称道的思想。这一赋税原则到今天仍然是有借鉴意义的，虽然很多时候政府并没有遵循这一原则。

第三节 西方古典政治经济学的完成与解体

随着"日不落帝国"工商业在 18 世纪继续地高速扩张，尤其是在 18 世纪 60 年代开始的机器大生产代替手工生产的历史性技术变革的促进下，在 1770～1840 年，英国工人

---

① 注：事实上，由于农业衰退和大量进口粮食对英国的工商业发展产生了极大的遏制作用，英国在 20 世纪六七十年代开始转向了重农主义，目前，英国是世界上重要的粮食出口国之一。

② 注：确实，是指确定可靠。

的劳动生产率提高了 20 倍，1840 年英国工业生产占世界工业生产的 45%、出口额占世界出口总额的 20%，英国成为"世界加工厂"，资本主义的弊端也开始表现出来了：粮食等商品价格暴涨、相对贫困和相对过剩问题日益严重。[①]

随着自由放任资本主义的经济危机日益加重，西方古典政治经济学在李嘉图和西斯蒙第手中完成，并在对资本主义的批判和对李嘉图理论矛盾的争论中趋于解体。

一、左右为难的大卫·李嘉图的经济学理论

大卫·李嘉图（1772～1823 年），出生于一个犹太族的资产阶级家庭，16 岁时便成了英国金融界的知名人物，25 岁时就成了拥有百万资产的金融界巨富之一，据说 1799 年年初读了亚当·斯密的《国富论》后，对政治经济学产生了极大的兴趣；英国古典政治经济学的杰出代表和完成者，代表作是《政治经济学及赋税原理》（1817 年）。

李嘉图的经济学理论，总体来看并没有多少杰出的贡献，大多是在继承西方古典政治经济学前辈的理论成果的基础上做了一些引申和发展。而且，由于是在英国的自由放任资本主义经济从繁荣转向危机的历史背景下产生的，就注定了他的理论必然充满着矛盾——一方面要为资本主义辩护，另一方面又不得不剖析资本主义的弊端，并试图找到改良资本主义的手段。

但是，资本主义怎么医治得了它自身的疾病呢？他的经济学理论不仅埋下了西方古典政治经济学解体的伏笔，同时也为庸俗经济学开启了大门，尤其是其纯粹的抽象分析研究方法，更是在方法上为庸俗经济学做出了榜样。下面仅简单介绍其几个理论。

（一）工资下降理论和贫困理论

李嘉图在继承配第的工资决定理论、杜尔阁的工资理论和斯密的自然价格概念的基础上，提出工资存在下降趋势的理论，并解释了工人贫困的原因。

他认为：①"在社会的自然发展中，劳动工资就其受供求关系调节的范围而言，将有下降的倾向。因为劳动者的供给继续按照相同的比率增加，而其需求的增加率则较慢"[②]。②"随着人口的增加，生活必需品的价格就会不断上涨，……如果劳动的货币工资降低，而劳动工资所购买的每种商品价格都上涨，那么劳动者就会受到双重影响，而生活资料不久就会完全被剥夺"[③]。③由于机器的使用，"对劳动的需求就必然会减少，人口也将过剩，劳动者的生活状况就会陷入贫困"[④]。

（二）遏制利润率下降趋势理论

李嘉图在继承亚当·斯密的利润率具有下降趋势的观点的同时，指出了抑制这一下降

---

① 注：粮食价格的上涨，不仅会直接影响民众的生活，而且会导致名义工资的上涨，进而推高工商业生产成本，从而削弱出口工业产品的国际竞争力。

② 李嘉图 D. 2005. 政治经济学及赋税原理. 周洁译. 北京：华夏出版社：70-71.

③ 李嘉图 D. 2005. 政治经济学及赋税原理. 周洁译. 北京：华夏出版社：71. 注："生活必需品的价格就会不断上涨"在周洁译本中为"生活必需品的价格也在不断上升"；"而生活资料不久就会被完全剥夺"在周洁译本中为"很快就会完全被剥夺掉生活给养"。参见：吴忠观. 1987. 经济学说史. 成都. 西南财经大学出版社：175.

④ 李嘉图 D. 2005. 政治经济学及赋税原理. 周洁译. 北京：华夏出版社：279（译文参考了：吴忠观. 1987. 经济学说史. 成都：西南财经大学出版社：175）.

趋势的因素：机器的改良和农业科学技术的发展。实际上，每一轮的科学技术创新，都像一剂强心针一样，刺激一下资本主义经济，随着产业的扩张，新一次的繁荣到来，然后再一次引来相对过剩、经济危机。资本主义社会的利润率变化因此也就具有了周期性。

（三）庸俗的比较成本（优势）国际分工-贸易理论

李嘉图继承了西方古典政治经济学前辈们的自由放任思想，他在斯密的绝对成本国际分工-贸易理论基础上，做了进一步的引申，提出了他的比较成本国际分工-贸易理论。

"他断言，每一个国家都应当专门生产对自己具有相对优势的商品，即它用比较少的成本就能生产出来的商品，……按照比较成本进行分工和交换，两国间的商品在价值上不完全相等，但各国通过交换都可以得到比自己生产该商品更多的好处。"[①]

但"断言"毕竟只是断言，并不代表是客观实际，更不代表是客观规律。

吴忠观对该理论的评价是非常中肯的："李嘉图的比较成本学说，为产业革命后的英国工业资产阶级向外扩张、建立世界霸权的愿望，提供了新的理论依据。它宣扬在国际贸易中，发达国家用工业品和落后国家的工业原料相交换，对方都可以得到利益。它掩盖了资本主义工业国依靠国际贸易来剥削和掠夺落后国家的本质，在今天，帝国主义仍然用这一理论作为他们对外经济扩张的工具。"[②]

反观第二次世界大战以来的真实世界，伴随着经济的不断全球化，资本主义在全世界推广，又有多少被殖民的地区、多少第三世界国家与帝国主义国家平等地分享了技术进步、分工和贸易带来的好处呢？第二次世界大战后，世界南北格局的形成，就是对李嘉图比较成本国际分工-贸易理论的最好反驳。

李斯特对这种代表帝国主义国家利益的国际分工-贸易理论的批评很委婉——"世界主义经济学"[③]。言下之意是，被殖民地等弱国的利益在英国古典政治经济学理论中没有得到尊重。这样的理论，站在公平与正义立场，无论如何，难以说得上是"杰出的贡献"。

（四）李嘉图经济学理论体系中的两大矛盾

李嘉图从魁奈那里继承了等价交换假设，从斯密那里继承了劳动价值论。但是"等量资本获取等量利润"的事实与劳动价值论产生了冲突，"资本与劳动相交换产生利润"的事实与等价交换假设产生了冲突。

很显然，要错的只可能是理论，而不可能是事实。但是，等价交换假设和劳动价值论中的按劳分配观点却折磨了经济学的发展一两个世纪。之所以如此，不外乎有如下原因：①站在资产阶级和帝国主义利益立场的人，不愿意否定等价交换命题，因为一旦否定了市场交换的等价性，那么市场交换或贸易所隐藏的不平等和罪恶就暴露无遗了，资本主义就被钉在了伦理的耻辱柱上；②站在劳苦大众利益立场的人，不愿意否定按劳分配，同时也期望等价的交换（但期望毕竟仅仅是期望，并不意味着就是客观规律）。

---

① 李嘉图 D. 2005. 政治经济学及赋税原理. 周洁译. 北京：华夏出版社：94-95.

② 吴忠观. 1987. 经济学说史. 成都：西南财经大学出版社：189-190.

③ 李斯特 F. 2011. 政治经济学的国民体系. 陈万煦译. 北京：商务印书馆：119.

实际上，价值（财富）的创造和价值（财富）的分配原本就是两回事，遵循着不同的逻辑①。"陶尽门前土，屋上无片瓦""遍身罗绮者，不是养蚕人"的现象，在现实中比比皆是。等价的交换和按劳分配，不过是劳苦大众的一种美好的理想和追求而已，而不是客观的必然存在。②

二、英国古典政治经济学的批判者西斯蒙第的经济学理论

西斯蒙第（1773~1842 年），出生于瑞士的一个牧师家庭，分别在法国、英国和意大利上学、工作和经营农业，1800 年返回日内瓦，一度从事过政治活动，以后一直在故乡研究经济理论和历史；早期信奉英国古典政治经济学，后来反对英国古典政治经济学；（弱国）国家主义政治经济学在西方的奠基人，代表作有《论商业财富》（1803 年）、《政治经济学新原理或论财富同人口的关系》（1819 年）、《政治经济学研究》（1837~1838 年）。③

西斯蒙第与李嘉图生活在同一个时代，但他们的经济理论却是完全对立的，西斯蒙第的经济学理论是在批判英国古典政治经济学的基础上形成的。李嘉图力图在资本主义框架内进行改良，以期解决所面临的农产品等商品价格暴涨、工业产品过剩和失业的问题。而西斯蒙第却是对资本主义做了无情的批判，并试图构建一个以小资产阶级为主体的经济社会。

虽然，西斯蒙第看到了法国当时与英国不同的客观条件，并反映了法国当时的广大而分散的、小型的工场手工业者的利益诉求，但是，在伴随"日不落帝国"的辉煌带给世人无限向往的同时，英国古典政治经济学所宣扬的大规模商品化生产和自由放任主义思潮也深入人心，故其思想被理论界称为"经济浪漫主义"。

从因地制宜、对症下药的哲学观点来讲，西斯蒙第结合法国实情探讨法国发展道路的理论建树是非常值得肯定的。这也为后来李斯特提出"国家主义政治经济学"做了铺垫。当然，如果经济学理论界的人士对中国古代经济学有所了解的话，就会发现，中国古代的经济学从一开始就是治国安邦、经世济民的"国家主义政治经济学"。在西斯蒙第的经济学理论中，最值得肯定的除了上述思想外，就是他对资本主义经济危机产生原因的深刻剖析和对政治经济学方法论的高深见解了。

（一）政治经济学的研究对象、目的、基本问题及方法

西斯蒙第认为，①财富只是人类物质享受的象征，它只是一种手段，人类进行财富的生产是为了满足自身物质生活的需要，不断提高物质享受才是目的④；②政治经济学是政

---

① 刘明国.2011.新经济学原理（微观）——综合、反思与发展.北京：中国社会科学出版社：98.

② 刘明国.2011.新经济学原理（微观）——综合、反思与发展.北京：中国社会科学出版社：103.

③ 注：马克思把西斯蒙第看成是法国古典政治经济学的完成者和小资产阶级社会主义学派的首领，自有其合理性。崔顺伟等在《西方经济学说史教程》中，将西斯蒙第作为古典政治经济学的批评者与德国历史学派并列，也是有其道理的。从这个意义上讲，可以将英国的古典政治经济学称为 17、18 世纪的帝国主义国家经济学（严格地讲是帝国主义式的资产阶级经济学），法国的重农主义、魁奈的经济表、西斯蒙第的经济学思想、德国历史学派等称为弱国的国家经济学。而中国古代的经济学，却是别具一格的以治国安邦、经世济民为基本出发点的人本主义的国家经济学。大秦帝国、大汉帝国、大唐帝国，都是在中国古代国家经济学的指导下的人类历史杰作，这是与罗马帝国、蒙古帝国、"日不落帝国"、日本帝国、美帝国不同类型的帝国。

④ 西斯蒙.1964.政治经济学新原理或论财富与人口的关系.何钦译.北京：商务印书馆：22.

治学的一部分，政治学研究的目的是人类普遍幸福，这种幸福分为精神福利和物质福利；①③"从政府的事业来看，人们的物质福利是政治经济学（研究）的对象"②；④"政治经济学的定义是：研究一定的国家绝大多数人能够最大限度地享受该国政府所能提供的物质福利的方法的科学"③；⑤政治经济学的基本问题在于消费与生产的平衡，收入分配问题应该成为政治经济学研究的中心问题④。

西斯蒙第还认为，①政治经济学正确的研究方法应该是以各民族的历史为基础，对经济事实进行细致的考察，进行归纳，才能解释经济现象；②国家繁荣的标志在于财富与人口的比例，而不是其绝对数量⑤；③斯密并没有坚持他所确定的宗旨——财富与人口的关系（或者财富与国民享受的关系）；④李嘉图等"陷入了抽象，这就使我们把人遗忘了，……他们的科学过于空洞。甚至可以说脱离一切实际"⑥。

他进一步地批判英国古典政治经济学家们的纯粹抽象的研究方法："他们起初认为使理论摆脱一些次要问题，可以显得更清楚，更容易理解，结果适得其反；英国的新经济学家们所写的作品是非常晦涩的，需要费很大的力量才能理解，因为我们的脑筋对他们所需求的那种抽象力是不肯接受的；但是，这种反感本身就是对我们脱离真理的警告。"⑥

毫无疑问，离开了人类的幸福、人们对物质财富的消费和享受、收入（最终是财富）分配的讨论和分析，空洞地探讨什么财富的增长、经济行为规律和经济运行规律，都是隔靴搔痒。西斯蒙第为我们指明了科学政治经济学的发展方向。这给我们提供了一个判断经济学理论体系是否庸俗的标准——是否回避人类大众的幸福和客观的收入分配规律。这一点对于政治经济学的发展而言，无论如何褒奖都是不过分的。

（二）资本主义经济危机论

西斯蒙第认为：①在资本主义制度下，经济危机是必然的（否定了李嘉图、萨伊等的无危机论和危机偶然论）；②资本主义经济危机是由收入分配不平等导致的消费不足和生产的无限扩大造成的⑦；③收入分配不平等是资本主义不公平的分配制度（即私有制下的市场价格机制）造成的⑧；④在资本主义制度下，生产规模越大、技术进步越快，资本主义经济危机就来得越快⑨；⑤由于资本主义生产的无限扩大，"财产集中到少数私有者手中，国内市场就必定要日益缩小"⑩；⑥资本主义国家为了摆脱生产和消费的矛盾，为了弥补

① 西斯蒙第.1964. 政治经济学新原理或论财富与人口的关系. 何钦译. 北京：商务印书馆：21-22.
② 西斯蒙第.1964. 政治经济学新原理或论财富与人口的关系. 何钦译. 北京：商务印书馆：22.
③ 西斯蒙第.1964. 政治经济学新原理或论财富与人口的关系. 何钦译. 北京：商务印书馆：414.
④ 西斯蒙第.1964. 政治经济学新原理或论财富与人口的关系. 何钦译. 北京：商务印书馆：22，500.
⑤ 西斯蒙第.1964. 政治经济学新原理或论财富与人口的关系. 何钦译. 北京：商务印书馆：23.
⑥ 西斯蒙第.1964. 政治经济学新原理或论财富与人口的关系. 何钦译. 北京：商务印书馆：47-48.
⑦ 西斯蒙第.1964. 政治经济学新原理或论财富与人口的关系. 何钦译. 北京：商务印书馆：215.
⑧ 注：市场价格机制下，收入分配的不公平是如何导致收入不足、乃至于消费不足的，本章附录3-5"杯子的寓言"做了一点辅助性的说明（该寓言是根据西斯蒙第的思想所简化的）。至于包括市场在内的财富分配机制，第八章第二节也有所阐述。
⑨ 西斯蒙第.1964. 政治经济学新原理或论财富与人口的关系. 何钦译. 北京：商务印书馆：506-513.
⑩ 西斯蒙第.1964. 政治经济学新原理或论财富与人口的关系. 何钦译. 北京：商务印书馆：217.

国内市场的不足，就必定日益寻求国外市场[①]。

西斯蒙第这一思想是非常值得肯定的，虽然还不是很彻底，但是给了我们一个非常简明扼要的资本主义宏观经济运行模型，为我们揭示了资本主义社会最基本的矛盾——生产与消费的矛盾。他从资本主义的生产、分配和消费三个方面揭示了资本主义经济危机和最终走向对外扩张的帝国主义的必然性。应该说，在西方宏观经济学发展史上，这是继魁奈之后又一个重要的突破，他为宏观经济学的发展做出了杰出的贡献。

他对自由放任的资本主义社会给予了无情的揭露："大家请看，英国所积累的如此巨大的财富究竟带来了什么结果呢？除了给各个阶级带来忧虑、困苦和完全破产的危险以外，还有什么呢？为了物而忘记了人的英国，不是为了手段而牺牲目的吗？"[②]

（三）人口相对过剩理论

西斯蒙第认为，①在资本主义制度下，人口过剩是必然的[③]；②"造成这种不调和现象（失业以及因为缺乏购买力而在贫困中至死）的根源，总是我们的法律和我们的制度"[④]；③在资本主义制度下，存在机器排挤工人的现象；④"我所反对的，绝不是机器，绝不是发明，绝不是文明，我们反对的是现代的社会组织"[⑤]；⑤"真正的灾难绝不是由于机器的改进，而是由于我们对机器的产品所进行的不公平的分配"[⑥]。

（四）国家干预经济理论

西斯蒙第在其经济危机理论基础上，必然地得出了政府应该干预经济的理论："商业财富的发展不需要政府干预的说法是绝对不正确的；政府对商业财富发展的自由竞争完全任其自流，并不会因此就杜绝某种压迫或使少数人免遭过分的痛苦，……如果政府对财富的欲望加以调节和节制，它就可能成为一个无限慈善的政府。"[⑦]他还强调政府应该协调经济中的各种比例关系，使增长的财富能给人类带来福利。

西斯蒙第的政府干预理论被后来的马克思主义政治经济学和凯恩斯主义经济学所继承，只不过前者是科学的政治经济学理论体系，后者是庸俗的经济学理论体系罢了。崔顺伟对此给予了比较中肯的评价，"西斯蒙第实际上是后来的社会政策的最重要的先驱者之一"[⑧]。

（五）计划经济思维和对自给自足农业的眷顾

受到历史的局限，西斯蒙第未能得出社会主义才是代替资本主义的人类发展正道的结论，但是朦朦胧胧中已经意识到要解决资本主义的经济危机和人类幸福的问题，必须要有政府干预及对生产的计划管理，而不能任由市场机制泛滥。

① 西斯蒙第.1964.政治经济学新原理或论财富与人口的关系.何钦译.北京：商务印书馆：218.
② 西斯蒙第.1964.政治经济学新原理或论财富与人口的关系.何钦译.北京：商务印书馆：9.
③ 西斯蒙第.1964.政治经济学新原理或论财富与人口的关系.何钦译.北京：商务印书馆：420，443.
④ 西斯蒙第.1964.政治经济学新原理或论财富与人口的关系.何钦译.北京：商务印书馆：437.
⑤ 西斯蒙第.1964.政治经济学新原理或论财富与人口的关系.何钦译.北京：商务印书馆：514.
⑥ 西斯蒙第.1964.政治经济学新原理或论财富与人口的关系.何钦译.北京：商务印书馆：450.
⑦ 西斯蒙第.1964.政治经济学新原理或论财富与人口的关系.何钦译.北京：商务印书馆：246.
⑧ 崔顺伟，张沛东，李慧.2008.西方经济学说史教程.天津：天津人民出版社：185.

因此，在他构建的理想社会或者说其改良纲领中，对手工业他强调行会管理、按需生产；对农业他主张实行"宗法式农业"——"农夫是私有者和产品全部归生产者所有"，也就是中国古代的自给自足式的家庭农业。

这样一种"分散的私有制+工业行会+农业自给自足+国家调控"经济体制，与中国从汉代至鸦片战争以前的经济模式具有惊人的相似之处。

随着西方古典政治经济学的解体，立足于不同的利益立场，在西方世界随即演化出了三大经济学派：第一，马克思主义政治经济学，站在广大人民利益立场和可持续发展立场；第二，庸俗经济学（又称西方新古典经济学），站在资产阶级乃至跨国垄断资产阶级利益立场；第三，国家主义政治经济学，站在第三世界国家或者经济竞争力弱的国家的利益立场。

■ 本章附录

附录 3-1　欧洲殖民者对印第安人的血腥屠杀

16 世纪后来到美洲的欧洲殖民者，给当地印第安人带来的是毁灭性的灾难。据统计，殖民时期，西班牙所属的领地有 1300 万印第安人被杀，巴西地区有大约 1000 万印第安人被杀，美国西进运动中又有 100 万左右印第安人被杀。大量印第安人被奴役。拉丁美洲的男性印第安人，基本上没有纯男性系列的后代，其混血后代麦士蒂索人大多为男性殖民者与当地女性的后代。

而北美的情况更糟，在 16 世纪到 19 世纪末大约有 2500 万印第安人被屠杀，印第安人被赶入印第安保留地，其在当地人口所占比例小于 5%。在美国，印第安人仅占总人口的 1% 左右。这一历史事件史称"美国大屠杀"或"印第安大屠杀"。

《世界通史全编》有这样的文字："在当时世界'文明'的国度美国（这里指美国独立前的十三个殖民地），这种种族灭绝政策，来得更加凶残。他们一再提高屠杀印第安人的赏格。那些谨严的新教大师，新英格兰的清教徒，1703 年在他们的立法会议上决定，每剥一张印第安人的头盖皮和每俘获一个红种人都给赏金 40 镑；1720 年，每张头盖皮的赏金提高到 100 镑；1744 年马萨诸塞湾的一个部落被宣布为叛匪以后，规定了这样的赏格：'每剥一个 12 岁以上男子的头盖皮得新币一百镑，……每剥一个妇女或儿童的头盖皮得五十镑！'"[①]

以至于巴托洛母·德拉斯·卡萨斯（1552 年）悲愤地写道："后来西班牙人决意去追猎（古巴）山区的印第安人，并在这里进行了骇人听闻的大屠杀。他们毁灭了不久前我们还看到的这整个岛屿，消灭了这里的人口。人们遗憾而痛苦地看到这座岛上已无人居住，变成了一片荒野。"[②]

附录 3-2　投机家和经济学家集于一身的威廉·配第

1646 年他从法国回到英国，在伦敦哲学学会中结识了克伦威尔（英国共和政体时期的执政领袖）的义弟等人，从此得到他们的帮助，给爱尔兰英军司令亨利·克伦威尔当私

---

① 冯克诚，田晓娜.1998. 世界通史全编（上中下）. 西宁：青海出版社；1395.

② 斯塔夫里阿诺斯 LS. 2006. 全球通史. 董书慧，王昶，徐正源译. 上海：上海辞书出版社；499.

人医生和秘书。在英国侵略者决定把从爱尔兰掠夺到的土地分配给侵略军的军人和有关人员时，配第由于得到亨利·克伦威尔的赏识和宠信，被任命为土地分配总监，他从中为自己掠夺到 5 万英亩土地。

1660 年斯图亚特王朝复辟，他又投靠查理二世，由于公开效忠复辟王朝，遂被封为贵族。查理二世又赏赐给他大量的土地。在晚年，他已经成为拥有 27 万英亩土地的资产阶级化了的大地主了。

马克思对他的一生有一个精辟的评论，他写道："这个敢于思想而又十分轻浮的外科军医，既能在克伦威尔的盾的保护下掠夺爱尔兰，又能为这种掠夺向查理二世跪求必要的男爵称号"，"配第是个轻浮的、掠夺成性的、毫无气节的冒险家"，"最有天才的和最有创见的经济研究家"，"是英国政治经济学之父"，"配第在政治经济学的几乎一切领域中所作的最初的勇敢尝试，都一一为他的英国后继者所接受，并且做了进一步的研究"。[①]

附录 3-3   "日不落帝国"在鸦片战争前与中国的"自由"贸易

英国人之所以自豪地称他们的国家为"日不落帝国"，是因为他们的殖民地遍及全球，在一天 24 小时中，太阳总是可以照射到飘扬的米字旗。在世界的东方，中国的香港也曾经飘扬过英国的米字旗。

英国在经过 17 世纪战胜西班牙的无敌舰队和 18 世纪战胜法国之后，其海上霸主的地位就确立了，英国的国际贸易也就随着他们的军事控制领域的扩大而扩大。但是，英国的对外贸易并不是总对他们有利的，他们在鸦片战争之前（确切地说是在 19 世纪 20 年代以前）与中国的贸易就让他们得不偿失。这是对亚当·斯密极力歌颂的"看不见的手"的最好驳斥。

中国人生产的瓷器、丝绸、茶叶和手工布料等在英国等欧洲市场非常受欢迎且历久不减，而英国输入中国的羽纱、呢绒、匹头、钟表玩意儿等，不仅只有少数有钱人能购买，而且大多数国人根本就对这些商品不感兴趣。更何况英国输入的洋布无论是在品质上还是价格上，均不能和我国手工制品土布竞争。这使得英国对中国的国际贸易多年来（1785～1833 年）一直是逆差。[②]

在高度商品化生产的资本主义时代，巨额逆差导致作为货币资本的银元的流失，无异于人体大失血。这不仅极大地制约了英国工商业的扩张，对仍然崇尚重商主义的英国人而言，还意味着财富的流失。英国所谓的先进生产方式和先进技术，并没有让他们在中国面前更有竞争力。

英国为了扭转这种不利的中英贸易格局，于 19 世纪 20 年代开始了大规模的、卑鄙而邪恶的向中国输入鸦片的贸易。英国对中国的贸易逆差由此开始逐渐缩小，到 1837 年（道光十七年），中国各海关流出的白银就达 5000 万两以上。[③]1780～1816 年，英国每年向中国输入鸦片 4000～5000 箱，到 1838 年，竟达 40 000 余箱。[④]表 3-1～表 3-4 给我们提供

① 转引自：吴忠观.1987.经济学说史.成都：西南财经大学出版社：71-72.

② 齐涛.1999.中国古代经济史.济南：山东大学出版社：349.注：朱伯康等对此的观点有所不同，他们认为，到 1827 年（道光七年），中英贸易收支相抵，此后，中国白银开始外流，（净）流出数量一年比一年多，每年流出量在 100 万两至 400 万两以上（参见：朱伯康，施正康.2005.中国经济史（下卷）.上海：复旦大学出版社：344）。

③ 齐涛.1999.中国古代经济史.济南：山东大学出版社：349.

④ 朱伯康，施正康.2005.中国经济史（下卷）.上海：复旦大学出版社：345.

了相对比较详细的鸦片战争前英国对中国贸易的数据。

直至国人强烈反抗，以林则徐为首的爱国人士开始了轰轰烈烈的禁烟运动，英国因此采用武力手段逼迫腐朽而懦弱的清政府惩办爱国人士、让英国对中国的鸦片贸易"合法化"。

表3-1 鸦片战争前中英正当贸易情况（一）（单位：万两）

时期	英国输入中国（货物价值）	中国输出英国（货物价值）	英对中贸易逆差
1765～1769年	119.29	219.06	（−）99.77
1795～1799年	537.30	572.00	（−）34.70
1830～1833年	733.50	995.03	（−）261.53

资料来源：http://gzls.cooco.net.cn/testdetail/4755/[2011-12-12]

注：朱伯康等认为，在道光七年（1827年）以前，东印度公司对华贸易中流入中国的银元平均每年在100万两以上，最高年度达556万两以上，最少年份亦达1万两以上（朱伯康，施正康.2005.中国经济史（下卷）.上海：复旦大学出版社：344）

表3-2 鸦片战争前中英贸易白银净流出（二）（单位：万两）

年份	广州白银净流出	中国白银净流出	备注
1823～1824年	188.53		
1826～1827年		约350	
1828～1829年	338.63		
1833～1834年	484.68		
1830～1839年		500～600	年均值

资料来源：1826～1827年数据和1830～1839年数据来源于杨丽.2002.鸦片战争前中英贸易对双方的影响.河南商业专科学校学报.（3）：17；其余数据来源于http://gzls.cooco.net.cn/testdetail/4755/[2011-12-12]

表3-3 鸦片战争前中英贸易情况（三）（单位：万两）

时期	中国年均白银外流	备注
1823～1831年（道光三年至十一年）	1700～1800	
1831～1834年（道光十一年至十四年）	2000余	
1834～1838年（道光十四年至十八年）	3000（仅浙江一省）	福建等海关合计也有数千万两

资料来源：《清史稿·黄爵滋传》（转引自：朱伯康，施正康.2005.中国经济史（下卷）.上海：复旦大学出版社：344）

表3-4 鸦片在中英贸易中的比重和英国对中国贸易逆差

时期	英国输入中国总值					中国输出英国总值/万两	英对中贸易差/万两
	正当贸易/万两	占比/%	鸦片贸易/%	占比/%	合计/%		
1837年7月～1838年6月	220	39	340	61	560	310	−250

资料来源：http://gzls.cooco.net.cn/testdetail/4755/[2011-12-12]

附录 3-4　中国在 1992～2012 年的国际贸易

从 20 世纪 90 年代初期，中国国际贸易规模才开始快速扩大，也就是在邓小平 1992 年南方谈话后。中国政府采用了出口导向性的工业化战略，扩大对外开放的力度、大力引进外资、鼓励出口加工。

此时中国的国际贸易条件与鸦片战争前的贸易条件相比已经发生了根本性的转变：世界货币不再是金银，而是印有华盛顿头像的纸——美元，而且美元不再与黄金挂钩（1971 年美国联邦储备委员会（美国联邦储备银行）毁约，不再承诺无限制地按照固定比率以美元兑换黄金）。

中国政府为了实现"跨越式的发展"，大力推进国民经济的工业化，把 17、18 世纪欧美重商主义的故事搬到中国来，期望通过学习欧美国家的过去来实现中国的大国崛起之梦，人为强制性地扭曲国民经济中不同产业之间的价值关系——重工商业、轻农业①。曾经发生在 18 世纪初法国的故事在中国发生了，工业产品在国内（于 1995 年）出现了相对过剩、农业生产衰退、粮食安全问题凸显。

尤其是伴随着 1997～1998 年亚洲金融危机的爆发，中国政府为了巩固国内工业生产、保障所谓的经济增长或者就业，加大了出口支持力度，大进大出的国际贸易格局形成了。1980 年以来中国进出口的大体情况见表 3-5、图 3-4。

表 3-5　中国转型以来的进出口占 GDP 比重（单位：%）

年份	进口占 GDP 比重	出口占 GDP 比重	进出口总额占 GDP 比重
1980	6.6	6.0	12.5
1985	14.0	9.0	22.9
1989	12.9	11.5	24.5
1990	13.8	16.0	29.8
1991	15.6	17.6	33.2
1992	**16.5**	**17.4**	**33.9**
1993	16.9	15.0	31.9
1994	20.7	21.6	42.3
1995	18.2	20.5	38.7
1996	16.2	17.7	33.9
1997	15.0	19.2	34.1
1998	13.8	18.0	31.8
1999	15.3	18.0	33.3
2000	18.8	20.8	39.6
2001	18.4	20.1	38.5
2002	20.3	22.4	42.7
2003	**25.2**	**26.7**	**51.9**
2004	29.0	30.7	59.8

---

① 主要措施或手段：一是对出口加工业的各种优惠政策（如贬值人民币、出口退税等）；二是人为压低农产品价格和通过鼓励农村劳动力向城市转移来压低工商业工人工资；三是行政规定西部地区的煤电等原材料对东部地区低价输送。

续表

年份	进口占 GDP 比重	出口占 GDP 比重	进出口总额占 GDP 比重
2005	29.00	33.48	62.48
2006	**28.52**	**34.91**	**63.43**
2007	27.57	35.16	62.72
2008	25.25	31.88	57.14
2009	19.89	23.78	43.66
2010	23.21	26.26	49.47
2011	22.10	24.90	47.00
2012	26.05	23.92	49.97

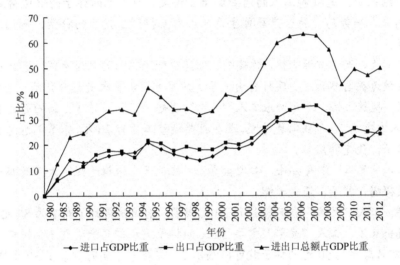

图 3-4 中国 1980～2012 年国际贸易规模

资料来源:《中国统计年鉴》(2010 年、2013 年)

我们廉价地卖出低端产品、稀土等原料(包括石油),然后高价地买回石油、铁矿石、远程飞机及包括美国国债在内的各种债券。

伴随着中国日益成为世界加工厂,越来越多的国人逐渐发现,我们并没有成为当年的"日不落帝国"。我们虽然得到了快速增长的"GDP"数字(世界第二)、多年顺差带来的巨额外汇储备(3.6 万亿美元)[①],但是广大民众的生活压力却越来越大了;货币越来越"轻"了,财物越来越"重"了。看不起病、上不起学、买不起房成了 20 世纪末至今的中国广大民众的新"三座大山"。这为我国在粮食、金融和政府债务安全、就业等方面,埋下了重重隐患。国家宏观调控政策几乎没有了多少可以施展的空间。

正如《管子》所云:"泄者失权也,见射者失策也。"

从 2008 年以美国为首的西方资本主义国家爆发金融危机和经济危机后,中国的出口

---

① 注:2014 年年初的数据,来源于中国人民银行官方网站。

商品高端化特征越来越明显，比如，高铁、手机、航天航空、军工等产业。但是否就能避免"失权、失策"困境呢？我们只能是拭目以待了。

比较鸦片战争以前的中英贸易和1992年后中国对外国际贸易，已经成为经济学研究的一个重要案例。

附录3-5　杯子的寓言

传说有一个国家，只有两个人——一个老板、一个工人，他们只生产一种产品——杯子，他们需要用杯子喝水（半个杯子就够用了）。

刚开始时，这两个人关系非凡，简直就是亲兄弟一般，价值（按成本定价）100元的杯子生产出来后，他们二一添作五，各得50元钱的报酬，各自用50元钱去买半个杯子来喝水，结果是：老板和工人的消费都得了满足，100元的杯子的价值得到了实现，杯子生产的成本和劳动力的生产与再生产的成本都得到了充分的补偿，他们过着平等、快乐的生活。

突然有一天，天使告诉老板，你傻啊，你怎么能跟工人称兄道弟呢，怎么跟他平分财富呢？你应该遵循自然秩序、实行自由竞争、按照市场机制来进行分配嘛。老板一听，觉得很有道理，恍然大悟，遂开始跟工人"兄弟"说起工资的事情了：山的那边有人想来我这里打工，人家愿意20元钱给我干呢，现在我要调整工资为20元，你愿不愿意继续干呢？你是老员工了，优先聘用你。

这个工人"兄弟"没有办法，心理盘算：不跟他干，跟谁干呢？天下乌鸦一般黑，不干，水都没得喝，算了，还是干吧。

就这样，工人"兄弟"就只能得到20元钱了，老板就得到了剩下的80元钱，但是，问题接着就出来了，工人"兄弟"需要50元的杯子喝水却只能买到1/5的杯子，而老板有80元钱却只需要买50元的杯子就可以喝水了，老板手中同时剩余了30元钱和价值30元的杯子！

相对过剩就这样在自由竞争的市场机制作用下形成了：钱过剩伴随着产品过剩。这就是西斯蒙第所说的，不公平的资本主义收入分配制度必然导致收入不足、消费不足和经济危机的道理。

当然了，这毕竟是一个寓言。

■ 思考与讨论

1. 为什么英国要对中国进行鸦片贸易，甚至为了保护其鸦片贸易对中国发动战争、强行打开中国的海关？

2. 为什么中国成为世界加工厂，并没有实现英国当年的辉煌？

3. 鸦片战争前英国对中国的贸易和1992年后中国的国际贸易有什么区别？

4. 在中国当前人多、资源少的条件下，可能出现如北美洲在17、18世纪的高工资吗？

第四章

马克思主义政治经济学

马克思主义政治经济学，是东西方文化的交汇。

——刘明国

一、马克思主义政治经济学的概况

人类历史乘着工业革命的西风进入 19 世纪，伴随西方资本主义国家中资本的进一步积累、集中和生产的进一步扩张，相对过剩问题越来越突出，资本主义的危机日益加重，不管西方资产阶级经济学家们如何竭力为资本主义辩护，资本主义的经济危机却一次又一次地折磨着资本主义社会的所有人——既包括陷入贫困与苦难中的失业者、尚未失业但工资低到了可耻地步的工人，也包括产品堆积如山、濒临破产和已经破产沦落为工人甚或失业者的中小资本家，同时还包括当政者。

人类迫切需要寻找替代资本主义的康庄大道。虽然西斯蒙第提出了一些非常好的设想，虽然空想社会主义思想家们也提出了很多美好的蓝图，但是，人类还是在资本主义危机与帝国主义的欺压掠夺中备受折磨和彷徨。人类迫切需要一个彻底剖析资本主义社会，揭示其运行和发展的规律乃至人类经济社会变迁的规律，立足于经世济民、可持续发展，同时又能有效指导民众革命运动的、纲领性的、科学的政治经济学理论体系。

马克思主义政治经济学正是在这种历史背景下应运而生的，它是东西方智慧的交汇，是人类经济学发展史上的一座丰碑，是科学政治经济学的象征或标识，是人类追求公平正义、共同富裕、可持续发展的旗帜，是人类思想的一大宝库。以至于，英国广播公司 1999 年在国际互联网上进行"千年伟人"的评选活动中，经过反复评选，马克思是排在第一位的千年伟人。

马克思主义政治经济学主要体现在三卷本的《资本论》中。马克思从资本的生产过程、资本的流通过程和资本主义生产的总过程三个方面，深刻地剖析了资本主义运行的规律及其不合理性和所蕴涵的弊端。恩格斯在《社会主义从空想到科学的发展》中，在马克思对资本主义社会的深刻剖析和历史唯物主义的基础上，得出了资本主义必然被社会主义所取代的结论。受撰写目的的限制，本书仅简要介绍马克思和恩格斯的生平、代表作及其部分理论和思想。

二、马克思和恩格斯的生平简介及其代表作

卡尔·马克思（1818 年 5 月 5 日～1883 年 3 月 14 日），出生于德国（普鲁士）莱茵省特利尔城一个犹太律师家庭，由于贫穷、疾病和长期过度的劳累，于其伦敦寓所去世，葬于海德（又称海特格）公墓内；精通哲学、历史、政治经济学、数学；马克思主义的创始人，第一共产国际的组织者和领导者，全世界无产阶级和劳动人民的伟大导师；1842年结识了恩格斯，并接下了深厚的同志友谊。

马克思的代表作有：《黑格尔法哲学批判》（写于 1843 年）、《1844 年经济和哲学手稿》（1844 年）、《关于费尔巴哈的提纲》（写于 1845 年）、《哲学的贫困》（1847 年）、《政治经济学批判》（1859 年）、《资本论》（1867 年第一卷，1885 年第二卷，1894 年第三卷）、《法兰西内战》（写于 1871 年）、《哥达纲领批判》（写于 1875 年）等。

弗里德里希·冯·恩格斯（1820～1895 年），出生于德国（普鲁士）莱茵省工业城市巴门市（今伍珀塔尔市）一个工厂主家庭；德国思想家、哲学家、革命家，全世界无产阶级和劳动人民的伟大导师，马克思主义的创始人之一；卡尔·马克思的挚友，被誉为"第二提琴手"，他为马克思从事学术研究提供了大量经济上的支持，在马克思逝世后，将马克思的大量手稿、遗著整理出版，并且成为国际工人运动众望所归的领袖。

恩格斯的代表作有：《英国工人阶级状况》（1845 年）、《德国农民战争》（1850 年）、《德国的革命与反革命》（1851～1852 年）、《反杜林论》（1877～1878 年）、《社会主义从空想到科学的发展》（1880 年）、《自然辩证法》（写于 1873～1883 年）、《家庭、私有制和国家的起源》（1884 年）、《路德维希·费尔巴哈与德国古典哲学的终结》（1886 年）。《资本论》第二卷、第三卷是由其整理出版的。

马克思和恩格斯合著有：《德意志意识形态》（1845 年）、《共产党宣言》（1848 年）等。

三、马克思和恩格斯的政治经济学理论

（一）马克思主义政治经济学的方法论

总体上说，马克思主义政治经济学坚持人本主义、辩证唯物主义和历史唯物主义的方法论。但有部分学者并不同意马克思主义政治经济学方法论中包括人本主义的观点。

对于政治经济学的研究对象，恩格斯认为，"政治经济学本质上是一门历史的科学。它所涉及的是历史性的即经常变化的材料"[①]；"政治经济学，从最广的意义上说，是研究人类社会中支配物质生活资料的生产和交换的规律的科学"[②]。

马克思认为，"我要在本书（《资本论》）研究的，是资本主义生产方式以及和它相适应的生产关系和交换关系"[③]。换成比较直白的话语来说，马克思认为（狭义的、资本主义社会的）政治经济学的研究对象，就是资本主义社会中财富的生产和分配的规律。

对于政治经济学的研究任务和目的，马克思认为："一个社会即使探索到了本身运动的自然规律，——本书（《资本论》）的最终目的就是揭示现代社会的经济运动规律，——它

① 马克思，恩格斯. 2009：马克思恩格斯文集. 第 1 卷. 中央编译局译. 北京：人民出版社：153-154.

② 马克思，恩格斯. 2009：马克思恩格斯文集. 第 1 卷. 中央编译局译. 北京：人民出版社：153.

③ 马克思. 2004. 资本论. 第 1 卷. 2 版. 中央编译局译. 北京：人民出版社：8（第一版序言）.

还是既不能跳过也不能用法令取消自然的发展阶段。但是它能缩短和减轻分娩的痛苦。"①

虽然马克思和恩格斯没有直接地指出政治经济学研究应坚持人本主义，但是在马克思和恩格斯的著作中，人本主义——浓烈的人文关怀、对弱势群体的深切同情、对人类社会可持续发展的眷念——跃然纸上。而拯救天下苍生的人本主义，正是中国古典政治经济学的灵魂。

马克思对资本主义的丑陋和异化给予了无情的批判和揭露：

"资本来到世间，从头到脚，每个毛孔都滴着血和肮脏的东西。"②

"对对象的占有竟如此表现为异化，以致工人生产的对象越多，他能够占有的对象就越少，而且越受他的产品即资本的统治。"③

"劳动对工人来说是外在的东西，也就是说，不属于他的本质的东西"；（在这种劳动中，工人）"不是感到幸福，而是感到不幸，不是自由地发挥自己的体力和智力，而是使自己的肉体受折磨、精神受摧残"；"这种劳动不是他自己的，而是别人的，劳动不属于他"。④

"人同他的类本质相异化这一命题，说的是一个人同他人相异化，以及他们中的每一个人同人的本质相异化。"⑤

"金钱是人的劳动和人的存在（的）同人相异化的本质；这种异己的本质统治了人，而人则向它顶礼膜拜。"⑥

（二）劳动价值论和价格理论

劳动价值论是马克思主义政治经济学的基础性理论。这一理论主要包括以下观点：①劳动创造价值；②商品具有使用价值和交换价值两种属性；③商品价值量（即交换价值量）由生产商品的社会必要劳动时间决定；④价值的实体是劳动，即抽象的一般的人类劳动，生理学意义上的能量的耗费；⑤主张（在社会主义社会中）实行按劳分配。

马克思在其劳动价值论基础上，吸收配第的政治价格理论和斯密的"自然价格"概念，得出了他的价格理论——商品价格受供求影响围绕商品价值上下波动、产品生产价格等于成本价格加平均利润率。

我们需要注意的是，劳动并不是财富增加的唯一源泉。不仅配第是这么认为的，中国古人也是这么认为的。当然，马克思也是不否认这一点的。由财富（价值）的源泉来论证财富（价值）的按劳分配原则是不充分的，虽然我们从公平正义和国强民富的角度讲，都应该实行按劳分配，但是，"主张"和"理想"不同于客观规律。

（三）收入分配理论

马克思以劳动价值论为基础，从剩余价值产生的原因及其机制着手，分析了资本主义社会下工资、地租、利息和利润形成的机制，进而剖析了资本主义社会相对贫困产生的原

① 马克思. 2004. 资本论. 第 1 卷. 2 版. 中央编译局译. 北京：人民出版社：10（第一版序言）.

② 马克思. 恩格斯. 1972. 马克思恩格斯全集. 第 23 卷. 中央编译局译. 北京：人民出版社：829.

③《马克思恩格斯全集》第 42 卷，第 91 页（转引自：吴忠观. 1987. 经济学说史. 成都：西南财经大学出版社：353）。

④《马克思恩格斯全集》第 42 卷，第 93～94 页（转引自：吴忠观. 1987. 经济学说史. 成都：西南财经大学出版社：353）。

⑤《马克思恩格斯全集》第 42 卷，第 98 页（转引自：吴忠观. 1987. 经济学说史. 成都：西南财经大学出版社：353）。

⑥ 马克思，恩格斯. 2009. 马克思恩格斯文集. 第 1 卷. 中央编译局译. 北京：人民出版社：52. 注：译文中有括号中的"的"，疑为笔误。

因，指出了利润率具有下降趋势和工资被压低到劳动力的价值以下。

马克思认为，"产业后备军必然会同财富的增长一起增长。……常备的过剩人口也就越多，他们的贫困与他们所受的劳动折磨成正比。最后，雇佣工人阶级中的这个贫苦阶层越大，官方认为需要救济的贫民也就越多。这就是资本主义积累的绝对的、一般的规律"①。

马克思指出，"由于社会劳动生产力的增进，花费越来越少的人力可以推动越来越多的生产资料，这个规律在不是工人使用劳动资料，而是劳动资料使用工人的资本主义的基础上表现为：劳动生产力越高，工人对他们自己就业手段的压力就越大，因而他们的生存条件，即为增加别人财富或为资本自行增殖而出卖自己的力气，也就越没有保障"②。

马克思认为，"工资决定于资本家和工人之间的敌对的斗争"；由于工人在资本家面前的弱势，工资总是很低的，"最低的和唯一必要的工资额就是工人在劳动期间的生活费用，再加上使工人能够养家活口并使工人种族不致死绝的费用"。③实际上，从20世纪60年代开始，西方资本主义国家的人口呈现出下降趋势，说明这些国家工人的工资连马克思所说的劳动力生产与再生产的成本这一最低的工资标准也未达到。

在资本主义社会，每一次再生产，不仅生产了相对过剩，而且生产了相对贫困，乃至于"生产了资本主义制度本身"。

马克思指出，"因此，在一极是财富的积累，同时在另一极，即在把自己的产品作为资本来生产的阶级方面，是贫困、劳动折磨、受奴役、无知、粗野和道德堕落的积累"④。

（四）（包含相对过剩理论的）资本主义经济危机论

马克思认为，①"相对过剩人口的产生，是和表现为利润下降的劳动生产力的发展分不开的，并且由于这种发展而加速。一个国家的资本主义生产方式越发展，这个国家的相对过剩人口就表现得越明显。"⑤②"工人人口本身在生产出资本积累的同时，也以日益扩大的规模生产出使他们自身成为相对过剩的人口的手段（先进的机器设备和技术）。"⑥

马克思进一步认为，由于资本主义收入分配的不公平，再加之伴随资本主义社会财富和相对过剩人口的不断累积，产品的相对（于社会购买力的）过剩就出现了，利润率也就随之而下降，随着再生产的不断进行，这种人口和产品的相对过剩累积到某个极限——普遍企业的再生产无法继续，经济危机就爆发了：产品越是卖不出去，就业越是艰难、失业越是加剧，社会购买力越是难以增加，甚至不断下降，企业最终倒闭；失业进一步增加，社会消费购买力进一步下降，产品越是卖不出去……如此恶性循环。

马克思认为："资本主义生产方式在生产力的发展中遇到一种同财富生产本身无关的限制；而这种特有的限制证明了资本主义生产方式的局限性和它的仅仅历史的、过渡的性

① 马克思. 1983. 资本论. 法文版第1卷. 中央编译局译. 北京：中国社会科学出版社：687-688.
② 马克思. 1975. 资本论. 第1卷（下）. 中央编译局译. 北京：人民出版社：707.
③ 马克思，恩格斯. 2009. 马克思恩格斯文集. 第1卷. 中央编译局译. 北京：人民出版社：115.
④ 马克思，恩格斯. 1972. 马克思恩格斯选集. 第3卷. 中央编译局译. 北京：人民出版社：432.
⑤ 马克思. 1975. 资本论. 第3卷（上）. 中央编译局译. 北京：人民出版社：263.
⑥ 马克思. 1975. 资本论. 第3卷（下）. 中央编译局译. 北京：人民出版社：692.

质；证明了它不是财富生产的绝对生产方式，反而在一定阶段上同财富的进一步发展发生冲突。"①

（五）两大部类理论和社会资本再生产理论

这是马克思对科学政治经济学中宏观部分的又一卓越贡献。马克思认为，国民经济生产可以分为两大部类，一个是消费资料生产部类，另一个是生产资料生产部类。马克思以此为前提，在吸纳魁奈的宏观经济分析模型——经济表的基础上，提出了他的宏观经济分析框架——社会资本再生产理论。

马克思认为，国民经济要实现可持续发展，两大部类之间和两大部类内部，必须要在价值形态上和实物形态上都得到充分的补偿（即国民经济可持续发展的实现条件）。他以此为根据进一步指出，在资本主义制度下，国民经济可持续发展的实现条件不能得到保证。从而得出了，在资本主义体制下无法实现国民经济可持续发展，也无法解决经济危机的精辟结论。从而为寻找人类康庄大道（计划经济体制下的社会主义乃至共产主义）开启了大门。

直到 20 世纪 70 年代，罗马俱乐部成员才向国际社会提交了类似的、关注可持续发展的《增长的极限》报告。只不过，马克思是从经济社会内部运行的角度论证了资本主义再生产的不可持续性，而罗马俱乐部是从资源环境的角度指出了资本主义工业化大生产的不可持续性。

所以，罗马俱乐部成员指出了资本主义工业化大生产问题，却找不到解决之道，而马克思和恩格斯不仅指出了问题，还指出了解决之道。

（六）资本主义经济运行的基本矛盾论和社会主义论

恩格斯以唯物史观为指导，在马克思的有关资本主义经济运动规律的理论和空想社会主义的基础上，在《社会主义从空想到科学的发展》一文中，指出了资本主义经济运行的基本矛盾，得出了资本主义必然灭亡、社会主义必然胜利的结论，并进而提出了他的社会主义设想。

恩格斯认为，生产的社会化（包括价值实现的社会化）和资本主义私人占有之间的矛盾，是资本主义的基本矛盾②。这其实就是资本主义生产中的价值实现难题，这是由资本主义的生产、分配规律所决定的，这是资本主义为了社会发展的"手段"（财富的增长）而牺牲了社会发展的"目的"（人类福利水平的提高）、放纵人类单纯追求金钱物质利益的庸俗人性的必然遭遇。

恩格斯进一步指出："资本主义生产方式暴露出自己无能继续驾驭这种生产力，……这种生产力本身以日益增长的威力要求消除这种矛盾，要求摆脱它作为资本的那种属性，要求在事实上承认它作为社会生产力的那种性质。"③因此，废除资本主义私有制，建立社会主义公有制，实现生产资料和产品的社会占有，便成为现代生产力发展和生产社会化的

---

① 马克思. 1975. 资本论. 第 3 卷（上）. 中央编译局译. 北京：人民出版社：270.
② 恩格斯. 1972. 社会主义从空想到科学的发展//马克思恩格斯选集. 第 3 卷. 中央编译局译. 北京：人民出版社：428.
③ 恩格斯. 1972. 社会主义从空想到科学的发展//马克思恩格斯选集. 第 3 卷. 中央编译局译. 北京：人民出版社：434.

必然要求。无产阶级革命将导致矛盾的解决，"无产阶级将取得国家政权，并且首先把生产资料变为国家财产"①。

　　恩格斯在此基础上，提出了他对社会主义和共产主义的设想——"公有制+计划经济"国家模式，这种国家模式具有以下特征。

　　（1）国家以社会的名义占有生产资料。②

　　（2）资本主义生产方式桎梏下解放出来的生产力不断加速发展、无限增长。

　　（3）按照社会总体和每个成员的需要对生产进行有计划的调节。

　　（4）商品生产将被消除，产品对生产者的统治也将随之消除。

　　（5）产品占有方式：一方面由社会直接占有，作为维持和扩大生产的资料，另一方面由个人直接占有，作为生活资料和享受资料。

　　（6）保证一切社会成员有富足的和一天比一天充裕的物质生活，保证他们的体力和智力获得充分的自由发展和运用。

　　（7）消灭一切阶级差别和阶级对立。

　　（8）对人的统治将由对物的管理和对生产过程的领导所代替，国家将自行消亡。③

　　（9）人类最终脱离了动物界，成为自然界的自觉的和真正的主人，实现人类从必然王国进入自由王国的飞跃。④

　　在国际存在激烈的竞争，甚至欺压与反欺压、侵略与反侵略、掠夺与反掠夺的残酷现实条件下，国家主权的存在就是必需的，强有力的国家公共权力及其暴力组织机构的存在也就是必需的，由此带来的官僚集团攫取公共权力为己谋私的可能就总是存在的。20世纪至今发生在前苏联和中国的社会主义实践的曲折，充分说明了这一点。

　　然而，从第二次世界大战以后，社会主义花儿在全世界的范围内可以说到处盛开，不仅在社会主义国家是如此，就是在资本主义国家也是如此，比如，资本主义国家的社会福利保障制度（法国、德国和北欧国家是典型），在经济衰退或者经济危机爆发时的救市政策（罗斯福新政），对国民经济进行宏观调控，对农业等某些产业实行高度的财政补贴、金融乃至行政手段的支持，兴办国有企业，对某些特殊商品实行价格管制等。

　　不管资产阶级及其经济学家们是如何地鄙视、诋毁和指责马克思主义政治经济学，他们在遭遇危机时、在治理国家时，都自觉与不自觉地在不同程度上采用马克思主义政治经济学的社会主义思想，否则，就只有接受更为糟糕的破坏和冲击。

　　社会主义和共产主义社会设想，就像中国古人构想的大同社会一样，虽然一时间还难以全面实现，但是，它就像一盏明灯，始终指引着人类发展的正确方向。以至于，由2007年美国次债危机引发美国乃至世界性的金融危机和经济危机后，《资本论》再一次在世界范围内成为畅销书了。

　　① 恩格斯. 1972. 社会主义从空想到科学的发展//马克思恩格斯选集. 第3卷. 中央编译局译. 北京：人民出版社：439.

　　② 注：只有这样才可能实行计划经济运行模式，执政组织才可能以治国安邦、经世济民、实现社会大同为目的对国民经济进行全面的计划管理。这里所说的"国家"，实际上是指执政组织。

　　③ 注：这句话的含义，并不是意味着，就没有公共权力及其机构的存在。这里将自行消亡的"国家"，是指作为一个阶级统治另外一个阶级的工具的"国家"，并不是指从人口、疆域、主权意义上的"国家"。

　　④ 恩格斯. 1972. 社会主义从空想到科学的发展//马克思恩格斯选集. 第3卷. 中央编译局译. 北京：人民出版社：437-441.

　　实际上，"社会主义"对人类而言，并不是什么新鲜事，在原始社会中，人类就已经实行社会主义（甚至是原始的共产主义）了，虽然是自发的。在中国数千年的历史中，社会主义成分在不同的时代、不同层次上总是或多或少地存在着，只不过不是社会生产和分配的主体罢了。从中国古代沿袭至今的兴办红白喜事、送受礼金这一习俗，我们可以从中看出社会主义性质的互助精神；更不要说《管子》等中国古典政治经济学著作中的宏观调控、赈济思想和政策了。

（七）人类社会变迁（变革）理论

　　马克思思想的博大精深，在其有关人类社会变迁的理论上再一次得到了体现。

　　马克思在《〈政治经济学批判〉序言》中指出："人们在自己生活的社会生产中发生一定的、必然的、不以他们的意志为转移的关系，即同他们的物质生产力的一定发展阶段相适应的生产关系。这些生产关系的总和构成社会的经济结构，即有法律的和政治的上层建筑竖立其上并有一定的社会意识形态与之相适应的现实基础。物质生活的生产方式制约着整个社会生活、政治生活和精神生活的过程。不是人们的意识决定人们的存在，相反，是人们的社会存在决定人们的意识。"[1]

　　马克思在《〈政治经济学批判〉序言》中进一步指出："社会的物质生产力发展到一定阶段，便同它们一直在其中活动的现存生产关系或财产关系（这只是生产关系的法律用语）发生矛盾。于是这些关系便由生产力的发展形式变成生产力的桎梏。那时，社会革命的时代就到来了。随着经济基础的变更，全部庞大的上层建筑也或慢或快地发生变革。"[2]

　　马克思在《〈政治经济学批判〉序言》中还指出："无论哪一个社会形态，在它们所能容纳的全部生产力发挥出来以前，是绝不会消灭的；而新的更高的生产关系，在它存在的物质条件在旧社会的胎胞里成熟以前，是绝不会出现的。"[2]

　　马克思在此深刻地阐述了生产力与生产关系、经济基础与上层建筑的相互作用关系，类似于中国古代哲人所说的"相生相克关系"。在马克思眼里，主宰一个社会变迁的两对基本矛盾，是生产力和生产关系的矛盾、经济基础与上层建筑的矛盾，这两对矛盾的相互作用推动着社会的变革。

　　我们可以说，在某个具体的时期，生产力、经济基础是这两对矛盾运动中的主要能动（或主导）因素；而在另一个具体的时期，生产关系、上层建筑是这两对矛盾运动中的主要能动（或主导）因素。

　　我们也可以说，站在某个阶级或者集团的利益立场，必定有对应的意识形态，或者说某个意识形态必定有一定的阶级属性。比如，西方的古典政治经济学就是站在资产阶级利益立场的意识形态，自由放任主义的本质是资产阶级追逐利润的自由放任。但并不意味着有封建主义的意识形态，我们就一定要走封建主义的道路；并不意味着有资产阶级的意识形态，我们就一定要走资本主义的道路。

---

① 马克思. 1972.《政治经济学批判》序言//马克思恩格斯选集. 第2卷. 中央编译局译. 北京：人民出版社：82.

② 马克思. 1972.《政治经济学批判》序言//马克思恩格斯选集. 第2卷. 中央编译局译. 北京：人民出版社：83.

马克思的这一理论还给了我们如下启示：没有经济权利上的平等，就不可能有法律和政治权利上的平等；没有社会主义的经济基础，即没有公有制和按劳分配，社会主义的上层建筑就难以长久；在一个私有制的社会中，自由和民主是富人的专利，无产者的自由是接受资本家的剥削、失业和承受贫困的自由。中国古人云"自古衙门往南开，有理无钱，莫进来"，说的就是这个道理。

在社会变迁的过程中，不仅有客观规律的制约，还有人类主观能动性因素的推动。比如，在前苏联和新中国的社会主义制度建立过程中，社会主义的意识形态就是主导因素。而具体到某个特定的国家，是社会主义的上层建筑和社会主义的经济基础有机结合的社会形态，很难说其中谁是主导因素、谁决定着谁，而是对立统一的相生相克关系。

就具体到某个特殊的国家而言，究竟应该选择什么样的国家模式，仅从马克思的人类社会变迁的一般理论是得不出来的。还需要在此一般规律指引下的特殊的社会变迁规律。列宁和毛泽东，这两个20世纪的伟大的马克思主义继承者，分别就俄罗斯和中国的社会变迁规律和实践做了伟大的探索。

四、学习马克思主义政治经济学需要注意的几个问题

（一）马克思主义政治经济学是广大劳苦大众的思想武器

这是从马克思主义政治经济学的价值导向或者意识形态来讲的。马克思主义政治经济学坚持平等的人本主义价值导向。这是马克思主义政治经济学与西方古典政治经济学（及后来的庸俗经济学）相区别的根本不同之处。从这一点来看，马克思主义政治经济学与中国古典政治经济学是相通的，都充满着浓郁的仁爱思想，对广大劳苦大众、弱势群体充满同情之心。

（二）马克思主义政治经济学是科学的政治经济学

马克思主义政治经济学是科学的政治经济学，这并不意味着马克思、恩格斯等经典作家所有的言论都是正确的，都是终极真理。这是从马克思和恩格斯研究政治经济学问题的方法论的科学性来说的，也就是，他们所坚持的辩证唯物主义和历史唯物主义方法论是科学的。

国内理论界一般认为，用马克思主义的立场、方法和基本观点（原理）来分析问题，就是真正的马克思主义者[①]。是否用马克思主义的立场（广大劳动人民的利益立场，也就是人本主义）来分析问题作为评判马克思主义的标准之一，这是没有错的（这也是有不同意见的）。是否坚持辩证唯物主义和历史唯物主义的方法论，也是评判马克思主义的标准之一，也是没有问题的。但是，对于用马克思主义的基本观点（原理）来分析问题作为评判马克思主义的标准之一，也还是有不同意见的。经过实践检验为正确的观点，是我们应该用来分析问题的。

作者认为，评判马克思主义的标准有两个，换成今天流行的说法：一是要以人为本（马

---

① 注：马克思主义政治经济学只是马克思主义中的一部分，但是其最重要部分之一。

克思主义的立场），也就是中国传统文化中的仁爱、正义、公平理念，二是要坚持实事求是（马克思主义的方法），也就是从实践中来、到实践中去的认知方法。

（三）马克思主义政治经济学是开放的理论体系

随着时代的变化、国情的不同，经济社会中还会出现新的特征和规律。马克思主义政治经济学是一个不断发展的理论体系。从这个意义上讲，将马克思主义政治经济学等同于绝对真理、不允许怀疑、不允许发展，都是不合适的，都是对马克思主义政治经济学的有意或无意的捧杀。

而且，马克思和恩格斯的政治经济学思想，主要产生于对西方资本主义国家经济活动和西方社会变迁的考察，对中国古代经济活动和社会变迁的考察较少，也没有考察过前苏联成立后的社会主义实践，这就注定了它具有任何一种社会思想所必然具有的历史局限性。

第二节 列宁的政治经济学思想

进入 19 世纪，在英国工业化大生产的带动下，西方资本主义国家相继迈入工业化大生产的行业，相对过剩问题日益加重，经济危机频繁爆发，西方资本主义国家争夺国际市场的激烈程度也日益加剧。不仅西方资本主义国家内部的资产阶级和工人阶级之间的矛盾日益尖锐化，资本主义国家之间的矛盾、资本主义国家与殖民地之间的矛盾也日益尖锐化。尤其是德国通过实行弱国的国家主义政治经济学的保护主义后实力大增，更是加剧了世界动荡不安的局面。人类面临着世界性危机的总爆发。

资本主义国家的无产阶级工人运动、殖民地人民的民族解放运动蓬勃兴起、此起彼伏，尤其是在马克思主义的指引下、在马克思和恩格斯的领导下，对自由放任的资本主义更是给予了非常沉重的打击。

这个世界性的危机终于在 20 世纪初爆发了：1914 年 7 月 28 日，奥匈帝国向塞尔维亚宣战，第一次世界大战爆发，这一次战争，有三十多个国家和地区，约 15 亿人口卷入战乱，双方伤亡人数达 3000 多万人，造成巨大的经济损失，带给人类空前的灾难。

20 世纪初的俄国，作为一个经济落后的军事帝国主义国家，成为当时帝国主义各种矛盾的集合点，俄国应该如何解决所面临的种种矛盾、如何实现社会主义，就成了俄国杰出的马克思主义者列宁所必须回答的问题了。

一、列宁的生平简介及其代表作

列宁（1870～1924 年），原名弗拉基米尔·伊里奇·乌里扬诺夫，列宁是他的笔名；世界著名的俄国革命家、政治家、思想家、理论家、实践家；他是世界上第一个社会主义国家——苏维埃政权的缔造者，布尔什维克党的创始人，俄国"十月革命"的领导人，担任过苏联中央人民委员会的主席；他传承了马克思主义，形成了列宁主义；被全世界的共产主义接班人普遍认同为"国际无产阶级革命的伟大导师和精神领袖"；1924 年 1月 21 日，因脑出血去世，遗体经防腐处理后被安放在莫斯科克里姆林宫红墙下的列宁墓中。

代表性著作有：《俄国资本主义的发展》（1899 年）、《怎么办》（1902 年）、《退一步，进两步》（1904 年）、《马克思主义和修正主义》（1908 年）、《唯物主义和经验批判主义》（1909 年）、《帝国主义是资本主义的最高阶段》（1917 年）、《国家与革命》（1918 年）、《无产阶级革命和叛徒考茨基》（1918 年）、《论"左派"幼稚性和小资产阶级性》（1918 年）、《论"民主"与专政》（1919 年）等。

二、列宁主要的政治经济学理论

列宁对马克思主义政治经济学的发展和完善，本书只介绍以下两个方面的成就。

（一）帝国主义理论

这一理论主要包括以下四个方面的内容。

列宁说："如果必须给帝国主义下一个尽量简短的定义，那就应当说，帝国主义是资本主义的垄断阶段"；"帝国主义是发展到垄断组织和金融资本的统治已经确立、资本输出具有特别重大的意义、国际托拉斯开始分割世界、最大的资本主义国家已经把世界全部领土分割完毕这一阶段的资本主义"。[1]列宁称之为帝国主义的"五个基本特征"。

列宁认为，"帝国主义是资本主义的特殊历史阶段"[2]。这种特殊性分为三个方面："帝国主义是垄断的资本主义"[3]"帝国主义是寄生的和腐朽的资本主义"[4]"帝国主义是垂死的资本主义"[5]。这是列宁对帝国主义历史地位的看法。

列宁认为，在帝国主义时代，资本主义制度的基本矛盾主要表现为以下三个方面：①帝国主义国家内部资产阶级和无产阶级之间的矛盾；②帝国主义与殖民地、半殖民地人民之间的矛盾；③帝国主义国家之间的矛盾。

列宁认为，"政治经济发展的不平衡是资本主义的绝对规律"，"社会主义可能首先在少数甚至在单独一个资本主义国家内获得胜利"。[6]

（二）国家资本主义理论

在 1917 年"十月革命"后，前苏联进入了社会主义建设期。在 1918～1921 年前苏联实行"战时共产主义"政策，进行了社会主义改造，按照大一统的计划经济模式来进行改造，结果是经济活动的积极性被压制了，生产衰退、物资奇缺、通货膨胀，民怨沸腾。在这种情况下，列宁提出了新经济政策，其核心思想就是实行国家资本主义。

列宁说："新经济政策的真正实质在于，第一，无产阶级国家准许小生产者有贸易自由；第二，无产阶级国家对于大资本的生产资料，运用了资本主义经济学中叫作国家资本主义的一系列原则。"[7]

---

① 列宁. 1972. 列宁选集. 第 2 卷. 中央编译局译. 北京：人民出版社：808.
② 列宁. 1972. 列宁选集. 第 2 卷. 中央编译局译. 北京：人民出版社：807.
③ 列宁. 1972. 列宁选集. 第 2 卷. 中央编译局译. 北京：人民出版社：808，817.
④ 列宁. 1972. 列宁选集. 第 2 卷. 中央编译局译. 北京：人民出版社：817-820.
⑤ 列宁. 1972. 列宁选集. 第 2 卷. 中央编译局译. 北京：人民出版社：843.
⑥ 列宁. 1972. 列宁选集. 第 2 卷. 中央编译局译. 北京：人民出版社：709.
⑦《列宁全集》第 33 卷，第 368 页（转引自：吴忠观. 1987. 经济学说史. 成都：西南财经大学出版社：624）。

新经济政策的具体措施主要是：①以粮食税代替余粮收集制；②工业方面实行租让制。总体来看，新经济政策的主要内容是自由贸易和自由工业，主要运行机制是强调个人利益激励。

前苏联这段时期的经济实践说明，社会主义建设不能脱离个人利益而单纯理想化地追求国家的发展，也不能脱离当期人民生活水平的改善而单纯地追求国家未来的发展。

第三节　毛泽东的政治经济学思想

在 20 世纪初，以第一次世界大战为标志的资本主义危机爆发时，俄国在列宁等布尔什维克领导下的工人革命运动如火如荼，乃至建立起第一个社会主义国家时，中华民族已经遭遇了半个多世纪的殖民与半殖民地的、备受西方帝国主义列强欺压和掠夺的悲惨而耻辱的历史，虽经工业强国主义者们轰轰烈烈的洋务运动，虽经（向西方学习）"新文化"救国主义者们的新文化运动，虽经爱国激情洋溢的青年学生们的"五四"运动，虽经孙中山领导的反帝反封建的、代表资产阶级利益的、曾经给国人带来中华民族伟大复兴一丝希望的辛亥革命，虽经"五四"运动以后此起彼伏的悲壮的工人运动，但中华民族的伟大复兴和强国富民之梦终未能实现。

中国究竟应该向何处去，才能实现中华之崛起，才能实现中华之国强民富，才能实现中国广大人民翻身做主人？这个光荣而艰巨的历史使命就落在了中国的马克思主义者肩上。毛泽东博采中西文化精髓，审时度势，和革命先辈们一起，带领千千万万的中华儿女，成功地将中国人民从半殖民、半封建社会的苦难中解救出来，成立了社会主义的新中国，并进行了艰苦卓绝的社会主义建设和探索。

毛泽东的政治经济学思想就在这一个过程中形成了。包含毛泽东的哲学、政治、经济、军事和文化思想的"毛泽东思想"，已经成为世界上第三世界国家和广大劳苦大众反帝国主义、反官僚封建主义的重要思想武器。

一、毛泽东的生平简介及其代表作

毛泽东（1893 年 12 月 26 日～1976 年 9 月 9 日），字润之，湖南湘潭韶山人；毛泽东思想的创始人，伟大的马克思主义者，无产阶级革命家、战略家、理论家、哲学家、诗人、书法家；中国共产党、中国人民解放军和中华人民共和国的主要缔造者与领导人；中华民族的英雄。毛泽东的思想集中在《毛泽东选集》各卷中。[1]

二、毛泽东的政治经济学思想

毛泽东对马克思主义政治经济学的发展，本书主要介绍以下六个方面的伟大成就。

[1] 注：1944 年晋察冀日报社出版第一部《毛泽东选集》；第一版《毛泽东选集》一至四卷，分别于 20 世纪 50 年代初和 60 年代初出版，编入的是毛泽东同志在新民主主义革命时期的主要著作；《毛泽东选集》第五卷编入的是毛泽东同志在新中国成立后的文章共 70 篇，于 1977 年 4 月 15 日由人民出版社正式出版发行；电子版已经有了第八卷。包括汉语在内，《毛泽东选集》曾以 26 种语言正式出版，总授权发行量超过 3 亿册。

（一）中国向何处去的道路理论（新民主主义论）[1]

毛泽东在《新民主主义论》（1940 年）中，逻辑严密地论证了中国只有先走新民主主义的道路（然后走社会主义道路）：

"这种新民主主义政治和新民主主义经济的共和国，是全国百分之九十以上的人民都赞成的，舍此没有第二条路走。"

"走建立资产阶级专政的资本主义社会之路吗？诚然，这是欧美资产阶级走过的老路，但无如国际国内的环境，都不容许中国这样做。"

"要在中国建立资产阶级专政的资本主义社会，首先是国际资本主义即帝国主义不容许。帝国主义侵略中国，反对中国独立，反对中国发展资本主义的历史，就是中国的近代史。……'帝国主义是垂死的资本主义'。但是正因为它快要死了，它就更加依赖殖民地半殖民地过活，决不容许任何殖民地半殖民地建立什么资产阶级专政的资本主义社会。"

"其次，是社会主义不容许。这个世界上，所有帝国主义都是我们的敌人，中国要独立，决不能离开社会主义国家和国际无产阶级的援助。……现在的世界，是处在革命和战争的新时代，是资本主义决然死灭和社会主义决然兴盛的时代。在这种情形下，要在中国反帝反封建胜利之后，再建立资产阶级专政的资本主义社会，岂非是完全的梦呓？"

"如果说，由于特殊条件（资产阶级战胜了希腊的侵略，无产阶级的力量太薄弱），……还有过一个基马尔式的小小的资产阶级专政的土耳其，……由于中国的特殊条件（资产阶级的软弱和妥协性，无产阶级的强大和革命彻底性），中国从来也没有过土耳其的那种便宜事情。一九二七年中国第一次大革命失败之后，中国的资产阶级分子不是曾经高唱过什么基马尔主义吗？然而中国的基马尔在何处？中国的资产阶级专政和资本主义社会又在何处呢？何况所谓基马尔的土耳其，最后也不能不投入英法帝国主义的怀抱，一天一天变成了半殖民地，变成了帝国主义的一部分。处在今天的国际环境中，殖民地半殖民地的任何英雄好汉们，要么就是站在帝国主义战线方面，变为世界反革命力量的一部分；要么就是站在反帝国主义战线方面，变为世界革命力量的一部分。二者必居其一，其他的道路是没有的。"

反观第二次世界大战以来的历史，殖民地国家或弱势国家，包括广大的拉美国家、非洲国家及东南亚国家，走资本主义道路、按照西方模式发展的，无一没有被毛泽东同志言中——都是以失败而告终、无一不受帝国主义的欺压和掠夺，理论界称之为"中等收入水平陷阱"或"低水平均衡"[2]。其本质，是帝国主义不期望它们强盛，是垂死的帝国主义要长期寄生于它们。

帝国主义国家对待殖民地和弱势国家，就像养猪一样，先养肥了，然后一刀宰了，一举两得——既掠夺了财富，又遏制了它们的崛起。这是第二次世界大战以来帝国主义掠夺

---

[1] 毛泽东. 1991. 新民主主义论//中共中央文献编辑委员会. 毛泽东选集. 第 2 卷. 2 版. 五卷本电子版.

[2] 注：日本作为曾经的帝国主义国家之一，在第二次世界大战后被美国军队占领，同样没能摆脱殖民地和弱势国家被帝国主义欺压和掠夺的遭遇，从 1985 年被迫签署"广场协议"后，日本遭遇了严重的房地产泡沫，乃至于在 20 世纪 90 年代房地产泡沫破灭后衰退持续至今。

世界弱国的一个新特征。拉美国家在 20 世纪 80 年代和 90 年代分别爆发的国际债务危机和金融危机、东南亚国家在 1997~1998 年爆发的金融危机等，都是帝国主义者们掠夺这些弱势国家的明证。

毛泽东以马克思主义政治经济学基本原理为指导，还在《新民主主义论》中全面地阐述了什么是新民主主义：

"现在所要建立的中华民主共和国，只能是在无产阶级领导下的一切反帝反封建的人们联合专政的民主共和国，这就是新民主主义的共和国，也就是真正革命的三大政策的新三民主义共和国。"这是新民主主义的政治。

"'凡本国人及外国人之企业，或有独占的性质，或规模过大为私人之力所不能办者，如银行、铁道、航路之属，由国家经营管理之，使私有资本制度不能操纵国民之生计，此则节制资本之要旨也。'……这就是新民主主义共和国的经济构成的正确的方针。在无产阶级领导下的新民主主义共和国的国营经济是社会主义的性质，是整个国民经济的领导力量，但这个共和国并不没收其他资本主义的私有财产，并不禁止'不能操纵国民生计'的资本主义生产的发展，这是因为中国经济还十分落后的缘故。"

"这个共和国将采取某种必要的方法，没收地主的土地，分配给无地和少地的农民，实行中山先生'耕者有其田'的口号，扫除农村中的封建关系，把土地变为农民的私产。农村的富农经济，也是容许其存在的。这就是'平均地权'的方针。这个方针的正确的口号，就是'耕者有其田'。在这个阶段上，一般地还不是建立社会主义的农业，但在'耕者有其田'的基础上所发展起来的各种合作经济，也具有社会主义的因素。"

总之，"中国的经济，一定要走'节制资本'和'平均地权'的路，决不能是'少数人所得而私'，决不能让少数资本家少数地主'操纵国民生计'"。这就是新民主主义的经济。

"所谓新民主主义的文化，一句话，就是无产阶级领导的人民大众的反帝反封建的文化。""民族的科学的大众的文化，就是人民大众反帝反封建的文化，就是新民主主义的文化，就是中华民族的新文化。"

（二）十大关系理论[①]

毛泽东的《论十大关系》（1956 年），是对马克思主义政治经济学发展的卓越贡献，是继列宁提出"国家资本主义"理论以后马克思主义政治经济学的又一杰出发展。

毛泽东在《论十大关系》中动态地、辩证地分析了中国在社会主义建设中的十大关系：①重工业、轻工业和农业的关系；②沿海工业和内地工业的关系；③经济建设和国防建设的关系；④国家、生产单位和生产者个人的关系；⑤中央和地方的关系；⑥汉族和少数民族的关系；⑦党和非党的关系；⑧革命和反革命的关系；⑨是非关系；⑩中国和外国的关系。

按照毛泽东自己的说法，"提出这十个问题，都是围绕着一个基本方针，就是要把国

---

① 毛泽东.1977. 论十大关系//中共中央毛泽东主席著作编辑出版委员会. 毛泽东选集. 第 5 卷.北京：人民出版社：267-288.

内外一切积极因素调动起来，为社会主义事业服务"。

反观资本主义国家经济危机的频发和弊端，不得不感叹社会主义计划经济的科学性，不得不感叹毛泽东对计划经济中各种经济、政治关系认识之深刻与正确。

（三）"大跃进"理论

1963 年 9 月毛泽东在审阅《关于工业发展问题（初稿）》指出：

"我国从十九世纪四十年代起，到二十世纪四十年代中期，共计一百零五年时间，全世界几乎一切大中小帝国主义国家都侵略过我国，都打过我们，除了最后一次，即抗日战争，由于国内外各种原因以日本帝国主义投降告终以外，没有一次战争不是以我国失败、签订丧权辱国条约而告终。其原因：一是社会制度腐败，二是经济技术落后。……如果不在今后几十年内，争取彻底改变我国经济和技术远远落后于帝国主义国家的状态，挨打是不可避免的。"

1964 年 12 月毛泽东在阅周恩来在第三届全国人民代表大会第一次会议上的政府工作报告草稿时指出：

"我们不能走世界各国技术发展的老路，跟在别人后面一步一步地爬行。我们必须打破常规，尽量采用先进技术，在一个不太长的历史时期内，把我国建设成为一个社会主义的现代化的强国。我们所说的大跃进，就是这个意思。"

跨越式发展由此而来。就是在这个理论的指导下，中国在短短的 30 年计划经济时期中，硬是在国际封锁、基础较差的历史条件下，独立自主地建立起了完备的工业体系，硬是搞出了战略性武器原子弹，硬是把火箭发射上了天，硬是恢复了联合国常任理事国的地位，硬是将一个饱受帝国主义欺压掠夺和战火硝烟的、积贫积弱的国家建设成了一个独立自主的强国。

当然，有人对该理论也有不同的看法，认为经济不存在飞跃。在实际工作中，有人错误理解该理论，认为可以不遵守客观规律、可以无限放大人的主观能动性。

（四）美帝国主义是纸老虎的理论[①]

1956 年 7 月 14 日毛泽东在同两位拉丁美洲人士的谈话中指出：

"美国到处欠账。欠中南美国家、亚非国家的账，还欠欧洲、大洋洲国家的账，全世界，包括英国在内，都不喜欢美国。广大人民都不喜欢美国。日本不喜欢美国，因为美国压迫日本。东方各国，没有一国不受到美国的侵略。美国侵略中国的台湾省。日本、朝鲜、菲律宾、越南、巴基斯坦，都受到美国的侵略，其中有些还是美国的盟国。人民不高兴，有些国家的当局也不高兴。"

"但还是照这个规律：力量小的，同人民联系的，强；力量大的，反人民的，弱。"

"现在美帝国主义很强，不是真的强。它政治上很弱，因为它脱离广大人民，大家都不喜欢它，美国人民也不喜欢它。外表很强，实际上不可怕，纸老虎。外表是个老虎，但是，是纸的，经不起风吹雨打。我看美国就是个纸老虎。"

---

① 毛泽东. 1977. 美帝国主义是纸老虎//中共中央毛泽东主席著作编辑出版委员会. 毛泽东选集. 第 5 卷. 北京：人民出版社：289-292.

（五）"三个世界"的理论[①]

1974 年 2 月 22 日毛泽东在同时任赞比亚总统的卡翁达的谈话中指出：

"我看美国、苏联是第一世界。中间派，日本、欧洲、澳大利亚、加拿大，是第二世界。咱们是第三世界。"

"美国、苏联原子弹多，也比较富。第二世界，欧洲、日本、澳大利亚、加拿大，原子弹没有那么多，也没有那么富，但是比第三世界要富。"

"亚洲除了日本，都是第三世界。整个非洲都是第三世界，拉丁美洲也是第三世界。"

这一"三个世界"的划分理论，为第二次世界大战以后世界格局做了独到的剖析，为第三世界国家在国际交往中分清楚谁是我们的朋友、谁是我们的敌人的首要问题给出了纲领性的答案。

事实一再证明，那些试图倒向帝国主义的第三世界国家，没有哪一个是真正占了便宜的，这是由帝国主义的寄生性、垂死性及其先发优势所决定的。

（六）自力更生、艰苦奋斗的弱国发展理论

毛泽东在抗日战争期间、解放战争期间和新中国社会主义建设期间，都谈到过要立足于自力更生、艰苦奋斗的发展方针。这一发展方针不仅适用于弱国，同样适用于社会中的弱者。

比如，1935 年毛泽东在《论反对日本帝国主义的策略》中写道："自从帝国主义这个怪物出世之后，世界的事情就联成一气了，要想割开也不可能了。我们中华民族有同自己的敌人血战到底的气概，有在自力更生的基础上光复旧物的决心，有自立于世界民族之林的能力。但是这不是说我们可以不需要国际援助；不，国际援助对于现代一切国家一切民族的革命斗争都是必要的。"[②]

比如，1939 年他在和《中央社》、《扫荡报》、《新民报》三报记者的谈话中说道："中国抗战主要地依靠自力更生。如果过去也讲自力更生，那末，在新的国际环境下，自力更生就更加重要。"[③]

还比如，1946 年他在《以自卫战争粉碎蒋介石的进攻》中说道："总之，我们是一切依靠自力更生，立于不败之地，和蒋介石的一切依靠外国，完全相反。"[④]

又比如，1958 年他在给李富春的"第二个五年计划要点报告"批语中说道："没有现代化工业，哪有现代化国防？自力更生为主，争取外援为辅，破除迷信，独立自主地干工业、干农业、干技术革命和文化革命，打倒奴隶思想，埋葬教条主义，认真学习外国的好经验，也一定研究外国的坏经验——引以为戒，这就是我们的路线。经济战线上如此，军

① 毛泽东. 1993. 关于三个世界的划分问题//中共中央文献编辑委员会. 毛泽东选集. 第 8 卷. 八卷本电子版.

② 毛泽东. 1991. 论反对日本帝国主义的策略//中共中央文献编辑委员会. 毛泽东选集. 第 2 卷. 2 版. 五卷本电子版.

③ 毛泽东. 1991. 和中央社、扫荡报、新民报三记者的谈话//中共中央文献编辑委员会. 毛泽东选集. 第 2 卷. 2 版. 五卷本电子版.

④ 毛泽东. 1991. 以自卫战争粉碎蒋介石的进攻//中共中央文献编辑委员会. 毛泽东选集. 第 4 卷. 2 版. 五卷本电子版.

事战线上也完全应当如此。"[①]

天上是不会掉下馅饼的,不自力更生、艰苦奋斗,又岂能发展壮大?

■ 本章附录

附录 4-1 前苏联的修正主义及其解体

前苏联解体,可以说是 20 世纪的一个重大历史事件,就如前苏联建立第一个社会主义国家一样。

赫鲁晓夫修正集团,在强大的帝国主义集团势力和国内新生贵族势力形成的形势下,代表已经形成的新生资产阶级贵族势力集团,采取狡猾的迂回战术,不断地歪曲马克思列宁主义的本质,用部分的马克思列宁主义来否定整体的马克思列宁主义,用修正主义来替代马克思列宁主义,于 1961 年 10 月公开在苏联共产党(简称苏共)二十二次代表大会上提出"和平共处""和平竞赛""和平过渡""全民国家""全民党"的"三和两全"等修正主义纲领的政治路线,推出"在 1980 年前在苏联基本建成共产主义社会的口号和目标"。

在政治路线方面,赫鲁晓夫集团全面推行和实施某些资本主义国家可能实现社会主义的"和平过渡",认为无产阶级专政在苏联已经不再是必要的,苏维埃国家已变成"全民的国家",苏联共产党已变成"全体人民的党"。

在经济方面,赫鲁晓夫集团提高农产品收购价格、扩大集体农庄和农场自主权,进行工业、建筑业管理改组,用地区原则取代部门原则和把经济管理重心从中央移向地方,提倡利润原则、强化物质刺激等。

在对外关系方面,赫鲁晓夫推行社会主义与资本主义两个社会经济体系和平共处、和平竞赛的原则,认为世界大战并非绝对不可避免;在处理国际共产主义运动中的社会主义国家关系上,推行大国主义、大党主义和分裂主义,破坏共产主义政党之间的兄弟党准则,否定无产阶级的国际主义。

1964 年 10 月赫鲁晓夫修正主义集团内部发生重大分裂,苏共做出"鉴于赫鲁晓夫犯有主观主义和唯意志论的错误",解除赫鲁晓夫苏共中央第一书记和苏共中央主席团委员职务、苏联部长会议主席职务。但赫鲁晓夫开创的政治、经济、文化等修正主义局面并没有结束,仍然被勃列日涅夫及其领导的苏共较完整地保持下来。

直到在帝国主义国家的怂恿和权力支持下,前苏联于 1991 年完全解体、苏联共产党垮台、成员国由社会主义蜕变为资本主义。前苏联庞大的国有资产被苏共高官所攫取,前苏联成员国从此迎来了多年的衰退。

世界由前苏联和美国两极变为美国一极独霸世界,世界的平衡由此被打破。

附录 4-2 中国的改革开放

中国的改革开放,就是走中国特色的社会主义道路。具体地讲,就是增加生产资料所有制中的私有化成分和国民经济中资源配置和收入分配的市场化成分,以期充分调动人民

[①] 毛泽东. 1993. 独立自主地搞建设//中共中央文献研究室. 毛泽东选集. 第 7 卷. 八卷本电子版.

创造财富的积极性、尽可能地解放生产力和发展生产力。对于中国特色社会主义理论的创建，邓小平做了重要贡献。这是马克思主义实事求是、具体问题具体分析的方法论指导下的马克思主义中国化的重大理论创新，是毛泽东思想的延续。但是，其理论的部分具体内容，在理论界是有争议的。

中国的改革开放，一般的说法，是从 1978 年开始，大体经历了以下几个阶段。

第一阶段，1978（1975）～1984 年，主要有两个方面的改革：①农村耕地包产到户，实行联产承包责任制；②企业内部建立各种形式的经济责任制，在企业领导体制上实行厂长（经理）负责制。[①]

实行家庭联产承包责任，实际上是恢复到我国古代的以家庭为单位的传统农业生产组织模式，实现了"平均地权"。这一改革（以及政府大幅度提高粮食收购价和计划定价限制农资等工业产品价格上涨的计划手段），极大地刺激了农民从事农业生产的积极性。再加之杂交水稻等优良品种的推广和化肥的大量使用等生产技术上的进步，也极大地促进了我国的农业生产和农民收入的增长。这一改革成效为后来的城市工商业的扩张准备了基础性条件——市场、原料、劳动力、粮食和资金。

第二阶段，1984～1991 年，主要有两个方面的改革：①价格闯关，即（除粮食外的）商品定价机制实行市场定价；②1985 年左右开始以实施承包经营责任制为主要形式的国有企业改革。

"价格闯关"导致了严重的物价上涨，甚至引发了 1988 年的抢购风、银行挤兑事件。同时，由于为了避免商品定价市场化过程中带来的冲击过大[②]，实行了价格双轨制[③]，结果滋生了严重的腐败，"官倒""倒爷"由此产生。伴随工业商品价格的暴涨，农业的比较收益下降。1984 年我国出现了卖粮难的现象。

在企业内部的责任制改革，提高了承包人的积极性，乡镇企业如雨后春笋般地兴起了。中国的城镇经济在 20 世纪 80 年代蒸蒸日上。城乡居民的生活都大有改善。

第三阶段，1992～2002 年，主要是三个方面的改革：①1992 年商品（包括粮食）定价机制全面市场化；②从 1997 年开始的国有企业"抓大放小"改制；③医疗、教育的市场化改革。这个阶段的标志性事件是邓小平的南方谈话。

1992 年全面放开商品（包括粮食）价格的计划管制，粮票、国家供应的配给制度取消，商品价格按照市场机制定价。这一次的价格市场化改革，跟第一次价格闯关一样，带来了严重的物价上涨。同时，沿海地区还出现了房地产投资泡沫。住房福利开始了货币化、商品化改革，但住房供给商品化的程度还不是很高，国家仍允许各个企业、行政事业单位集资建房。

1997 年 9 月，中共十五大对国有企业改革进一步做出了重大部署，强调指出：要"调

---

① 注：也有人认为，是从 1975 年中共中央制定《1976～1985 年发展国民经济十年规划纲要（草案）》、提出国民经济进行重大调整开始的。

② 注：1948 年，联邦德国放开物价，一个月之内食品价格涨了两倍，出现了大规模的群众示威。1980 年，波兰放开食品价格，价格上涨，造成格但斯克等地工人大罢工，波兰统一工人党第一书记盖莱克被迫下台，团结工会崛起，10 年后，波兰共产党失去了政权。

③ 注：双轨制，即部分商品仍然按照计划定价和实行配给制，另外一部分商品按照市场定价，实行出价高者得的分配机制。

整和完善所有制结构"，"公有制实现形式可以而且应当多元化"；"要从战略上调整国有经济布局。对关系国民经济命脉的重要行业和关键领域，国有经济必须占支配地位。在其他领域，可以通过资产重组和结构调整，以加强重点，提高国有资产的整体质量"；"要着眼于搞好整个国有经济，抓好大的，放活小的，对国有企业实施战略性改组"；"实行鼓励兼并、规范破产、下岗分流、减员增效和再就业工程，形成企业优胜劣汰的竞争机制"。

这一次国有企业改制，为后来的减轻财政负担、提高企业效率起到了重要的作用，同时也带来了严重的社会问题。据有关统计，国有企业下岗工人数累计达 4000 万人，高峰期是 1998～2001 年每年下岗工人数都维持在 700 万～900 万人。从地域分布看，下岗职工主要集中在老工业基地和经济欠发达地区，东北三省占了 25%；从行业分布看，主要集中在煤炭、纺织、机械、军工等困难行业。

构建社会保障体系一说由此开始。所谓社会保障，顾名思义是人民的福利保障社会化。在这种社会保障制度下，你若不缴纳社保费，那你在需要养老的时候，社会保障部门是不会给你养老金的。此外，还有低保体系，即最低生活保障体系。

第四阶段：2002 年至今，主要是以下两个方面的改革：一是住房供给的全面商品化供给、价格市场化定价；二是兑现加入世界贸易组织的承诺，农产品市场和资本市场对外开放，利率、汇率定价机制市场化。

这一轮的改革，其最终的影响究竟会有哪些、会有多大，现在定论为时尚早。但是，房地产价格在这十余年间飙升、房地产业出现泡沫和投机，不仅出现了"买不起房"等一系列派生出来的严重社会问题，而且严重影响了我国国民经济的健康发展。房地产泡沫的破灭可能带来的巨大灾难，像一把利剑悬在了中国民众头上。

农产品市场的开放，已经给我国的农业生产带来极大的冲击，这是有目共睹的。以至于习近平 2013 年在武汉考察时说，"饭碗里要装自己的粮食"。

资本市场的放开，使得我国的货币等宏观调控政策捉襟见肘，难有施展空间，所谓"失策"是也，按照现在理论界流行的术语来说就是"滞胀"，也是有目共睹的：采用刺激性的宏观经济政策，又怕加剧物价水平的飙升；采用抑制价格水平上涨的宏观经济政策，中国的实体经济原本就已经是内忧外患，不景气多年了[1]，又担心经济崩溃，出现金融危机、政府债务危机。

2015 年和 2016 年年初两次股灾及人民币汇率的暴跌，认人感觉到，危机的苗头似乎已经凸显出来了。

附录4-3　社会主义朝鲜在绝境中求生[2]

1945 年，朝鲜摆脱了日本的殖民统治获得解放后，针对日本殖民统治留下的工业畸形发展、农业凋零落后、封建和殖民地生产关系及相应的上层建筑等现实情况，1945 年10 月成立的朝鲜共产党中央组织委员会着手进行了各项社会主义改造。这主要表现为以下三个方面的内容。

一是土地制度改革。这消除了封建土地占有关系，使农民成为土地的主人，极大地提

---

[1] 注：中国经济在 1995 年出现工业产品的相对过剩。

[2] 注：本部分内容主要参考荀寿潇. 2007. 朝鲜社会主义经济发展历程. 海派经济学，第 19 辑：9～21。

高了农民的爱国热情、政治热情和生产积极性，并为正在迅速恢复的工业提供原料和保障居民的口粮创造了条件。

二是产业国有化，即工厂、矿山、煤矿、铁路、邮电、银行等的国有化。这奠定了建设独立自主的社会主义国家的经济基础。

三是颁布施行了民主的劳动法令和男女平等权法令。这保障了工人劳动和生活的基本权利；解放了朝鲜妇女，使她们在政治、经济、文化等各方面享有和男子同等的权利，积极参加劳动。在政治上取消等级制度，实行民主制度。

从此，朝鲜步入了社会主义的绝境求生的发展历程，1947～2005 年大体经历了五个阶段：1947～1956 年（第一次挫折）；1957～1970 年（推进社会主义工业化阶段）；1971～1990 年（争取社会主义事业完全胜利阶段）；1990～1998 年（第二次挫折）；1999～2005 年（重新起航阶段）。各个阶段的经济发展大致情况如表 4-1 所示。

表 4-1　社会主义朝鲜 1947～2005 年的经济发展大致情况[①]

时期	工业总产值	粮食产量	农业总产值	国民收入	备注
1947～1949 年	49.9%（年均增长）				
1948 年		266.8 万吨[②]			
1946～1949 年			51%		
1949 年比 1953 年	−36%		−24%	−30%	朝鲜战争；总体下降
1956 年比 1953 年	2.8 倍[③]	增长 24%		2.1 倍[④]	
1960 年比 1957 年	2.5 倍，36.6%（年均增长）	380 万吨[⑤]，年均增长 9.8%			1959 年小学到大学实行免费教育
1970 年比 1956 年	10.6 倍[⑥]	700 万吨[⑦]			
1974 年比 1970 年		超过 700 万吨[⑧]		70%（人均增长）	
1971 年 8 月～1975 年 8 月	18.4%（年均增长）				
1975 年				>1000 美元（人均）	普遍实行 11 年义务教育
1976 年		800 万吨			
1978～1984 年	12.2%（年均增长）	900 万吨[⑨]			

① 注：在我国国家统计局官方网站上，朝鲜近 20 年的经济统计数据缺失。

② 注：比日本统治时期产粮最多的 1939 年还多 0.4%。

③ 注：1956 年粮食产量达 280 万吨，超过朝鲜战争前 1949 年的产量。

④ 注：1956 年为朝鲜战争前 1949 年的 1.5 倍。同时，降低房租、零售商品价格，大力发展医疗、卫生、住房、教育等社会福利。

⑤ 注：1959 年达到最高产量 380 万吨。

⑥ 注：其中，生产资料（增长到）12.3 倍，消费资料（增长到）8.3 倍。

⑦ 注：此数据为 1970 年粮食产量。

⑧ 注：此数据为 1974 年粮食产量。

⑨ 注：此数据为 1984 年粮食产量。

时期	工业总产值	粮食产量	农业总产值	国民收入	备注
1990年比1987年	1.9倍，10%（年均增长）①		1.4倍，4.9%（年均增长）		
1990～1998年	持续负增长，−1.1%至−6.3%不等。原因：东欧剧变，原有的社会主义经济合作关系瓦解；自然灾害；帝国主义经济封锁				
1999～2005年	经济连续7年保持增长；2005年，粮食产量约454万吨，对外贸易30亿美元（创1991年以来的最高纪录）				

资料来源：荀寿潇.2007.朝鲜社会主义经济发展历程.海派经济学，第19辑：9-21

1951 年，以美国为首的西方帝国主义集团，试图绞杀社会主义朝鲜于摇篮之中，以至于孤立和遏制同样刚刚诞生的社会主义新中国，武装干涉朝鲜半岛，挑起了朝鲜战争，导致朝鲜经济遭遇了社会主义建设历程中的第一次重大挫折。

1989～1990 年前苏联解体，东欧剧变，社会主义阵营的经济合作关系被瓦解，朝鲜受到国内资源短缺、市场狭小的制约，再加之 1995～1997 年连续三年的重大自然灾害（前两年是水灾，后一年是干旱和海啸），朝鲜经济再一次经历了社会主义建设历程中的重大挫折。

■ 思考与讨论

1. 为什么前苏联会解体？
2. 为什么中国要改革开放？
3. 为什么朝鲜、古巴还要坚持公有制下的社会主义？

---

① 注：其中，生产资料增长1.9倍，年均增长9.6%；消费品增长1.8倍，年均增长8.8%；农业生产总值1.4倍，年均增长4.9%。此为1987～1993年的第三个七年计划的发展目标，1990年5月30日宣布达到目标。

第五章

庸俗经济学

实事求是，是每一个真正的学者最基本的素养和要求。

你要是认为庸俗经济学都是谬论，那你就陷入了另外一个极端。

——刘明国

自从 18 世纪英国爆发以机械动力大规模代替人力的工业革命后，相对过剩、相对贫困问题就一直断断续续地折磨着资本主义直到现在，资本主义也经历了自由竞争、实业垄断、实业垄断和金融垄断相混合的三个阶段。资产阶级的经济学家们，不愿意承认资本主义的不足和弊端，使出浑身解数为资本主义粉饰太平、为资产阶级利益辩护和为资产阶级谋利，并试图与马克思主义政治经济学理论相抗衡，如此庸俗的经济学就产生了。

最早的庸俗经济学家，可以从大卫·李嘉图和让·巴蒂斯特·萨伊算起，不过他们还保留了一点西方古典政治经济学的色彩。

庸俗经济学大体经历了三阶段：第一个阶段是，以马歇尔、帕累托为代表的西方新古典经济学；第二阶段是，以凯恩斯、萨缪尔森为代表的凯恩斯主义和西方新古典经济学的混合，即西方新古典综合派；第三阶段是，向第三世界国家鼓吹私有化、市场化、工业化、经济全球化和自由化的现代古典主义，以哈耶克、弗里德曼、卢卡斯、布坎南、诺思、钱纳里等为代表。

虽然列宁指出了帝国主义的垂死性，但是技术进步及第三世界国家经济增长为帝国主义国家的输血一次又一次地挽救了它们，使之从经济危机中解脱出来，帝国主义在 20 世纪表现出了"垂而不死"的特征，这为庸俗经济学提供了现实依据和市场需求。庸俗经济学因其在西方的主流地位，又被国内称为西方主流经济学，有时候在国内又被称为现代经济学。不过，也有人称之为现代庸俗经济神学。[1]

第二次世界大战后，东南亚和拉美等诸多第三世界国家爆发的金融危机、肇始于 2007 年美国金融危机的世界性金融危机和经济危机、欧洲众多国家的主权债务危机和美国政府 2013 年因为负债累累而"停摆"的事实，再一次说明了帝国主义的腐朽性、寄生性和垂死性及其经济学理论的庸俗性。[2]

---

① 余斌. 2004. 微观经济学批判. 北京：中国经济出版社：1（前言）.

② 注：2007 年美国爆发的金融危机，又称"次债危机"，即美国金融系统因为贷出了太多信用不良的按揭购房贷款，以至于"断供"大规模出现，进而引发了银行、保险公司、房地产公司、投资公司的大面积破产倒闭，本质上属于过度借贷所引发的金融危机。

凯恩斯对西方新古典经济学的批判很有意思："经济学家在讨论所谓价值时，总说物价决定于供需求情况；边际成本以及短期供给弹性，尤占重要地位。但当我们进入第二卷，或另一书，讨论所谓货币与物价论时，我们恍若进入了另一世界，这些家常浅显的概念都不提了，代之而起的，是说决定物价者乃是货币之数量、货币之所得流通速度、流通速度与交易额之比、囤积、强迫储蓄、通货膨胀或紧缩……诸如此类；简直没有人想把这些空泛的名词和以前的供需弹性等观念联系起来。假使我们把人家传授给我们的东西回想一下，并设法使其合理化，则在比较简单的讨论中，似乎是假定供给弹性必等于零（作者注：即价格不管怎么变，我的供给就是不变！），需求必与货币数量成比例（作者注：即货币数量多，那需求就多！）；但到更复杂一些的讨论中，我们简直如堕五里雾中，什么也不清楚，什么都可能。我们都已惯了，忽而在这样捉摸不定的东西之左，忽而又在其右，自己也不知道从这一边跑到那一边，二者之间联系似乎是醒与睡之关系。"[1]

连凯恩斯这样的著名经济学家都会因之而糊涂，更别说普通人了，由此可见西方新古典经济学混乱之一斑。

■ 第一节 西方新古典经济学

一、马歇尔及西方新古典经济学简介

阿尔弗雷德·马歇尔（1842～1924 年），19 世纪末、20 世纪初西方经济学界最有影响的经济学家之一，是西方新古典经济学的代表（有人也称其为"新古典经济学"的创始人[2]），在英美早期的资产阶级经济学和当代西方主流经济学之间起着承上启下的作用。他在英国古典政治经济学的基础上，吸收和综合了 19 世纪末盛行的边际效用论和数理经济学的分析方法，建立了一个以英国古典政治经济学为主流的、混合式的经济学理论体系，在凯恩斯主义经济学形成之前，一直是西方经济学主流理论体系，目前是西方主流经济学的重要组成部分——现代微观经济学（即现代古典主义）的基础。

他一生都在剑桥大学任教，其学生庇古、凯恩斯分别开创了福利经济学和凯恩斯主义经济学；其代表作《经济学原理》（1890 年）被西方经济学家当作与亚当·斯密的《国富论》、大卫·李嘉图的《政治经济学及赋税原理》相提并论的"划时代的伟大著作"。他认为应避免将意识形态引入经济学的分析，以免使经济学失去了像物理学一样的科学特征。所以，他放弃了"政治经济学"中的"政治"一词，而采用"经济学"作其学科体系的名称，他认为这样才能体现该学科的科学特征。不过，在其《经济学原理》中，他却是将这两个词混用的。

马歇尔从事经济研究活动的时期，正是英国的经济和政治状况发生重大变化的时期。19 世纪 70 年代以前，英国曾经是全世界最强盛的资本主义国家，无论在工业生产水平和发展速度上，还是在国际贸易上，均占世界首位。但从 1873 年开始到 19 世纪 80 年代末，

---

[1] 凯恩斯 J M. 1983. 就业、利息与货币通论. 2 版. 徐毓枬译. 北京：商务印书馆：252.

[2] 注：西方经济学界称"古典（政治）经济学""新古典经济学"，实际上是指他们西方之"古典（政治）经济学"和"新古典经济学"，所以，为了准确计，本书对这两个概念用"西方古典（政治）经济学""西方古典经济学"以名之。国内经济学界沿用西方之"古典（政治）经济学""新古典经济学"，实为欧洲中心主义的一种表现。

英国经历了一个很长的萧条时期，工农业生产衰退使英国在国际上的经济地位迅速下降。

而在 19 世纪最后 30 年和 20 世纪初，技术革新使工业生产迅猛发展，美国和德国等年轻的资本主义国家的工业发生了跳跃式的发展，使英国在国际市场上遇到了激烈的竞争，它在世界工业中的垄断地位丧失。在此期间，英国国内工人失业严重、生活条件不断恶化，阶级矛盾加剧，在马克思主义的广泛传播和影响下，工人运动此起彼伏。

在此历史背景下，已有的西方古典政治经济学理论，已经不能胜任为资本主义辩护的职能了，英国统治阶级迫切需要一种新的学说来为他们辩护；而且，19 世纪下半期以约翰·穆勒为代表的英国主流经济学，还受到了来自边际学派和新历史学派的挑战。

继承了西方古典政治经学推崇私有化、市场化和自由化的资本主义观点的新古典经济学，应运而生。而其与西方古典政治经济学的主要不同之处在于，他们为了回避真实世界，而在经济学研究中引入了数理分析工具，进行纯粹抽象的或者说是脱离现实的、歪曲现实的或者阉割现实的"假定-推理"逻辑演绎。

他们还将生产资料所有制、政治、国家、历史、文化和自然资源等重要因素排除在经济学分析之外；用"效率""经济增长"，而不是"社会福利"作为理论出发点，更不要说什么人本主义、可持续的国泰民安和国强民富了。即使谈到福利，也经常是脱离了现实的人而抽象地探讨社会总福利。

二、西方新古典经济学的理论内核和基本理论

（一）等价交换假设

以马歇尔为代表的西方新古典经济学，继承了西方古典政治经济学为资本主义辩护的一个重要假设——等价交换假设。注意，这仅仅是一个假设，一个从来没有得到事实验证过的假设！

只要交换是等价的，那么资本主义通过市场交换所进行的财富转移就消失了，通过市场交换完成的、种种不平等的社会财富分配真相就被掩盖了：①资本家利用与工人和消费者在市场交换时的强势地位，以剥削工人等弱势家庭；②新兴产业利用与夕阳产业之间进行产品交换时的强势地位，以剥削夕阳产业；③垄断行业利用与非垄断行业进行产品交换时的强势地位，以剥削非垄断行业；④帝国主义国家利用与殖民地或第三世界国家进行产品交换时的强势地位，以剥削殖民地或第三世界国家。资本主义的邪恶性，也就随之消失了。

既然交换是等价的，那么市场化和自由化就是无可厚非的；而要充分实现市场化和自由化，生产资料私有化就成为必须。

这样一来，以私有化、市场化和自由化为特征的资本主义，还有什么不好呢？简直好得很嘛！但他们并不明确指出他们认可、坚信交换是等价的，而是巧妙地将其隐藏在以下各个理论中。

（二）效用价值论

西方新古典经济学的价值论是效用价值论，但是又有基数效用价值论和序数效用价值论之分。他们都认同，商品的价值大小是由其效用决定的。不同之处在于：基数效用价值

论认为，商品的价值可以用其效用大小来度量，并且可以用诸如 1，2，3，…，n 这样的基数来表示其大小；而序数效用价值论认为，商品的价值（即效用）不能用基数来度量其大小，而应该按照商品在消费者的消费函数中的先后排序来度量其大小。

该理论是用来对抗马克思主义政治经济学的劳动价值论的。但是，不管是效用价值论，还是劳动价值论，在探讨价格决定机制时，都存在价值如何转换成价格的价值转型难题。实际上，商品价格和商品效用之间根本不存在一一对应的线性关系。[①]

实事求是地讲，序数效用价值论还是有其合理的成分的。不过，在西方新古典经济学的理论体系中，却基本没有它的位置，不少学者将效用的排序等同于效用的大小了。不仅如此，主张劳动价值论者似乎也对序数效用价值论不感冒。

（三）均衡价格理论

如果说等价交换假设和边际效用价值论是新古典经济学理论内核的话，那么均衡价格理论就是新古典经济学的第一基本理论，也是马歇尔经济学理论体系的第一基本理论，被西方主流经济学家们奉为金科玉律。该理论大体有以下基本观点。

（1）消费者对消费品的需求曲线之所以是向右下方倾斜的（或者说之所以需求价格与需求量之间负相关，见图 5-1），有以下三个原因：①消费者连续消费同一种商品时边际效用递减；②商品价值是由商品的边际效用决定的；③交换遵循等价的原则。[②]

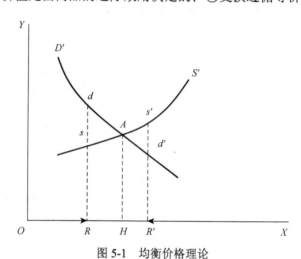

图 5-1　均衡价格理论

①S'、D'分别表示商品的供给曲线和需求曲线；②Rd、R'd'和 Rs、R's'分别表示市场上商品的需求价格和供给价格；③OR、OH 表示商品数量；④A 点是均衡位置，Y 为价格，X 为商品数量

（2）厂商对商品的供给曲线之所以是向右上方倾斜的（或者说之所以供给量和供给价格之间正相关，见图 5-1），有以下原因：生产规模和生产技术既定的条件下，连续增加某个生产要素，其边际生产力递减，商品供给价格由其（平均）生产成本决定，交换遵循

① 注：至于商品价格和商品效用之间究竟存在什么样的关系，留在下文第二篇中再述（详见：刘明国. 2011. 新经济学原理（微观）——综合、反思与发展. 北京：中国社会科学出版社：64-75）。

② 马歇尔 A. 1965. 经济学原理（上卷）. 朱志泰译. 北京：商务印书馆：113-119.

等价的原则。①

（3）当需求价格等于供给价格时，产量没有增加或减少的趋势，它处于均衡状态之中，这个价格就是商品的均衡价格；在均衡状态下，如果价格或生产规模稍有偏离，则该市场将有恢复均衡的趋势。②

（4）在自由市场交换中，商品供求关系和价格相互作用。当商品供给大于需求（简称供过于求）时，商品价格有下降趋势；当商品供给小于需求（简称供不应求）时，商品价格有上涨趋势；当商品的需求价格低于供给价格时（或商品价格下降时），供给趋于减少、需求趋于增加；当商品需求价格高于供给价格时（或商品价格上涨时），供给趋于增多、需求趋于减少。其关系如图 5-1 所示。③

（5）在短期内，效用对商品价值起着主要的影响作用（即需求价格对价格起主要的影响作用），而在长期内，生产成本对价格起着主要的影响作用。④

（6）在市场自由交换的均衡价格下，消费者实现了其效用最大化、资本家实现了其利润最大化，两者皆大欢喜。

该理论的"精妙"之处在于，它通过一系列的假设，得出了自由市场交换简直美轮美奂的结论：在市场价格机制的作用下，市场不出清（即供求不相等）是暂时的，从长期来看市场总是会趋于出清的，不管是资本家还是消费者都是满意的；也就是说，在资本主义社会，相对过剩的问题是不会长期存在的，经济危机更是不可能的，即使出现也是短暂的，根本就没有像马克思主义者们所说的那样紧张的阶级对立、残酷的剥削等社会问题。

然而，该理论假设了太多不符合事实的或者说是非常片面的、特殊的前提条件，在逻辑上存在诸多的"惊人飞跃"及概念混淆。

比如，等价交换假设、商品价值是由其边际效用大小决定假设、供给价格是由其（边际）生产成本决定假设，这些假设就是一种想象，完全无法进行客观检验。边际效用和边际成本，在现实中，根本是无法测度的，那又怎么能判断其是否相等呢？

又比如，由单个人连续消费同一种商品其需求价格（或边际效用）递减趋势，转换成了整个商品市场需求价格与需求量之间负相关的需求定律，这里存在两个"惊人的逻辑飞跃"：

一个是，由单个人连续消费状况，转换成了非连续消费的整个商品市场。社会行为岂是若干孤立个人行为的简单堆砌？更为重要的是，人们在购买商品时根本就不是在进行连续消费的体验。

另一个是，由需求价格（应变量）对需求量（自变量）之间的单向负相关关系，转换成了这两者之间的可逆负相关关系。真实世界中的因果关系（尤其是人类社会中的因果关系），岂能随便颠倒？

还比如，由单个厂商在生产规模和生产技术既定条件下的供给价格（或边际成本）递减趋势，转换成整个商品市场供给价格与供给数量之间的负相关定律，这里依然存在两个

---

① 马歇尔 A. 1965. 经济学原理（下卷）. 朱志泰译. 北京：商务印书馆：35-36.
② 马歇尔 A. 1965. 经济学原理（下卷）. 朱志泰译. 北京：商务印书馆：37.
③ 马歇尔 A. 1965. 经济学原理（下卷）. 朱志泰译. 北京：商务印书馆：36-38.
④ 马歇尔 A. 1965. 经济学原理（下卷）. 朱志泰译. 北京：商务印书馆：39.

与上述需求曲线类似的"惊人的逻辑飞跃"。

至于商品价格由供求（即买卖，下同）双方共同决定，在马歇尔均衡价格理论中，居然演变为供给曲线和需求曲线在平面坐标中的相交，供求双方共同决定价格的内在机制就这样被掩盖或者替代了。然而，供求双方共同决定价格的内在机制，恰恰是我们研究价格问题所应该关心的核心问题。

在马歇尔的均衡价格理论中，资本主义社会通过交换形成的收入分配差距、分配的不平等统统不见了，劳动力作为商品与产品之间的差异不见了（卖不出去就减少供给量）。

均衡价格与真实的市场价格这两个概念之间，是含混不清的。若均衡价格不是真实市场价格，那么探讨这个脱离真实世界的均衡价格的意义又在哪里呢？若均衡价格就是真实市场价格，这却又是和马歇尔对均衡价格的定义不一致，因为真实世界的价格经常是在供求不相等的情况下出现的。

如果说，均衡价格是指单个的买卖双方供求相等条件下的具体的、个别的、真实的市场价格，那么，市场上发生的任何真实价格都是均衡价格，因为买方和卖方如果其供求数量不相等，那买卖就不可能成交。但这样一来，区分均衡和非均衡价格就失去了意义，因为从微观的角度讲，根本就没有什么非均衡的价格，只要是成交了的价格都成了均衡价格。

由于假设前提禁不住现实检验或者根本没有办法检验，逻辑推理中存在诸多的"惊人飞跃"和概念的混淆，其结论肯定是禁不住现实检验的。在真实世界中，我们经常发现：①商品需求量增多时，商品价格往往上涨（而不是下降；需求价格也自然上涨），反之亦然；②商品供给量增多时，商品价格往往下降（而不是上涨；供给价格也自然下降），反之亦然；③商品价格上涨时（需求价格也自然上涨），需求量往往是增多（如贵阳市的食盐，见附录 8-1），反之亦然[①]；④当粮食等生活必需品价格上涨时，在你的经济承受能力范围内，你对它的需求量是根本不会减少的[②]；⑤当供给的商品是劳动力且其价格（工资）下降时，劳动力的供给量不是减少而是增多[③]。

对待诸多的与其理论不相符的事实，马歇尔如此为自己开脱，"经济学家对个人生活中的特殊偶然事件是不加过问的"[④]。但问题是，凭什么说这些事实是"个人生活中的特殊偶然事件"，而哪些事实不是"个人生活中的特殊偶然事件"呢？离开了"特殊偶然事件"，哪里来一般意义上的"定律"呢？对于任何一个具体的事实而言，又何尝不是特殊偶然的呢？难道经济学家不应该过问蕴涵在各种各样的特殊偶然事件背后的本质性的规律吗？

而且，马歇尔在均衡价格理论所假设的条件，又何尝不是极为"特殊"的呢。更重要

---

① 注：需求量减少，只有在所购买商品对购买者而言是可买也可不买的条件下才会出现，即价格上涨使需求减少，只有在庸俗经济学所说的"奢侈品"市场才会出现。然而，在现实中，有多少穷人能有钱去购买奢侈品？又有多少富人的消费对他（她）而言不是必需的？拿对穷人而言可望而不可即的奢侈品概念，去分析有购买力的富人对该种商品（必需品）的购买行为，有偷换概念的嫌疑。

② 注：即使你有购买力的需求量减少了、市场也实现均衡了，但这样一来，社会福利遭受极大损失为代价的均衡又有什么意义呢？商品价格上涨时，你不提高需求价格，又如何能买到商品呢？

③ 注：工资越低，工人越是需要付出更多的劳动才能养家糊口。难道工资低了你就不用养家糊口了？

④ 马歇尔. 1965. 经济学原理（上卷）. 朱志泰译. 北京：商务印书馆：117.

的是，马歇尔所假设的"特殊"与现实中具体的"特殊"还不是一回事。

由此，我们不得不感叹马歇尔在经济学研究上的"勇于开拓"和"煞费苦心"。当然了，他也不过是众多庸俗经济学的杰出代表之一而已。

但，是不是说均衡价格理论就是完全错误的呢？答案是，否定的。比如，市场价格是由买卖双方共同决定的，商品之所以有需求价格是因为其具有效用，这些蕴涵在马歇尔均衡价格理论中的观点都是无可厚非的。不过，话又说回来，对中国人来讲，这些就是常识，所谓"讨价还价""我喊的是价，你还的是钱""物，用之则贵"罢了。

（四）收入分配理论

在西方新古典经济学的收入分配理论中，主要有以下三个分配理论：克拉克边际生产力收入分配理论、欧拉定理、马歇尔的分配理论。

克拉克认为，劳动和资本（包括土地）各自的边际生产力（实为最后一个单位要素投入所增加产品的市场价值），决定它们各自所取得的收入。欧拉定理认为，在某个给定条件下，社会所生产的产品，正好按照资本和劳动等生产要素的各自贡献分配完全。

这两个理论的基本观点都是相同的，即在自由交换市场中，各生产要素所得报酬就是其对社会所作的贡献（边际生产力或者边际产品价值）。这是等价交换假设所蕴涵的有关生产要素买卖的必然结论。

马歇尔在其均衡价格理论的基础上，综合其他庸俗经济学的收入分配理论，提出了他的收入分配理论。对于工资、利息和利润的决定理论，马歇尔的观点与上述边际生产力收入分配理论大同小异，不同的是他的地租理论。

马歇尔认为，地租只与土地的需求价格有关，即地租的需求-价格曲线为一条垂直于需求量（横轴）的直线，如图 5-2 所示。其地租理论认为，地租主要是由需求一方决定的，这一点是合理的，这也是可以得到现实检验的。但其地租理论从本质上讲，还是想证明现实中通过市场交换形成的收入分配都是合理的。

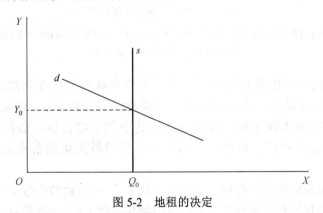

图 5-2　地租的决定

①X、Y 分别表示土地的数量和地租；②s、d 分别表示土地的供给曲线和需求曲线；③Y_0、Q_0 分别表示土地的均衡地租和均衡数量

但是要符合什么"理"呢，这又是一个问题。在一个文明的人类社会中，既有趋利避害、弱肉强食之理，也有仁爱、平等之理。

（五）不完全竞争理论

虽然马歇尔竭力为资本主义的自由市场交换歌功颂德，但是西方资本主义国家还是在19世纪后期走向了垄断资本主义，尤其是在第一次世界大战期间，垄断资本主义和国家垄断资本主义成分在经济中所占的比重迅速加大，并在一国经济中发挥着越来越重要的作用。如何为垄断资本主义粉饰太平或者辩护，就又成为资产阶级经济学家们新的历史任务。不完全竞争理论，就此应运而生了。

不完全竞争理论，主要有古诺的双寡头垄断价格理论、张伯伦的垄断价格理论、罗宾逊的不完全竞争价格理论。其基本的套路大体是一样的，即通过一系列的假设，利用马歇尔均衡价格理论的基本观点——供求曲线相交确定商品均衡价格和均衡数量，推出垄断或者不完全竞争条件下的商品均衡价格和均衡数量，至于假设是否成立、不完全竞争或者垄断条件下市场交换带来的收入分配是否平等，却不予探讨。我们在此着重评析一下张伯伦的垄断价格理论，见图5-3。

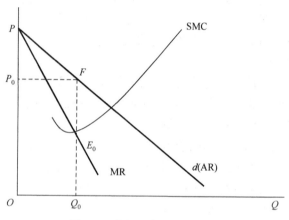

图 5-3　垄断厂商的短期均衡

①MR、SMC、d 分别表示消费者的边际收益线、厂商的短期边际成本线、消费者需求曲线（平均收益线）；②均衡条件是 MR=MC；③均衡结果是（Q_0，P_0）

目前，在国内流行的经济学教科书中，不完全竞争价格理论都有一个共同假设：市场（均衡）价格要满足厂商的利润最大化条件——MR=MC。这实际上还是一个等价交换假设。边际成本线等同于均衡价格理论中的供给曲线，边际收益线类似于均衡价格理论中的需求曲线。但是，厂商实现其利润最大化的条件是边际收益等于边际成本吗？[①]

按照微积分中求解极值的拉格朗日函数求解法，一个函数的极值是在其一阶导数为零时的函数值。如果我们将该函数假定为厂商的利润函数（利润=收益–成本），那么其一阶导数为零的条件就转变为了边际收益等于边际成本了。但问题是，使用拉格朗日函数来求解极值有一个前提条件，那就是该目标函数（即利润函数）必须是连续的。而厂商的利润

---

① 注：霍尔等通过事实调查，否定了厂商是按照 MC=MR 的原则行事的命题。

函数是连续函数吗？答案是显然的，不是。这只需要考察一下真实世界的利润函数是否连续就知道了。

如果再对现实世界中各种垄断行业商品价格的定价情况稍作考察，就会发现，消费者只有被动接受垄断价格的份，而没有与垄断资本家讨价还价的份，直到消费者无法承受为止。当然，就是消费者到了无法承受的情况下的垄断价格，其需求量也是可以在那所谓的需求曲线上找到的，消费者的消费行为也仍然是在既定约束条件的最优选择，但这个"最优选择"却掩藏了消费者的无奈、贫穷、苦难和社会的不和谐。①

更不要说，如果图 5-3 所示的边际收益线和（短期）边际成本线不成立，我们又到哪里去获得均衡价格呢。读者可以按照前文对马歇尔均衡价格理论的批判套路，来试着解答这个问题，也可以参考余斌在《微观经济学批判》一书中对此理论的精彩批判。②

（六）福利经济学理论

庇古看到了西方新古典经济学忽略了"社会福利"的弊端，因此抛弃了他的老师马歇尔的思想，进而将"社会福利"放进了经济学研究的范畴，开创了福利经济学。

从一定意义上讲，他的思想不属于西方新古典经济学的范畴。他在其传世名著《福利经济学》第三版序言（1928 年）中写道：

"经济学家努力进行的复杂分析并不仅仅是一种技巧。它们是改善人类生活的工具。围绕在我们周围的贫穷、痛苦和污秽，一些富有家庭的能招致损害的奢侈，笼罩在许多贫苦家庭头上的可怕的不确定性——这些都是非常的、不容忽视的罪恶。运用经济科学所探求的知识，我们有可能对这些罪恶加以控制。它是黑暗中出现的光明！我们的任务是寻找到这些知识……"③

他还说道："不是好奇，而是对陋巷的厌恶以及对衰弱生命哀愁的社会热情，才是经济科学的起点。"④

庇古提出了以下著名的福利经济学命题：①社会的经济福利不仅与国民收入大小有关，还与国民收入分配有关；②增加社会的经济福利，可以通过增加国民收入和增加穷人在国民收入分配中的绝对份额来实现。庇古的上述思想具有改良的性质，因此也得到了西方资本主义国家的重视。第二次世界大战后，为了缓和国内矛盾、应对社会主义国家的挑战、恢复经济增长，欧美不少资本主义国家开始重视社会经济福利问题，通过再分配以构建社会福利保障系统。

但是，庇古的福利经济学观点毕竟是以资本主义私有制为前提的，并未走到马克思主义政治经济学的道路上来。要想不改变生产资料所有制、不改变整个社会的权力架构，而"控制各种罪恶"，注定是一场幽梦。所以，他的理论不可能在资本主义经济制度下得到彻

---

① 刘明国. 2011. 新经济学原理（微观）——综合、反思与发展. 北京：中国社会科学出版社：63-64.
② 余斌. 2004. 微观经济学批判. 北京：中国经济出版社：106-112.
③ 庇古 A C. 2006. 福利经济学（上卷）. 朱泱，张胜纪，吴良健译. 北京：商务印书馆：2-3.
④ 庇古 A C. 2006. 福利经济学（上卷）. 朱泱，张胜纪，吴良健译. 北京：商务印书馆：9.

底的贯彻应用，自然在理论上也不可能被西方主流经济学所认可。尤其是随着欧洲福利国家爆发主权债务危机后，福利经济学在西方经济学界更是式微了。

庇古提出福利经济学后，很快就遭到了西方新古典经济学家们的围攻。帕累托提出的社会经济福利改进标准、巴罗的（社会偏好加总）不可能定理，就将庇古的社会经济福利改进理论给解体了。更不要说什么"效率优先原则""福利来源于比较"的相对福利经济学说了。

帕累托认为，如果改变资源的配置已经不可能在不损害任何一个人的福利的前提下，使任何另外一个人的处境变得比以前更好，这就意味着在既定生产技术和消费者偏好条件下，社会资源的配置达到了最优状态。这种状态后人称之为帕累托最优。

按照帕累托最优标准，任何削峰填谷、损有余而补不足的社会经济福利改善行为，都不是最优的了。

巴罗的不可能定理认为，由于个人偏好存在冲突，那么统一的社会偏好就不可能加总，进而一个统一的社会经济福利就不存在。改善社会经济福利一说，自然就成为莫名其妙的无主之魂了。

"效率优先原则"，继续打出西方新古典经济学的一贯的大旗——增长财富（注意，严格地说是扩张社会产品的生产）——认为社会资源的配置应该遵循效率优先的原则，谁最善于使用这些资源，就应该配置给谁使用。问题是谁使用资源的效率最高呢？寅吃卯粮的人，负债经营者，有学问的人，还是资本家？那些不善于使用资源的人，就不需要吃喝拉撒睡了？谁掌握生产资料，谁就能占据社会财富分配的主导权。这是常识。

更为荒谬的是相对福利经济学观点。他们认为：①福利取决于个人对福利的主观评价，最大社会福利并不一定需要实现收入均等分配；②个人对自己福利的评价不仅仅取决于收入的绝对水平，而且取决于与别人的相对收入水平；③福利与个人收入水平之间并无直接的关系；④最大社会福利是一个既无实际意义，又无现实可能性的幻觉；⑤随着个人收入增长，个人欲望也会随之增大。[①]

相对福利经济学主要代表之一米商甚至说道："一个人宁肯自己收入减少 5%，而别人减少 10%，也不愿意大家的收入都提高 25%。"[②]言下之意，庇古所说的"增加国民收入和增加穷人在国民收入分配中的绝对份额"是毫无意义的。

按照相对福利经济学的观点，改善社会经济福利根本就是一个虚幻的、不必要的问题。当这些西方新古典经济学家们在批判社会经济福利改进的必要性时，真应该让他们去享受享受失业与贫困，也让他在"阿Q"中获得福利。但估计他会跟你急的。

而且，西方新古典经济学中关注的需求，不是生理意义上的需求，而是有购买力的需求，即有效需求。也就是说，没有钱购买消费品的穷人的需求不是"经济学家们过问的事情"！"有效需求"这个概念，充分展示了新西方古典经济学家们的真实面目和利益立场，他们的经济学是只关心有购买力的富人的经济学。他们关心的供给也是有效供给，积存在

① 杨培雷. 2003. 当代西方经济学流派. 上海：上海财经大学出版社：357-359.
② 转引自：杨培雷. 2003. 当代西方经济学流派. 上海：上海财经大学出版社：359.

仓库里卖不掉的商品（劳动力）供给，不算有效供给，不予考虑！①

西方新古典经济学，让我们再一次领略了西方漠视弱势群体苦难、仁爱之心缺失的文化传统。可以说，这一价值取向，是西方新古典经济学的第三个理论内核。

西方新古典经济学的"假设-推理"经济学范式，就连西方的学者都看不下去了，以至于豪斯曼对此呐喊到："为何要揭开引擎罩？"②

第二节　凯恩斯主义

然而，不管西方新古典经济学家们将资本主义社会描绘得多么美妙，但是现实毕竟是残酷的，来不得一丁点的虚假。资本主义所面临的经济危机问题，并不会因为西方新古典经济学家们将其描绘得多么漂亮而得到解决。从 19 世纪后期开始孕育的资本主义世界范围内的经济危机，经过第一次世界大战后，终于在 1929 年爆发了，形成了持续五年的经济"大萧条"，并最终引发了远比第一次更为惨烈的第二次世界大战。

解释经济危机的形成机理和提出解决经济危机的建议，就成了资产阶级经济学家们所必须解答的问题。寅吃卯粮的、饮鸩止渴式的凯恩斯主义应运而生。③虽然凯恩斯主义实际上根本不能真正解决资本主义经济危机问题（后来的事实也证明了这一点），但是，病急乱投医，凯恩斯主义成了资本主义在 20 世纪的"救命稻草""灵丹妙药"。

凯恩斯主义的改良性质，决定了它仍然是属于庸俗经济学的范畴，它还是一套致富术，甚至于，后来的希克斯、汉森和萨缪尔森等将其与西方新古典经济学混合在一起，称为（西方）新古典综合派。

凯恩斯主义到目前为止经历了两个阶段：一个是原凯恩斯主义阶段；另一个是后凯恩斯主义阶段。后凯恩斯主义又有（西方）新古典综合派、左派凯恩斯主义（又称新剑桥学派）和新凯恩斯主义三个流派。本书只着重介绍其思想，并不全面介绍各个流派及其理论。

一、原凯恩斯主义

"大萧条"的出现，对马歇尔均衡价格理论而言，是致命的一击。自由市场并没有自动出清。马歇尔的又一个学生，约翰·梅纳德·凯恩斯，抛弃了他的思想和观点。凯恩斯于 1936 年出版了《就业、利息与货币通论》（简称《通论》）。该书的出版，被西方的一些经济学家称为经济理论上的"凯恩斯革命"。有经济学家认为，该书是宏观经济学诞生的

---

① 注：在我国目前流行的经济学话语中，还有"马歇尔传统"这样一个概念。据说是，马歇尔在其《经济学原理》中将坐标画错了——自变量和应变量分别画在了坐标的纵轴和横轴上去了（见图 5-1，该图是译文中的原图），为了表示对马歇尔的尊重，我们将错就错，就沿袭这一坐标画法传统。这被称为"马歇尔传统"。从上述对马歇尔均衡价格理论的评析可以看出：第一，马歇尔均衡价格理论中的需求曲线和供给曲线，分别是由边际效用递减规律和边际生产力递减规律得来的，从本意上讲，商品数量是自变量、需求价格和供给价格是应变量，商品数量作为 X 变量、价格作为 Y 变量分别画在横轴和纵轴上，这是没有错的；第二，在马歇尔的均衡价格理论，他将商品数量和价格之间的关系假定为对称的、可逆的，这就错了。所谓的"马歇尔传统"，不过为了掩盖马歇尔均衡价格理论在逻辑上的"惊人飞跃"与假设的胆大而已。

② 豪斯曼 D. 2007. 经济学的哲学. 丁建峰译. 上海：世纪出版集团, 上海人民出版社：136, 139.

③ 注：有人将"主张政府干预"等同于凯恩斯主义，在理论上是有问题的，是不严谨的。实际上，凯恩斯主义是资本主义制度下的政府干预——为了资产阶级能继续赚取利润，政府向国内外民众借债，以补贴扶持企业。政府干预，不仅有中国古代时期的重农抑商等政府干预，也有公有制下的社会主义政府干预。

"标识"。持有这两种观点的人，大抵对中国古典政治经济学基本没有什么了解，连《管子》一书都没有读过。

凯恩斯在《通论》中的基本思想是，资本主义社会不存在自动达到充分就业均衡的机制，政府应该干预经济，特别是采用经济政策来刺激社会消费、增加投资和促进出口，以实现充分就业。这一基本思想被理论界称为"凯恩斯主义"。

凯恩斯在《通论》中的基本观点和思想，我们称之为"原凯恩斯主义"，概括起来，主要有以下内容。

（一）市场不出清假定和非自愿失业理论

凯恩斯反对马歇尔的市场自动出清假定，提出了市场不能自动出清的假定；同时，他反对当时流行的自愿失业理论、摩擦失业理论和工资刚性失业理论，认为失业经常是由社会总有效需求不足引起的非自愿失业。

他认为，"如果一个社会之运行，确如经典学派所设想的那样，则该社会资源之就业量，自有达到最适度水准之趋势。经典学派理论也许代表我们冀望于经济体系者，不过如果假定现实经济体系确属如此运行，那是根本把问题都假定掉了"①。

他指出，"事实上，总有一部分人愿意接受现行工资而工作，但无工作可作。一般而言，只要此需求增加，现行工资率之工作人数可以增大"②；"而且，说不景气之下失业现象，是因为工人不肯降低货币工资而引起的，也并不显然与事实相符，如果说美国一九三二年之失业原因，是因为劳工们坚持不让货币工资降低，或坚持要求一个超过经济机构生产能力所能负担的真实工资率，也不易令人置信"③。

（二）有效需求不足，三大心理倾向理论，所得等于产出假定

那为什么市场上的总有效需求会不足呢？凯恩斯对西斯蒙第、马克思等对市场有效需求不足（或者相对过剩）的研究成果置之不理，而将市场有效需求不足归结于三个心理因素——边际消费倾向递减、流动性偏好、预期资本收益率递减。

边际消费倾向递减，是说消费者随着收入的增长，其消费没有收入增长那么快。简单地说，消费者钱多了，除去基本消费外，（因舍不得用于或舍不得完全用于奢侈消费、或者不足以进行奢侈消费）剩下的钱就储蓄起来了，钱增加得越多，用于消费的比例越小、储蓄的比例就越大。④

凯恩斯认为，随着收入的增多，社会产品也要增多，而由产出获得的收入没有全部用于消费，那么市场上自然就会有产品失去了（货币形式的）购买力（即有效需求），有效需求相对于社会产品自然就表现出不足了，这时只有增加投资才能补充这个缺口。⑤

---

① 凯恩斯 J M. 1983. 就业、利息与货币通论. 2 版. 徐毓枬译. 北京：商务印书馆：32.
② 凯恩斯 J M. 1983. 就业、利息与货币通论. 2 版. 徐毓枬译. 北京：商务印书馆：10.
③ 凯恩斯 J M. 1983. 就业、利息与货币通论. 2 版. 徐毓枬译. 北京：商务印书馆：12.
④ 凯恩斯 J M. 1983. 就业、利息与货币通论. 2 版. 徐毓枬译. 北京：商务印书馆：85.
⑤ 凯恩斯 J M. 1983. 就业、利息与货币通论. 2 版. 徐毓枬译. 北京：商务印书馆：86.

对于个人来说，确实存在统计学意义上的边际消费倾向递减规律，但是对于整个社会来讲，就不见得了，因为还有收入分配结构和消费结构的匹配问题。

在这里，凯恩斯做了一个在其理论体系中处于重要地位的假设——产出等于所得[①]，即你生产了多少产品，你就可以得到多少收入。[②]这个假设不像马歇尔等为资本主义粉饰那么直接，但其实质还是在重复马歇尔、萨伊等所说的那句老话——市场是可以自动出清的。

试想一下：经济危机是怎么引起的，不就是产品卖不出、其价值没有得到实现所引起的吗？凯恩斯倒好，直接假定：你有多少产品，就可以得到多少收入。资本主义社会的基本难题——价值实现的难题——不见了。只不过，他在这里消灭价值实现难题的方法，不是像马克思主义者们那样采用变革社会，而是用逻辑上的偷换概念。

在国内流行的《西方经济学》教科书中，过剩的产品（价值）被假定为非意愿投资，进而将其转换成了收入。这又是一个非常具有隐蔽性的概念偷换。

凯恩斯在这里犯了偷换概念的逻辑错误。相信不是经济学专业人员，大多已经被搞晕了、逻辑被搞混乱了。价值没有得到实现的"收入"，算哪门子收入？这恐怕是凯恩斯特有的"凯恩斯收入"吧？

流动性偏好，是说由于货币（钱）具有比任何其他财富更强的流动性，人们都比较偏爱它。"流动性偏好"换成通俗的说法，就是我们都喜欢钱。[③]

凯恩斯认为，由于这一心理倾向，大家都更乐于持有货币或者储蓄货币以备不时之需，或以备交易支付之需，或以备更好投资（机）之需，这样一来，与这部分收入（货币）对应的产品就失去了相应的购买力（有效需求），市场上的有效需求自然就不足了。[④]

这里还是蕴涵了"所得等于产出"的假定，不过是将"所得"换成了对应数额的货币而已，即社会上有多少（实现了的和预期的）价值的产品，社会就发行多少数额的货币。显然，这不是事实。

预期资本收益率递减，是指随着投资的增多（或者说经济的增长），资本的预期收益率会不断下降。这并不是什么新鲜的理论或观点，不过就是李嘉图、马克思等早已揭示的"利润率递减"理论罢了，只不过，换了一个说法，是"预期的"利润率存在递减趋势。因为预期的利润率递减，那么投资就会相应地因为缺乏理想的投资机会而减少，包括投资和消费在内的总的有效需求就减少了。

不得不说，这三个心理因素确实影响着有效需求不足，但是这三个心理因素在多大程度上影响着导致经济危机来临的有效需求不足呢？它们与资本主义的不平等的收入分配制度和社会化大生产相比，谁的影响更大呢？这是值得探讨的问题。更何况，这三个心理

---

① 凯恩斯 J M. 1983. 就业、利息与货币通论. 2 版. 徐毓枬译. 北京：商务印书馆：56.

② "所得等于产出"假定，通过演变，就成为投资（I）恒等于储蓄（S）假定，即现在西方主流宏观经济学中的核心假设——I=S。对于这个均衡假设的批判，详见：王朝明，刘明国. 2007. 对西方主流宏观经济学均衡假设的反思——从凯恩斯投资恒等于储蓄说起. 经济学家，(4)：35-38.

③ 注：流动性，这里是指货币与其他财富相比，在换取自己所需要的产品（服务）时最为便宜，在此指代货币。

④ 凯恩斯 J M. 1983. 就业、利息与货币通论. 2 版. 徐毓枬译. 北京：商务印书馆：167.

因素在资本主义来到人世间之前就已经存在,为什么相对过剩导致的经济危机只在资本主义社会出现呢?

(三)"埋坑-挖坑"的需求管理政策

凯恩斯的经济学理论貌似逻辑很严密。既然市场不能自动实现充分就业,既然有效需求是三个无法消除的心理因素导致的,那么要实现充分就业、解决有效需求不足的问题,就只能是政府来干预了。这是用一个错误的逻辑得出了一个正确的结论。那政府应该如何干预呢?

凯恩斯说:"设财政部以旧瓶装满钞票,然后以此旧瓶,选择适宜深度,埋于废弃不用的煤矿中,再用垃圾把煤矿塞满,然后把产钞区域之开采权租与私人,出租以后,即不再问闻,让私人企业把这些钞票再挖出来,——如果能够这么办,失业问题就没有了;而且影响所及,社会之真实所得与资本财富,大概要比现在大许多。"

他在《通论》中还说:"恰如从事战争,乃是政治家认为大量举债支出之唯一正当用途;故借口采金,在地上挖窟窿,乃是银行家认为不违健全财政原则之唯一活动。"[①]

这就是著名的"埋坑-挖坑"理论。

归结起来,凯恩斯认为,政府应该采用刺激性的经济政策从以下三个方面来增加就业:促进投资、消费和出口。这被俗称为"三驾马车"理论。而如何才能做到刺激性的财政政策呢?答案是,借债——或通过发行货币、或直接卖出政府债券,既包括对国民发行债券,也包括在世界范围内发行债券。

美国在两次世界战争中,依靠贩卖武器装备,经济实力大为加强。在第二次世界大战后,经济实力远远超过英国、德国、前苏联,再加之美国极力营造了一个可以在世界范围内借债的工具——"世界货币美元",而成为 20 世纪事实上的世界霸主。从事战争、增发美元,已经成为美国维护经济增长的重要手段。

(四)进行收入平等化再分配,消灭食利者集团

凯恩斯说道:"我们生存其中的经济社会,其显著缺点,乃在不能提供充分就业,以及财富与所得之分配有欠公平合理"[②];"故若现在采取步骤,重新分配所得(作者注:是指损有余而补不足),以提高边际消费倾向,则对于资本之生长大概是有利无弊"[③]。

他还说道:"故在实际施政时,不妨确立两种目标:第一,增加资本数量,使得资本不再有稀少性,毫无功能的投资者从此不能再坐收利益。第二,建立一个直接税体系,使得理财家、雇主以及诸如此类人物之智慧、决策、行政技能等,在合理报酬之下为社会服务。"[④]

如果说凯恩斯上述前三个方面的观点或理论存在诸多问题或没有多少新意的话,那么第四点无疑是非常有道理的。在现实中,我们经常看到的是"埋坑-挖坑"的需求管理政

---

① 凯恩斯 J M. 1983. 就业、利息与货币通论. 2 版. 徐毓枏译. 北京:商务印书馆:111.
② 凯恩斯 J M. 1983. 就业、利息与货币通论. 2 版. 徐毓枏译. 北京:商务印书馆:111.
③ 凯恩斯 J M. 1983. 就业、利息与货币通论. 2 版. 徐毓枏译. 北京:商务印书馆:321-322.
④ 凯恩斯 J M. 1983. 就业、利息与货币通论. 2 版. 徐毓枏译. 北京:商务印书馆:324-325.

策的广泛应用和高强度的应用，而收入平等化再分配和消灭食利者集团的政策应用却较少，力度也较小。第二次世界大战以来，世界范围内的财富两极分化和债务高垒，都是明证。

由于凯恩斯的经济学理论在逻辑上就存在问题，其理论应用到实践中，出乎预料的结果出现就是自然了。到 20 世纪七八十年代，资本主义国家就遭遇了滞胀这一新的困境；进入 21 世纪，西方国家也频发主权债务危机，美国这个世界霸主也是债台高筑，甚至出现了政府破产和"停摆"。以至于许多资产阶级经济学家也承认，"凯恩斯革命是一出悲剧"。[①]更有甚者，直指凯恩斯的本质"只不过是一个思维较周密的商人和泡沫营建者"。

寅吃卯粮，在中国文化中，从来就不是一个褒义词，更不是智慧的表现。

但是不是说，凯恩斯的思想就一无是处呢？我们将其思想与中国古代《管子》中有关政府在灾荒年份如何治国的理论做一比较，就可知晓了。

《管子》作者说道："若岁凶旱水泆，民失本，则修宫室台榭，以前无狗后无彘者为庸（雇工）。故修宫室台榭，非丽其乐也，以平国策也。今至于其亡策乘马（不懂货币发行政策）之君，春秋冬夏，不知时终始，作功起众，立宫室台榭。民失其本事，君不知其失诸春策，又失诸夏秋之策数也。"[②]

两千多年前《管子》作者就知道，政府通过宫室台榭等基础设施建设来增加就业，只适合在经济出现大的动荡（如大的水灾、旱灾出现）时，而且不能因此而影响了国民经济中的"本事"[③]。所以，有人说凯恩斯主义是只适合在经济萧条时的"萧条经济学"，还是有几分道理的。但这并不是说，凯恩斯的理论都是合理的。当我们把修建基础设施作为推动经济增长的主要手段，甚至依赖于这个手段时，其实我们已经在真理前多迈了一步。

二、后凯恩斯主义

后凯恩斯主义，是指在凯恩斯发表《通论》以后，所有主张采用政府干预来解决资本主义经济制度下的失业问题的理论和观点，其中，又有（西方）新古典综合派、左派凯恩斯主义和新凯恩斯主义三个流派。

（西方）新古典综合派采用西方新古典经济学的数理分析方法和边际分析方法，将凯恩斯的思想用数学公式和图来表示，提出了国民收入决定公式，并利用马歇尔提出的均衡分析方法，在其基础上构建起了现在西方主流宏观经济学中的核心理论——IS-LM 模型（图 5-4）。

他们用国民收入决定公式来说明国民收入核算和"三驾马车"理论，他们用 IS-LM 模型来说明政府所采用的不同财政政策和货币政策对经济增长的不同影响，并得出结论："有了凯恩斯主义，我们可以成功地将失业这个瘟神送走了"（萨缪尔森）。西方新古典综合派的这三个方面的内容构成了西方主流宏观经济学的主体。

---

① 罗宾逊 J. 1979. 经济理论的第二次危机. 现代国外经济学论文选. 第 1 辑. 北京：商务印书馆：13.
②《管子·乘马》（转引自：胡寄窗. 1981. 中国经济思想史简编. 北京：中国社会科学出版社：139）。
③ 注："本事"在《管子》中原意是指"农业"，到了现时代，我们可以按其思想作以扩展——与人们基本生活密切相关的实体产业。

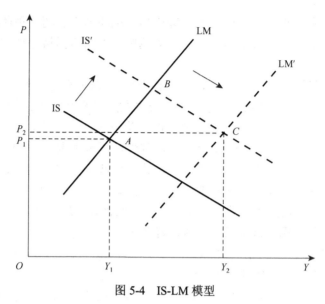

图 5-4 IS-LM 模型

①P、Y分别表示国民经济总体价格水平、国民收入水平（或总产出）；②IS、LM表示产品市场和货币市场均衡条件下国民收入与价格水平之间的关系；③IS′、LM′分别表示采取刺激性财政政策和货币政策时状态；④P₁、P₂、Y₁、Y₂分别表示采用刺激性政策前后的均衡价格水平和均衡国民收入；⑤刺激结果是国民收入增加（如政府操作巧妙，物价水平也不会涨得太高）

但是，不管西方新古典综合派所用的数学外衣是多么得华丽、貌似多么得科学严谨，也无法掩盖其理论的虚假性和逻辑的混乱不堪。

在其国民收入决定公式中，他们继承了凯恩斯的"所得等于产出"的假设，定义"国民收入=投资+消费+（出口−进口）"，要增加国民收入（或促进经济增长和增加就业），自然就是要"驱赶"投资、消费和净出口这"三驾马车"赶快"跑"了。他们还据此定义提出了国民收入核算方法，也就是"GDP核算方法"。

均衡国民收入，是西方新古典综合派的一个核心概念。那它究竟是什么东西呢？简而言之，就是整个经济社会都处于均衡（即没有失业、没有产品卖不出去、没有生产设备闲置、没有货币过多或者过少）条件时的所有最终产品的市场价额。

但是，在资本主义市场经济中，这个均衡的国民收入根本找不到，或者说是偶然的。那他们如何来实现这个所谓的均衡国民收入的核算呢？他们是通过假设来实现的，他们假设没有卖出去的产品（也就是存货）算作非意愿投资，至于失业人口、闲置的生产设备等，他们就置之不理了。

这样的国民经济核算理论，哪个国家的政府要是采用，必然给国家带来灾难。因为不管产品能否卖出去、不管生产的产品是否有价值、不管产品是否有人需要、不管产品生产在价值形态和实物形态上是否得到足够补偿，只要生产出来了，这个"均衡的国民收入"就增加了，但是这样的增长对于一个国家而言不仅是没有多少意义的，还是有害的——不仅浪费了资源，还往往带来严重的货币贬值（或物价水平的暴涨）。这就是近年来中国民众对"经济高速增长"、GDP成为世界第二"很淡定"的一个重要原因。

至于 IS-LM 模型，其实不需要做过多的批判了。因为均衡条件（即产品市场均衡和货币市场均衡）原本就是虚构的、不真实的，那么建立在这个均衡假设基础上的 IS、LM

曲线根本就不成立，更不要说，在真实的经济社会中，价格水平根本就不是影响一个国家收入水平的决定性因素，更不是唯一的影响因素了。

左派凯恩斯主义，虽然批判西方新古典综合派违背了凯恩斯的本意，而强调进行收入平等化再分配才是凯恩斯主义的要义，但其仍然没有摆脱西方新古典经济学的分析范式，没有跳出改良资本主义的框框，所以，仍属于庸俗经济学的范畴。

凯恩斯的《通论》，招致了很多西方经济学者的反对和挑战，其中有一种说法比较流行——凯恩斯的理论缺乏微观基础。为了弥补这个微观基础，新凯恩斯主义就应运而生了。他们着重提出了若干的价格不具有充分弹性的证据和理论（如价格刚性理论和价格黏性理论）及消费函数理论等。然而，他们对凯恩斯理论中的致命缺陷却视而不见。

不过，有一个动向是值得我们注意的，有一些具有良知的、对广大劳苦大众和第三世界国家充满同情的凯恩斯主义者，在一定程度上已经具有马克思主义者的色彩了，如著名经济学家约瑟夫·斯蒂格利茨等。

第三节　西方现代古典主义

自由放任的西方新古典经济学，未能提出解决资本主义经济危机的政策，西方经济学家们就走向了主张政府干预的凯恩斯主义。而当凯恩斯主义不能解决资本主义的滞胀危机时，西方经济学家们就又转向了自由放任的西方新古典经济学。他们就是这样来回踩跷跷板的。

从20世纪七八十年代西方资本主义世界遭遇了滞胀危机后，自由放任主义就在全世界流行开来了。在20世纪90年代，苏联的解体、美国在信息产业带动下重新走向繁荣、拉美国家在遭遇国际债务危机后进行自由化改革、中国进行改革开放、亚洲"四小虎"在工业化和经济全球化中"兴起"，是自由放任主义在20世纪最为辉煌的时候。

其核心思想就是主张私有化、（包括要素市场、产品市场、资本市场、利率市场和外汇市场在内的全面）市场化和国际化，主张政府不要干预经济，史称"华盛顿共识"。"华盛顿共识"还经常和发展经济学理论搅和在一起，即和后面我们要述及的以欧美为榜样的工业化、城市化和农业现代化理论搅和在一起。

这两者的杂合，我们称之为"西方现代古典主义经济学"（简称西方现代古典主义）。其现代的特征主要体现在两个方面：一是全球化；二是以欧美为榜样的工业化、城市化和农业现代化。

为什么会有西方现代古典主义呢？或者说西方古典主义为什么会具有"现代"的特征呢？"西方古典主义"为什么会和"现代"扯上关系呢？

随着西方资本主义国家从自由竞争走向垄断，民众的消费支出不断增加，名义工资水平也被迫相应攀升，这极大地削弱了垄断资本主义国家工业产品的国际竞争力和利润空间，再加之货币资本不断累积和积聚，以及多年的货币超发（美国是典型代表），导致货币资本严重过剩，他们迫切需要找到资本输入地。而要让第三世界国家接受垄断资本主义国家的资本，最好的办法是忽悠它们大搞工业化、接收垄断资本主义国家淘汰的产业。工业毕竟是资本需求量比较大的产业。

而大搞工业化是需要足够多的廉价劳动力的，如果城市劳动力不足，那么不仅资本输入地的工资会上涨，从而抬高生产成本，还会因为没有足够劳动力而限制工业扩张的规模。所以，资本输出国往往还会同时忽悠输入国大搞农村劳动力向城市转移的城市化。

那农村劳动力转移到城市了，农业生产受影响怎么办呢？紧接着的"药方"也开出来了——英美模式的农业现代化，即农业生产规模化、机械化和商品化。

要让垄断资本主义国家的资本进入，就必须要让资源和产品配置市场化及国有资产私有化，其本质是要让（货币）资本、产品和生产要素自由化流动，同时让其兼并资本输入国的优良资产，从而控制他们的经济乃至政治。而要实现这几点，政府对经济就不能干预，什么保护民族产业和国有企业、什么保护国家利益和国家主权，统统是不允许的。

若按照上述的西方现代古典主义进行改革，那么第三世界国家就只有唯一的结局——"拉美化"或被殖民化，同时伴随垄断资本主义国家的跨国（货币）资本大进大出、横行天下、来回"剪羊毛"、在第三世界国家中掀起经济和政治的动荡乃至血雨腥风（见本章附录）。

西方现代古典主义保留了西方新古典经济学中一些基本假设和分析思维，比如，①鲁滨逊荒岛上的孤立的经济人假设（亦称理性人假设）；②市场自动出清或均衡假设；③若干孤立个体行为的算术加总构成整个社会的经济行为假设。

第一个假设，将道德、法律、感性统统抛在了九霄云外，人的社会性这一基本属性就被假定掉了。第二个假设，依然还是将资本主义的固有弊端——相对过剩问题给假定掉了。第三个假设，将复杂的社会关系和经济结构关系给假定掉了，孤立的个体（微观）经济分析思维因此就被引入了宏观经济分析。

什么供给学派、货币主义、理性预期学派，以及什么技术进步、分工等经济长期增长理论，就是这类用微观思维来构建的所谓的"宏观经济理论"。甚至于，他们还在市场均衡假设基础上人为构造出了一个宏观意义上的总供给和总需求概念，并且模仿马歇尔的均衡价格理论，构建出了总供求模型（即 AD-AS 模型），以说明政府干预经济无效。

忽略了人的社会性、复杂的社会关系和宏观经济的结构性，这样的理论无论如何我们也很难说是真正的宏观经济理论。新近出现的所谓"新结构经济学"，虽然把"结构"这个概念引入了经济学分析，但是它依然是在忽悠第三世界国家继续走被国际垄断资本殖民的或者被帝国主义国家所寄生的道路，本质上仍然是为国际垄断资本服务的理论，所以，它还是属于庸俗经济学中的范畴。[①]

■ 本章附录

附录 5-1　第二次世界大战及其给人类带来的损害

在 19 世纪中后期，德国、法国和美国等年轻资本主义国家走工业化的道路兴起了，新老资本主义国家之间对产品市场和生产原料基地的争夺，或者说重新划分国际势力就成为必然。第一次世界大战虽然以德国战败而告终，但日耳曼民族强大的社会创造力依然存

---

① 读者可参阅林毅夫的《新结构经济学》（北京大学出版社，2012 年版）。

在，通过短短的 10 年时间的励精图治，德国在科学技术、经济、军事、社会凝聚力上重新成为世界强国。新老资本主义国家之间的冲突，在德国国力的恢复后又重新体现出来了。第二次世界大战就在这样的经济冲突下被引发了。

第二次世界大战（1939～1945 年）是迄今为止人类社会所进行的规模最大、破坏性最大的一次全球性战争。战争最高潮时全球有 61 个国家和地区参战，有 19 亿以上的人口被卷入战争。战火遍及欧洲、亚洲、美洲、非洲及大洋洲五大洲；交战双方同时也在大西洋、太平洋、印度洋及北冰洋四大洋展开战斗。

仅在欧洲，战争破坏造成的物资损失（据不完全统计）即达 2600 亿美元（按 1938年价值）；各交战国的直接军费支出占其国民总收入的 60%～70%；军队死亡 1690 余万人，居民死亡 3430 余万人，合计死亡 5120 余万人，仅苏联就达 2000 余万人。战争结束时，整个欧洲、中国、日本基本上是一片废墟。这是对人类物质文明的一次巨大摧残。[①]

资本主义就是这样通过强制手段来摧毁其生产力的。这样的"效率"，意义何在？

附录 5-2　美元霸权的形成

世界上，印制钞票可能是最赚钱的业务。可以说，谁要是掌握了货币发行权力，那他就是这个世界上最能赚钱的人。但是，你印制发行的钞票要能有价值，关键在于要有人接受。货币被接受的范围越广，它的价值就越大，它的发行空间就越大。如果接受的范围扩大到世界范围，那这个货币就成为世界货币了，此时，货币发行者就拥有了一个权力——发行货币从全世界攫取财富的权力。

美元，在 20 世纪第二次世界大战后，就是这样的一种世界货币。美国也因此而拥有了称霸世界的霸权之———美元霸权。那美元霸权是怎么形成的呢？其形成过程大体经历了三个阶段。

第一阶段，美国在两次世界大战中大发战争财。

两次世界大战的主战场，都在远离美国本土的欧亚非等地，这两次世界大战极大地削弱了老牌资本主义的英国和年轻资本主义的德国、法国、日本，以及刚刚诞生的社会主义国家——苏联。不仅如此，美国还在这两次世界大战中大发横财、经济实力得到空前的提升。美国向交战双方出售武器装备，从而将众多参战国的黄金储备搞到了手。并且，由于战争带来的国力消耗是巨大的，一旦开战就是难以停下来的，所以很多国家在掏空黄金储备后只能向美国借债来购买美国的武器装备等。

这样，两次世界大战带来三个直接的结果：一是美国成为世界上黄金储备最多的国家（1945 年约 2 万吨）；二是美国成为世界上众多国家的债权国；三是经济实力此消彼长，绝大多数的参战国战后都要从美国进口产品。这为美元成为世界货币奠定了最为坚实的基础。

1944 年 7 月，美国邀请参加筹建联合国的 44 个国家的政府代表在美国布雷顿森林举行会议，经过激烈的争论后，正式成立国际货币基金组织（International Monetary Fund，IMF）和世界银行（the World Bank，WB），签订了"布雷顿森林协议"。

---

① 注：也有人说人员伤亡 7000 余万人，财富损失 4 万多亿美元。

该协议约定：美国承担以官价兑换黄金的义务（每一美元的含金量为 0.888 671 克黄金），各国货币只有通过美元才能同黄金发生关系，国际清算的支付使用美元。

布雷顿森林体系实际上是一种国际金汇兑本位制，又称美元-黄金本位制，它使美元在第二次世界大战后国际货币体系中处于中心地位，美元成了黄金的"等价物"。从此，美元不仅成了国际清算的支付手段，还成了各国的主要储备货币，美元成为世界货币。

第二阶段，国际大宗商品的交易以美元为结算货币。

第二次世界大战后，日本、德国、法国、英国等国的经济逐渐恢复，美国在国际贸易中出现了逆差，在凯恩斯主义的指导下，美国大举进行借债消费和投资的政策，尤其是美国发起越南战争美元严重超发而贬值，更是让其黄金储备大量外流（到 1971 年减少到了约 8000 吨）。为了避免黄金继续外流，在 1971 年 8 月 15 日，尼克松任总统的美国政府放弃按照固定比率无条件用黄金兑换美元的承诺，实施浮动汇率制，美元和黄金的最后一丝联系被斩断。美元霸权形成。

没有了黄金作为美元的后盾，美元作为世界货币的地位就难以维持，通过发行美元来从世界获取财富的游戏就无法继续。美元要继续作为世界货币，需要新的后盾。

"石油美元""粮食美元""铁矿石美元"等，就是在这样的背景下形成的。石油、粮食和铁矿石是世界贸易中的大宗商品。美国通过垄断及操纵石油、粮食和铁矿石的供给与国际价格，并游说持有美元外汇储备的国家购买美国的国债，从而将已经换取了世界财富的美元回流。当然了，这些商品的美元价格越高，美元回流到美国就越多，或者说，美国就可以增发更多的美元从世界获取财富。美元霸权，成为第二世界大战后世界经济运行的最重要的特征之一。

"1949 年至 1970 年，世界石油价格一直稳定在 1.9 美元/桶。从 1970 年至 1973 年，石油价格逐步上升到 3 美元/桶。1973 年 10 月 16 日（第四次中东）战争爆发后不久，欧佩克将油价调高 70%涨到 5.11 美元/桶。1974 年 1 月 1 日，石油价格又上涨了一倍，到 11.65 美元。从 1973 年彼尔德伯格会议之前到 1974 年 1 月，石油价格果然上涨了近 400%。"[1]

但仅仅是石油价格上涨，只能使作为世界货币的美元的需求量增加，这些美元流到石油输出国后还必须让它们回到美国，用美元换取世界财富的骗局才算完成。

所以，"在基辛格的诱惑和威逼下，沙特是第一个与美国达成合作的欧佩克国家，它用'石油美元'购买美国债券，从而实现'石油美元回流'。然后，基辛格过关斩将，到1975 年，欧佩克的部长们同意只用美元进行石油结算（并购买美国债券）"。

1970～1974 年的这一轮石油价格的上涨，不仅让美元重新走强，同时还"造成了西方各国高达两位数的物价水平飞涨，人民大众的储蓄被大幅洗劫，更为不幸的是毫无防范意识的发展中国家"。"20 世纪 70 年代，许多正在实施工业化的发展中国家，已经陷入对世界银行低息贷款的严重依赖，石油价格猛涨使得这些国家的大量资金被高油价所吞噬。"[2]

---

① 宋鸿兵. 2007. 货币战争. 北京：中信出版社：182. 注：1973 年 5 月彼得伯格俱乐部年会上，84 位国际银行家、跨国公司巨头和被选中的政客，会商如何应付失去黄金支撑的美元颓势。最后他们提出了让国际石油价格上涨 400%的计划。

② 宋鸿兵. 2007. 货币战争. 北京：中信出版社：183.

但若将 1974 年石油价格和 2008 年金融危机爆发前的相比，就会发现，那不过是小巫见大巫了。2008 年纽约商品交易所 7 月份交货的轻质原油期货价格每桶曾经高达 139.12 美元，是 1974 年 1 月 1 日价格的 11.94 倍、上涨了 1094%！而就在 2003 年 3 月 20 日美英对伊拉克发起战争前的 2002 年，国际原油均价才约 24 美元/桶。在伊拉克战争爆发后短短的 6 年时间内，石油价格居然上涨到了 2008 年 96 美元的均价，涨幅约 300%（注意，2008 年的石油均价已经是金融危机爆发后下跌了的价格）。

美国操纵"粮食美元"和"铁矿石美元"来维持美元的世界货币地位，与"石油美元"类似。2003 年我国进口铁矿石平均到岸价为 230 元/吨①，2011 年 10 月 7 日中国进口铁矿石价格达到近年来的峰值 1328.31 元/吨（折合 178.05 美元/吨）②，在这 8 年间上涨了 478%。中国近年来高速扩张的房地产业，相当大一部分利润被高价铁矿石所吞噬。

但是，美国要想维持其在资本主义制度下的、长期的经济繁荣景象和高社会福利生活美景，所需要增发的货币实在是太多了，单靠国际大宗商品涨价来回流美元还是不足于维持美元的价值。这样，美元作为世界货币就进入了第三阶段，准确地说，是采用了新的强化美元世界货币地位的手段。

第三阶段，世界货币不断强化。

为了不断强化美元世界货币地位，美国等国际金融寡头除了上述的抬高国际贸易大宗商品价格以回流美元外，他们还发明了新的战争手段——货币战争——来回流美元、搞垮其他国家的经济乃至政权、打击其他具有竞争性的货币。这可从下述附录 5-3～附录 5-5 来窥见一斑。

附录 5-3　1997～1998 年东南亚金融危机③

（一）东南亚金融危机过程

这场危机（爆发）首先是从泰铢贬值开始的。1997 年 7 月 2 日，泰国被迫宣布泰铢与美元脱钩，实行浮动汇率制度，当日泰铢汇率狂跌 20%。和泰国具有相同经济问题的菲律宾、印度尼西亚和马来西亚（"亚洲四小虎"）等国，迅速受到泰铢贬值的巨大冲击。

（同年，下同）7 月 11 日，菲律宾宣布允许比索在更大范围内与美元兑换，当日比索贬值 11.5%。同一天，马来西亚则通过提高银行利率阻止林吉特进一步贬值。印度尼西亚被迫放弃本国货币与美元的比价，印度尼西亚盾 7 月 2～14 日贬值了 14%。

继泰国等东盟国家金融风波之后，中国台湾的台币贬值，股市下跌，掀起金融危机第二波，10 月 17 日，台币贬值 0.98 元，达到 1 美元兑换 29.5 元台币，创下近 10 年来的新低，相应地当天台湾股市下跌 165.55 点。10 月 20 日，台币贬至 30.45 元兑 1 美元，台湾股市再跌 301.67 点。

---

① 资料来源：2003 年铁矿石贸易及价格分析，http://www.cnfeol.com/news/analysis/20050525/1655451050.aspx[2003-7-24]。

② 资料来源：中国铁矿石价格指数，http://www.tiekuangshi.com/tongji/ciopi.htm？startdate=2011-03&enddate=2014-04 [2014-5-1]。

③ 本附录资料主要参考百度百科"东南亚金融危机"条目，http://baike.baidu.com/link?url=J6ByptDnMDjckl4QWC6tn_8nXPug_ow1LrppcA6Y8V3LF_bL8FVLSZI9qnJPwkDLRb98w4e07v_hc0HHZdYeYn7kBIw8ZcgdA4zYWYIpHAWZSHNV-HJzT8xL9mbiax2spelr1y8KzvXkY1h7X0ulr-b9Y0i3t2qeqRukWnN935sXNYWE8x9siisinBbmHpayL1-Jx4zGpCWxvCqTZE01vq[2016-5-1]。

　　10 月 28 日，日本、新加坡、韩国、马来西亚和泰国股市分别跌 4.4%、7.6%、6.6%、6.7% 和 6.3%。特别是中国香港股市受外部冲击，香港恒生指数 10 月 21 日和 27 日分别跌 765.33 点和 1200 点，10 月 28 日再跌 1400 点。

　　11 月下旬，韩国汇市、股市轮番下跌，形成金融危机第三波。

　　11 月，韩元汇价持续下挫，其中 11 月 20 日开市半小时就狂跌 10%，创下了 1139 韩元兑 1 美元的新低；至 11 月底，韩元兑美元的汇价下跌了 30%，韩国股市跌幅也超过 20%。

　　与此同时，日本金融危机也进一步加深。11 月日本先后有数家银行和证券公司破产或倒闭，日元兑美元也跌破 1 美元兑换 130 日元大关，较年初贬值 17.03%。

　　从 1998 年 1 月开始，东南亚金融危机的重心又转到印度尼西亚，形成金融危机第四波。

　　1998 年 1 月 8 日，印度尼西亚盾对美元的汇价暴跌 26%。

　　1998 年 1 月 12 日，在印度尼西亚从事巨额投资业务的香港百富勤投资公司宣告清盘。同日，香港恒生指数暴跌 773.58 点，新加坡、中国台湾、日本股市分别跌 102.88 点、362 点和 330.66 点。

　　直到 2 月初，东南亚金融危机恶化的势头才被初步遏制。

（二）东南亚金融危机给东南亚新兴工业化国家带来了严重的影响

　　一方面，大批企业、金融机构破产和倒闭。例如，泰国和印度尼西亚分别关闭了 56 家和 17 家金融机构，韩国排名居前的 20 家企业集团中已有 4 家破产，日本则有包括山一证券在内的多家全国性金融机构出现大量亏损和破产倒闭，信用等级普遍下降。泰国发生危机一年后，破产停业企业超过万家，失业人数达 270 万人。印度尼西亚盾与美元的汇率由东南亚金融风暴开始时的 2631∶1 跌到 10 000∶1 以下，印度尼西亚失业人数达 2000 万人。

　　另一方面，东南亚资本大量外逃。据估计，印度尼西亚、马来西亚、韩国、泰国和菲律宾私人资本净流入由 1996 年的 938 亿美元转为 1998 年的净流出 246 亿美元，仅私人资本一项的资金逆转就超过 1000 亿美元。

　　再一方面，东南亚国家的经济大动荡导致社会紊乱：1998 年 5 月印度尼西亚爆发了大规模的令世人震惊的排华暴乱，泰国的红衫军和黄衫军对垒，菲律宾政局频繁更替，韩国自杀率居高不下。

　　2000 年以后，韩国的自杀率直线上升，现在已经成为经济发展与合作组织中自杀率最高的国家。韩国统计厅的统计资料显示：自杀已经成为韩国人的第四大死亡原因，2007 年，韩国平均每天都有 33.4 人自杀。"心在汉"网友在博客中，是这样描述韩国民众在东南亚经济危机期间及其以后所遭遇的苦难的：

　　"当时（1998 年），韩国经济自身的问题加上外国投机资本的攻击造成了韩元的快速贬值，紧接着就是银行和企业倒闭与并购。韩国人拿出了自己家里的美元、拿出了朋友们祝贺孩子满月时送来的金戒指、拿出了同事祝贺自己退休时送来的金钥匙，但是人们的努力在这场灾难面前显得是那样的'杯水车薪'。破产、失业、拍卖、自杀的消息挤满了报纸和电视新闻。韩国不得不接受 IMF（世界货币基金组织）的'救助'，并且在其监督下进行了一系列的'结构调整'，韩国经济眨眼间完全向世界敞开了大门。2000

年，韩国总统宣布'韩国已经从 IMF 毕业'，走出了'金融危机'。韩国人长舒了一口气，他们欢欣鼓舞地迎接新世纪，盼望着自己的境遇也能够快快好转。然而，他们没有料到的是：经济领域里的危机虽然过去，社会以及生活领域所受到的创伤才刚刚开始转化成慢性疾病。"

"比起那场'金融风暴'所席卷的其他国家来讲，韩国确实很快就从 IMF（国际货币基金组织）毕业了。然而外国资本进入韩国后，他们把钱都投向了业绩良好的大企业以及与消费相关的领域。这样一来，中小企业越发困难，他们或者把工厂搬到劳动力低廉的国外，或者雇用来自中国、越南等国家的廉价劳动力。即便是雇用韩国人，企业主们也不再采取以前的长期雇佣制，而是改为签短期合同，并且不再提供丰厚的社会保障，这在韩国被称为'非正规雇佣'。'非正规雇佣'很快扩散到大企业，甚至在政府部门里也蔓延开来。对于习惯了'终身雇用'的韩国人来说，他们的未来忽然变得不确定了，心情也就随着恐慌起来。与此同时，政府为了刺激内需而滥发信用卡，结果没过多久就出现了一大批'信用不良者'，很多家庭走向了破产的边缘。反映在自杀率上，韩国在 1998 年金融危机时出现了一个自杀高峰，后来随着金融危机的缓和自杀率有所下降，但在新的经济格局基本确立以后，自杀率又重新迅速升高。"[1]

（三）胜利者的收获

在这次金融危机中，赢家是国际金融资本、是美国。通过这次金融危机，不仅索罗斯这个金融大鳄狠赚了一把，而且流向东南亚国家的美元又回流到了美国，更重要的是，美元的世界货币地位又一次得到了巩固，以美国为首的国际垄断资本加强了对东南亚国家的控制。

在 1945~2001 年，与此类似的，而且影响比较大的金融危机，还有以下几次：1994 年墨西哥金融危机，1999 年巴西货币危机，2001 年阿根廷金融危机。

附录5-4　2007 年开始的美国金融危机和世界性金融危机

进入 21 世纪，美国随着信息产业泡沫的破灭，对外贸易逆差不断增大、货币资本大量外流，尤其是中国出口的快速增长和房地产的快速扩张，大量美元流到了中国。然而美国却没有足够多的实物商品可供中国手中持有的美元购买，如何维持美元的价值、维持美元的世界货币地位，这个问题又出现了。

2007 年中国的外汇储备达到 15 282.49 亿美元，比 2006 年猛增了 4619.09 亿美元，增幅达到 43.3%[2]。据日本财务省 2008 年 1 月 10 日报道，2007 年 12 月底日本外汇储备再创新高，达到 9733.65 亿美元。

在 2001~2007 年小布什执政期间，小布什政府为了增加就业，按照凯恩斯主义，采取了刺激房地产业的经济政策：一是通过低利率（接近于零）政策鼓励民众贷款买房；二是对于缺乏足够信用担保贷款者也给予贷款，以鼓励其买房。

---

[1] 心在汉新浪博客. 韩国自杀率为什么这么高？. http://blog.sina.com.cn/s/blog_61cbc6720100i4e9.html[2010-4-6].
[2] 资料来源：《中国统计年鉴》（2010 年）。

房地产业在 2006 年的前五年是"一派繁荣"（实为巨额超发的美元吹起来的泡沫），包括股票、债券在内的美国资产价格暴涨，尤其是与房地产企业有关的股票价格更是高得吓人（2007 年 8 月，"房利美"与"房地美"的最高股价分别为 70.57 美元和 67.2 美元，折合人民币约 458 元/股、437 元/股），次级抵押贷款数额也不断大幅攀升。[①]

美国房地产的"欣欣向荣"，资产价格的不断攀升，为持有大量美元的其他国家提供了一个美元的"投资渠道"。但是，这样一种依靠不断地投钱吹起来的泡沫经济，游戏总有结束的时候。

当借款购房人无力按约偿付贷款时，当大家终于不再相信房价会继续上涨时（提高住房贷款利率更是会加速这一天的来临），当巨额债券发行者根本不打算还本付息时，次贷危机就爆发了。

随着美国房地产泡沫的破灭，大量投资美国房地产的资本被深套其中、血本无归，外国资本也不例外。不过这样一来，美元就又回流到美国（准确地说，是回到发行者手中）了，美元的价值及其世界货币的地位也就稳住了。

以下是美国次贷危机爆发的主要历程[②]。

2007 年 2 月 13 日，美国新世纪金融公司发出 2006 年第四季度盈利预警。

汇丰控股宣布业绩，并额外增加在美国次级房屋信贷的准备金额 70 亿美元，合计 105.73 亿美元，升幅达 33.6%；消息一出，令当日股市大跌，其中恒生指数下跌 777 点，跌幅 4%。

面对来自华尔街的 174 亿美元逼债，作为美国第二大次级抵押贷款公司——新世纪金融在 2007 年 4 月 2 日宣布申请破产保护、裁减 54% 的员工。

2007 年 8 月 2 日，德国工业银行宣布盈利预警，据后来估计出现了 82 亿欧元的亏损，原因是旗下的一个规模为 127 亿欧元为"莱茵兰基金"及银行本身参与了美国房地产次级抵押贷款市场业务而遭到巨大损失。

美国第十大抵押贷款机构——美国住房抵押贷款投资公司，2007 年 8 月 6 日正式向法院申请破产保护，成为继新世纪金融公司之后美国又一家申请破产的大型抵押贷款机构。

2007 年 8 月 8 日，美国第五大投行贝尔斯登宣布旗下两支基金倒闭。

2007 年 8 月 9 日，法国第一大银行巴黎银行宣布冻结旗下三支基金，同样是因为投资了美国次贷债券而蒙受巨大损失。此举导致欧洲股市重挫。

2007 年 8 月 13 日，日本第二大银行瑞穗银行的母公司瑞穗集团宣布与美国次贷相关损失为 6 亿日元。日、韩银行已因美国次级房贷风暴产生损失。据瑞银证券日本公司估计，

---

① 注：房利美和房地美是美国最大的两家住房抵押贷款融资机构。两家机构都属于"政府资助机构"，获得政府信用支持，通过发行股票、短期或长期债券以获得资金，资金来源包括养老基金、共同基金及外国政府资金。这两大机构持有或担保的住房抵押贷款超过 5 万亿美元，占美国 12 万亿美元住房抵押贷款余额的近一半（次贷危机前）。正是这两家机构的存在，使得商业银行可以不用担心住房抵押贷款的安全性，因为商业银行可以将这些住房抵押贷款的风险全部转嫁给它们，所以那些信用不够格的次级信贷才大量增加。据说，它们发行的证券是"没有风险的"。不过，到 2008 年 7 月 8 日房利美和房地美的股价跌到 13 年来的最低值 15.75 美元/股、11.9 美元/股；到 2010 年 6 月 16 日，它们的股票已经跌到几十美分了。

② 注：本部分内容主要参考百度百科条目"美国次贷危机"，http://baike.baidu.com/link?url=HxqmGpF5ChsXD0ZxtJ0C2NH_nR7OWv_gzpwWTyKAPol-96xC6acITvGNHP61W6D_b93sNXZ-ZeTir0xP5iPBz[2016-5-1]。

日本九大银行持有美国次级房贷担保证券已超过 1 万亿日元。此外，包括 Woori 在内的五家韩国银行总计投资 5.65 亿美元的担保债权凭证。

其后花旗集团也宣布，2007 年 7 月由次贷引起的损失达 7 亿美元。2007 年的花旗集团的股价由高位时的 23 美元跌到了 2008 年的 3 美元多一点。

2007 年的美国次贷危机，最终于 2008 年引发了美国金融系统的危机，并进一步于 2009 年引发了欧洲主权债务危机，世界性金融危机就此形成了。美国民众在这两次危机中也是深受其害，以至于从 2011 年开始爆发了占领华尔街运动。

附录 5-5　欧洲国家主权债务危机

要说欧洲国家主权债务危机，就必须首先说说欧元及其产生。

欧元是欧盟 19 个国家的货币。欧元区的 19 个成员国是爱尔兰、奥地利、比利时、德国、法国、芬兰、荷兰、卢森堡、葡萄牙、西班牙、希腊、意大利、斯洛文尼亚、塞浦路斯、马耳他、斯洛伐克、爱沙尼亚、拉脱维亚、立陶宛。

1999 年 1 月 1 日，在实行欧元的欧盟国家中实行统一货币政策。2002 年 7 月，欧元成为欧元区唯一合法货币。欧元由欧洲中央银行和各欧元区国家的中央银行组成的欧洲中央银行系统负责管理。

欧元的产生，起源于欧洲国家 1957 年的《罗马条约》。为了避免重蹈两次世界大战的覆辙，加强欧洲地区国家之间经济的相互联系、增强其抗风险能力，减少对美元的依赖，以法国、德国为首的欧洲国家发起了统一货币的改革。

在这样的背景下，欧元与美元之间的汇率定价就是一个关键性的问题。若欧元的币值过低，没有人愿意储备和投资欧元，美元的世界货币地位还是不能被削弱。若欧元的币值过高，这又会影响欧元区国家的产品进出口乃至经济可持续发展能力。

1999 年 1 月 1 日，欧洲单一货币——欧元正式启动，并于 1 月 4 日正式交易。正式交易当天纽约和伦敦外汇市场尾市时，欧元对美元比价分别为 1∶1.1806 和 1∶1.1830，此后欧元汇率一路下滑。2000 年 10 月 25 日，欧元对美元比价跌至历史最低点，法兰克福汇市欧元对美元比价首次跌破 1∶0.83 关口。

欧盟担心欧元价值不能得到维持，遂联合美国和日本干预欧元的汇率（这莫过于与虎谋皮）。2002 年 1 月 1 日，欧元纸币和硬币正式进入欧元区 12 国流通市场，欧元对美元比价震荡上扬，7 月 15 日，欧元对美元汇率突破 1∶1 大关，在纽约汇市达到 1∶1.0005。此后，欧元汇率大幅回升。这正中美国金融寡头们的下怀。

2007 年是欧元对美元比价大幅上升的一年，2007 年 12 月 28 日欧元对美元比价达到 1∶1.4714，与 2000 年 10 月 1∶0.82 的最低值相比上升约 80%。2008 年 2 月 27 日，德国法兰克福汇市欧元对美元比价尾市时报 1∶1.5110。

欧元币值的高估，严重地制约了欧元区国家的出口，而它们有限且较为狭小的内部市场根本无法保证经济的不断增长（这是资本主义正常运转所必需的），因此，为了维持经济增长，希腊等部分欧元区国家开始了大举借债度日。但是，欧盟有规定，欧元区国家政府年度预算赤字不能超过 GDP 的 3%、未清偿债务总额不能超过 GDP 的 60%。为了规避该规定，希腊通过与美国金融寡头高盛等投资银行签订一系列金融衍生品协议，以降低财政赤字，同时隐瞒财政赤字。危机由此埋下了伏笔。

2009 年 10 月初，希腊政府突然宣布，2009 年政府财政赤字和公共债务占 GDP 的比重预计将分别达到 12.7% 和 113%，远超欧盟《稳定与增长公约》规定的 3% 和 60% 的上限。鉴于希腊政府财政状况显著恶化，全球三大信用评级机构惠誉、标准普尔和穆迪相继调低希腊主权信用评级，希腊债务危机正式拉开序幕。[①]

随着主权信用评级被降低，希腊政府的借贷成本大幅提高。希腊政府不得不采取紧缩措施，希腊国内举行了一轮又一轮的罢工活动，经济发展雪上加霜。至 2012 年 2 月，希腊仍在依靠德法等国的救援贷款度日。除希腊外，葡萄牙、爱尔兰和西班牙等国的财政状况也引起投资者的关注，欧洲多国的主权信用评级遭下调。

不仅希腊、葡萄牙、爱尔兰等小国财政赤字和政府债务占 GDP 的比重，超过欧盟规定的上限，西班牙、意大利、德国、法国等经济大国也都在超标之列。据欧盟统计局统计，2009 年欧元区整体财政赤字占 GDP 的比重达 6.3%，政府债务占 GDP 的比重达 78.7%，均超过 3% 和 60% 的欧盟上限。

欧洲主权债务危机爆发以来，欧盟采取了投放欧元救助、紧缩政府财政预算等在内的一系列措施加以应对，力阻债务危机蔓延，但效果不理想，危机仍在发展，欧洲资金大量外逃，货币市场流动性短缺，利息率上升，欧元贬值。

欧盟国家已经透支未来太多了。欧盟面临解体、欧元垮掉的危险。美元的世界货币地位又一次得到了强化。

■ 思考与讨论

1. 在 2007 年美国次贷危机中，谁是赢家、谁是输家？

2. 为什么东南亚会爆发金融危机？或者说，为什么索罗斯能够在东南亚发起货币战争并赚钱？

3. 为什么持有美元储备的国家要去购买美国的债券、股票，而不买美国的实物财富？

4. 美国高盛集团明知希腊等欧元区国家没有能力偿还债务，为什么还要借债给它们，并直到它们爆发主权债务危机呢？

---

① 注：请看一下美国的债务：2014 年 1 月，美国联邦政府债务总额在 17.2 万亿美元左右，占 2013 年 GDP（约 16.6 万亿美元）的 103.6%；2013 年 9 月 30 日，美国国家债务总额为 78 万亿美元，占同期 GDP 比重约 460%，其中：2013 年 9 月末银行贷款余额合计 58 万亿美元（含家庭贷款 13 万亿美元、企业商业贷款 13.4 万亿美元、金融机构贷款 13.9 万亿美元、联邦和州与地方政府贷款 15 万亿美元和外国融资 2.8 万亿美元）；2013 年 10 月，联邦政府国债余额达到 17 万亿美元，州和地方政府债务余额大约 3 万亿美元。美国人多年来就是在凯恩斯主义的指导下借债度日的。

第六章

国家主义政治经济学

> 起源于中国春秋战国时期的国家主义政治经济学，居然在19世纪的德国率先复活了。
>
> ——刘明国

国家主义政治经济学（简称国家经济学），顾名思义就是以增进国家利益为出发点的经济学理论体系。从这个意义上，中国古典政治经济学是标准的国家经济学。国家经济学这一概念是与非国家经济学相对应的。所谓非国家经济学，顾名思义就是不以增进国家利益为出发点，而是以增进某个阶级、某个利益集团的利益为出发点的经济学理论体系，如西方古典政治经济学和庸俗经济学，它们就是以增进（在资本主义自由竞争时代）资产阶级、（在帝国主义时代）跨国垄断资本家及（在美国称霸世界时代）国际金融等寡头的利益为出发点的经济学理论体系。

除了上述中国古典政治经济学是国家经济学外，在经济学发展史上，还有以德国李斯特为代表的国家经济学和以张培刚为代表的发展经济学，属于国家经济学的范畴。但他们的理论体系与中国古典政治经济学有所不同，他们思考的问题是——在国际贸易竞争中处于劣势的国家，应该如何才能实现国家的崛起，其中，如何快速实现工业化、提升国际经济竞争力是其核心问题。

也有人认为，李斯特的国家经济学仍然是以德国资产阶级利益为中心的学说，不过是把资产阶级的利益假托为国家利益。[1]

随着西方国家从15世纪开始在资本主义道路上兴起，一个个强国相继崛起，那么较为软弱的国家应该如何才能迎头赶上，也实现崛起呢？德国的经济学家们在西方世界率先开始了对这个问题的研究。当然了，弱势国家如何实现崛起，这又是一个永恒的话题。

■ 第一节 德国的国家经济学

德国的资本主义发展要晚于英、法等国。在17、18世纪，英、法两国已相继进行了资产阶级革命，德国还是一个封建农奴制占统治地位的农业国家。1833年，德意志各邦国组成了关税同盟，宣布取消各邦国之间的关税，并规定对外实行统一的关税。德国才开始了其快速工业化的历程。此时德国新兴资产阶级所面对的世界环境，同当年英、法新兴

---

① 参见胡企林1980年为李斯特的《政治经济学的国民体系》（商务印书馆2011年版中译本）写的序言，第6页。

资产阶级所面对的世界环境已经大不一样了，他们发展的空间受到了英、法等老牌资本主义国家的压制。

以李斯特为杰出代表的德国经济学家们发现，立足于英、法国家的西方古典政治经济学根本不适用于德国，德国需要一个新的、有利于其快速发展的经济理论来指导。德国的国家经济学就在这样的历史背景下产生了。

德国的国家经济学，多被人称为德国历史学派，还分为新、旧历史学派。但是，作者认为，"国家经济学"这个概念比"历史学派"这个概念更合适，原因有二：一是既然创立者认为他所创立的经济学说是"国家经济学"，我们还是应该尊重创立者的思想[①]；二是"国家经济学"的说法概括了这一学说的本质特征——站在国家利益立场上展开的经济学理论体系，"历史学派"的说法至多是概括了这一学说的研究方法倾向[②]。

一、李斯特的生平简介及其代表作

弗里德里希·李斯特（1789～1846年），德国国家经济学的创始人和代表（也有人说是德国历史学派的先驱），出生于施瓦本王国首都路特林根城；当过政府机构书记员、会计、检察官、大学教授、议员，做过商人；因反对政府的腐朽统治、极力倡导政治和经济改革，被判处过10个月的监禁，曾流亡过美国；由于反动势力迫害、政治理想破灭及生活的窘迫，精神完全崩溃，1846年11月30日自杀身亡。

其代表作是，1841年出版的《政治经济学的国民体系》。该书是"铁血宰相"俾斯麦的案头之物。该书对德国的影响非常大，从俾斯麦到希特勒，再到今天的德国执政者，都可以在他们身上看到其所载思想的影子。

二、德国国家经济学的主要理论和观点

（一）德国国家经济学的方法论

他们认为，国家经济学的研究主体是国家，应该立足于国家集体的利益，应该强调其民族性、历史性和伦理性。

李斯特说道："作为我的学说体系中一个主要特征的是国家。国家的性质处于个人与整体人类之间的中介体，我的理论体系的整个结构就是以这一点为基础的"；"这个体系，不管它可能还显得怎样地不够完整，却并不是建立在空洞的世界主义之上的，而是以事物本质、历史教训和国家的需要为依据的"。[③]

李斯特立足于诸如德国这样的弱国立场，批评当时流行的以魁奈、斯密、萨伊和西斯蒙第等为代表的主张普遍自由贸易的经济学理论是世界主义的经济学，批评他们忽略了国家的存在：

① 注：李斯特在《政治经济学的国民体系》的第十一章、第二十八章的标题中直接用"国家经济学"这个词汇，而且在第十四、十五、十六章的标题中用了"国家经济"这个词汇。

② 注：在中国经济学理论界，容易引起思想混乱的，还有"国民经济学"这个概念，到现在为止也未能清楚界定其内涵和外延，与宏观经济学、国家经济学这两个概念搅和在一起。

③ 李斯特 F.2011. 政治经济学的国民体系. 陈万煦译. 北京：商务印书馆：8. 注：世界主义，李斯特在这里是指，主张自由贸易、按要素禀赋进行（国内、国际）分工的西方古典政治经济学。

　　"流行学派的理论体系，存在三个主要缺点：第一是无边无际的世界主义，它不承认国家原则，也不考虑满足国家利益。……""个人主要依靠国家并在国家范围内获得文化、生产力、安全和繁荣，同样地，人类的文明只有依靠各个国家的文明和发展才能设想，才有可能。"[①]"现在人类还是在不同的国家下互相分开的，各自在它共同力量和利益下结合在一起，各不相谋，而且与那些在天赋自由权的行使上彼此对立的其他同样的社会不同。"[②]

　　李斯特还说："这本书里仍然可以找到许多东西是新的，是千真万确的，而且特别是对于我的祖国，德国，多少是有些利益的。"[③]

　　李斯特是这样定义国家经济学的："国家经济学似乎是这样一种科学，它正确地了解各国的当前利益和特有环境，它所教导的是怎样使各个国家上升到上述那样（即英法等工业化国家）的工业发展阶段，怎样使它同其他同样发展的国家结成联盟，从而使实行自由贸易成为可能，并从中获得利益。"[④]

　　罗雪尔认为，政治经济学的目的不是寻求一般的规律，而在于"忠实地描绘现实生活，寻找人类的发展及其关系的记述"[⑤]；"国民经济学并非单纯的货殖学说或单纯的致富术"[⑥]，"而是研究一国的经济制度以及这种制度对满足该国人民经济欲望的关系的科学"[⑦]。

（二）生产力理论和贸易保护理论

　　李斯特认为，生产力是财富的原因，而交换价值只是财富的本身，生产力比财富本身更重要。

　　他说道："财富的原因与财富本身完全不同"[⑧]；"财富的生产力比之财富本身，不晓得要重要到多少倍；它不但可以使已有的和已经增加的财富得到保障，而且可以使已经消失的财富获得补偿"[⑨]。

　　他认为，除了单纯的体力劳动之外，一系列社会的、政治的和精神的因素，如脑力劳动、管理、思想、教育、制度、科学技术等都应包括在生产力之内，这是人类知识积累所创造的生产力，是精神资本。

　　他说道："基督教，一夫一妻制，奴隶制与封建领地的取消，王位的继承，印刷、报纸、邮政、货币、计量、历法、钟表、警察等等事物、制度的发明，自由保有不动产原则的实行，交通工具的采用——这些都是生产力增长的丰富泉源"[⑩]。

① 李斯特 F. 2011. 政治经济学的国民体系. 陈万煦译. 北京：商务印书馆：171.
② 李斯特 F. 2011. 政治经济学的国民体系. 陈万煦译. 北京：商务印书馆：121.
③ 李斯特 F. 2011. 政治经济学的国民体系. 陈万煦译. 北京：商务印书馆：9.
④ 李斯特 F. 2011. 政治经济学的国民体系. 陈万煦译. 北京：商务印书馆：127.
⑤ 罗雪尔 W. 1981. 历史方法的国民经济学讲义大纲. 朱绍文译. 北京：商务印书馆：11.
⑥ 罗雪尔 W. 1981. 历史方法的国民经济学讲义大纲. 朱绍文译. 北京：商务印书馆：7.
⑦ 葛扬，李晓蓉. 2003. 西方经济学说史. 南京：南京大学出版社：214.
⑧ 李斯特 F. 2011. 政治经济学的国民体系. 陈万煦译. 北京：商务印书馆：132.
⑨ 李斯特 F. 2011. 政治经济学的国民体系. 陈万煦译. 北京：商务印书馆：133.
⑩ 李斯特 F. 2011. 政治经济学的国民体系. 陈万煦译. 北京：商务印书馆：138.

他还说道："各国现在的状况是在我们以前许多世代一切发展、发明、改进和努力等等累积的结果。这些就是现代人类的精神资本。"[①]

他认为，落后国家要发展生产力，就必须政府干预——实行对国内产业的贸易保护（这种政府干预，与凯恩斯主义所强调的政府干预，是不同的）。

他说道："一切现代国家的伟大政治家，几乎没有一个例外，都认识到工业对于国家财富、文化和力量的重大意义，有加以保护的必要。"[②]

他还说道："世界上有一个国家（英国）在工业、财富和力量上都是出类拔萃的，他所施行的排外性关税制度也是独步一时的；曾经有许多国家不顾这一事实，各自地采行自由贸易制度，……这样做的结果，牺牲的是这些国家的繁荣，对全人类并没有好处，只是更加养肥了那个占优势的工商业国家。"[③]

（三）经济发展阶段理论

李斯特认为，经济社会的发展是有阶段性的，每个国家应该按照它们自己的发展程度来改进它们的制度。

他说道："从经济方面来看，国家都必须经过如下各发展阶段：原始未开化时期，畜牧时期，农业时期，农工业时期，农工商业时期。"

他还说道："当一个国家由未开化阶段转入畜牧、转入农业、进而转入工业和海运事业的初期发展阶段时，实现这种转变的最迅速有利的方法是对先进城市和国家进行自由贸易，但是要使工业、海运业、国外贸易获得真正大规模发展，就只有依靠国家力量的干预，才能实现。"[④]

由上我们可以看出，德国国家经济学的理论是相互有机连接在一起的——历史主义方法论引出经济发展阶段论和生产力理论，经济发展阶段论和生产力理论引出贸易保护理论。

德国的上述国家经济学理论，至今仍然具有非常强的现实借鉴意义，尤其是第三世界的国家。每一个国家都应该重视其生产力的保护，尤其要重视科学技术、社会心理、道德、社会制度等"精神资本"的培养，无疑是非常正确的。每一个国家都要结合自己的国情（国内国际环境、经济发展阶段等历史条件）来选择以利于生产力的保护和发展的制度，无疑也是非常正确的。这正是实事求是、因地制宜的观点。

遗憾的是，国内某些经济学子，只知自由放任主义和凯恩斯主义的经济学，却不知国家主义的经济学。一句"尊重自然秩序"，就把经济发展的目的和人类改造自然、进行经济社会管理的主观能动性，从我们的头脑中排斥出去了。一个虚构的"等价交换假设"，就让我们对市场交换高呼万岁了。一句"个人利益最大化了，整个社会的利益就最大化了"的虚构，就把我们那看世界的敏锐的眼光给挡住了，就把"国家""弱势群体""贫困""可持续发展"这些概念与事实给丢弃了。

---

① 李斯特 F. 2011. 政治经济学的国民体系. 陈万煦译. 北京：商务印书馆：139.
② 李斯特 F. 2011. 政治经济学的国民体系. 陈万煦译. 北京：商务印书馆：147.
③ 李斯特 F. 2011. 政治经济学的国民体系. 陈万煦译. 北京：商务印书馆：116-117.
④ 李斯特 F. 2011. 政治经济学的国民体系. 陈万煦译. 北京：商务印书馆：174.

我们忘却了人类社会是存在利益冲突的。然而，这却是人类社会最基本的特征之一。

第二节 发展经济学

第二次世界大战以后，一些原来的殖民地、半殖民地国家和附属国取得了民族独立，如何取得经济上的迅速发展、摆脱贫穷落后的状况，就成了它们必须面对的重大问题。发展经济学应运而生。

但是，发展经济学中包含两大流派，一个是立足于弱势国家利益立场的经济发展理论，另一个是立足于垄断资本主义国家或跨国垄断寡头利益立场的经济发展理论。后者又可以称为殖民地经济学。

本节只介绍立足于第三世界国家利益立场的、张培刚为代表的发展经济学理论，前面已经介绍过的立足于垄断资本主义国家利益立场、试图固化第三世界国家经济被寄生特征的工业化、城市化和农业现代化理论，以及试图瓦解前一种发展经济学理论的理论，不再重复。

一、张培刚的生平简介及其代表作

张培刚（1913 年 7 月～2011 年 11 月），湖北黄安（今红安）人，著名经济学家，发展经济学之父，杰出的宏观经济学家。

张培刚 1934 年毕业于国立武汉大学经济系，1945 年获美国哈佛大学经济学博士学位，回国后历任国立武汉大学经济系教授兼系主任，联合国亚洲及远东经济委员会顾问及研究员，华中工学院建院筹备委员会委员兼基建办公室主任，华中科技大学社会科学部主任、教授等职。

其代表作是 1945 年在哈佛大学的博士毕业论文——《农业与工业化》（*Agriculture and Industrialization*），1949 年出版于美国哈佛大学出版社，1969 年再版；1984 年由华中工学院出版社出版中文版。

二、张培刚的发展经济学理论

（一）宏观分析方法论

张培刚认为，探讨农业国如何实现工业化的问题，必须要结合国内国际条件，从农业与工业的相互关系、农业对工业乃至对整个国民经济的贡献及所处基础地位上去理解和分析，不能单纯地、片面地考虑如何扩张工业。

可以说，张培刚是继魁奈、西斯蒙第、马克思和凯恩斯之后具有宏观思维的杰出经济学家。他认识到了不同产业之间存在相互关系，他意识到了不同产业之间的协调发展对一国经济之健康可持续发展的重要性。

这种强调系统全面协调发展的思想，正是中国古典政治经济学所强调的（如周公之"农工商和德理论"、范蠡之"本末价格管理理论"），但这恰恰是西方当代主流经济学所忽视的。

（二）工业化的定义

张培刚认为，工业化是"一系列基要的生产函数连续发生变化（生产力提高）的过程"（1949 年）、是"国民经济中一系列基要生产函数，或生产要素组合方式，连续发生由低级到高级的突破性变化的过程"（1991 年）。

他认为，"工业化一语含义甚广，我们要做到工业化，不但要建设工业化的城市，同时也要建设工业化的农村"。

他还强调，"正由于此，我认为我关于'工业化'的这个定义，能够防止和克服那些惯常把'工业化'理解为单纯地发展制造业，而不顾及甚至牺牲农业的观点和做法的片面性"。①

（三）工业化立国理论

张培刚认为，"农业国或者经济落后的国家，要想做到经济起飞或经济发展，就必须全面（包括城市和农村）实行'工业化'"。②

这个道理也是很容易理解的。因为在近现代，在国际贸易中能获得利润的是工业产品，而不是农业产品，所以，一国要强盛就必须工业化。同时，因为工农业之间存在相互依存关系（如下）、城乡之间也存在相互依存关系，所以城市和农村要全面工业化。

（四）农业与工业的相互依存关系理论

张培刚认为，一方面，农业要为工业提供粮食、原料、劳动力、产品市场和资金；③另一方面，"工业的发展与农业的改革或改进是相互影响的，但两者相互影响的程度绝不相同"④；"当工业化进入到相当成熟的阶段，如果让市场规律继续起作用，就必然会引起农业生产结构的变动"⑤；"随着工业化过程的进展，由于农产品市场的扩张和农业生产技术的改进，农业生产的总产量和亩产量必然增加，农业生产规模亦必然会有所扩大"⑥。

（五）工业化"先行官"理论

张培刚认为，交通运输、动力工业、机械工业、钢铁工业这样一类基础设施和基础工业，在工业化过程中具有"先行官"的功能。⑦

这个理论，后来发展成产业经济学中的产业联动理论，即有些产业对其他产业具有前向或后向的联动效应。该理论，与马克思主义政治经济学中的生产资料部门优先发展理论类似。

① 张培刚. 2002. 农业与工业化（上卷）：农业国工业化问题初探. 曾启贤，万典武译. 武汉：华中科技大学出版社：4.
② 张培刚. 2002. 农业与工业化（上卷）：农业国工业化问题初探. 曾启贤，万典武译. 武汉：华中科技大学出版社：1.
③ 张培刚. 2002. 农业与工业化（上卷）：农业国工业化问题初探. 曾启贤，万典武译. 武汉：华中科技大学出版社：2.
④ 张培刚. 2002. 农业与工业化（上卷）：农业国工业化问题初探. 曾启贤，万典武译. 武汉：华中科技大学出版社：8-9.
⑤ 张培刚. 2002. 农业与工业化（上卷）：农业国工业化问题初探. 曾启贤，万典武译. 武汉：华中科技大学出版社：9.
⑥ 张培刚. 2002. 农业与工业化（上卷）：农业国工业化问题初探. 曾启贤，万典武译. 武汉：华中科技大学出版社：10.
⑦ 张培刚. 2002. 农业与工业化（上卷）：农业国工业化问题初探. 曾启贤，万典武译. 武汉：华中科技大学出版社：6.

（六）国际贸易不平等理论

张培刚认为，"农业国与工业国贸易条件的相对利益，首先须看所交换的是何种产品。总的说来，农业国是处于相对不利的地位，因为国外对它们的产品的需要，一般是（对收入而言）较少弹性的"。

他还认为，"凡是需求弹性较大的产品，在扩张经济中（亦即在工业化过程中）必将有较大的利益。据此，工业制造品较之农产品，一般均有较大的利益。……国内生产弹性愈大，则输出国外的收益愈大"。[①]

如果我们将张培刚的这一理论进一步扩展，我们可以说，第三世界国家或者说弱国要崛起强盛，必须发展在国际贸易中能够盈利的产业（或工业，或第三产业，或其他可能的产业）。

对于任何一个农业生产为主的、欲实现工业化的国家，在制定国家发展方略时，以下三者是不能回避的客观规律和现实约束条件：①工业和农业之间的相互关系；②农业在国民经济中的基础地位；③国际国内环境条件。遗憾的是，很多试图实现工业化的国家，经常忽略了这些客观约束。

■ 本章附录

附录6-1　拉美陷阱

"拉美陷阱"，也被称为"中等收入陷阱"。20世纪70年代，拉美一些国家，如阿根廷、智利、乌拉圭等国，在人均GDP达到1000美元之前曾出现过一段发展较快时期。但是，伴随着工业化和城市化程度的提高，当人均GDP超过1000美元之后，收入分配差距两极分化趋势越来越明显，弱势群体增多，城乡差距扩大，失业率居高不下，大多数人享受不到社会发展的成果，社会陷入动荡，政局不稳，经济增长持续低迷。

拉美国家的过度工业化和城市化，不仅没有推动拉美经济持续发展、没有解决其农村农业问题，反而使拉美各国都陷入了更为棘手的城市危机和更大范围的经济危机之中。拉美国家的过度工业化和城市化已成为发展中国家的前车之鉴。

"拉美陷阱"的典型表现是城市化的畸形发展，而城市化畸形发展的背后是错误的工业化发展战略。第二次世界大战后，拉美国家在错误的发展经济学理论指导下，错误地将工业化和城市化作为国家的发展方向，认为城市工业的发展应优先于农业和农村发展，甚至认为工业化是解决农业问题，特别是农村向城市移民的最好办法，因此在经济结构改革中，采取了重工轻农的政策，加剧了农业的衰败。同时，不合理的土地制度——大地产制及在此基础上形成的规模化、机械化和商品化农业现代化模式，也导致大量农民在弱肉强食的市场竞争中破产并失去土地，被迫涌入城市。

然而，城市却没有足够的工作岗位，也没有足够的能力为这些外来人口解决住房和基本服务问题（如医疗卫生、文化教育、电力供应、给排水等）。同时，随着农业的衰败和

---

① 张培刚. 2002. 农业与工业化（上卷）：农业国工业化问题初探. 曾启贤，万典武译. 武汉：华中科技大学出版社：13.

城市人口的增多，粮食价格暴涨。来到城市的大批农民，在低收入和高物价两个方面的压制下，逐渐成为城市的"边缘群体"，通常被迫在环境较差的地方建立住所，形成城市贫民窟。

随之而来的是犯罪活动、暴力活动和各种骚乱事件频繁，治安状况差，社会环境恶化。如今，几十年过去了，拉美大部分国家人均 GDP 还在 1000～3000 美元徘徊，就像掉进陷阱中爬不出来，故被称为"拉美陷阱"。

"拉美陷阱"为广大第三世界国家的发展提供了一个重要的启示：工业化、城市化必须建立在农业发展的基础上，不能牺牲农业来发展城市和城市工业。

〔作者按〕虽然"拉美陷阱"大多表现为不适当的工业化和城市化，但是这并不是其本质原因。其本质原因，即中等收入陷阱的原因，实际上也就是"南北两极分化"的原因，学术界现在仍然众说纷纭。拉美国家深陷中等收入陷阱之中，除了国内自身的因素之外，国际因素也是不能排除的。拉美国家在 20 世纪 80 年代所遭遇的国际债务危机、90 年代和 21 世纪初所遭遇的金融危机，都在一定程度上固化了其中等收入陷阱，而这背后都有国际因素的作用。

思考与讨论

1. 德国为什么要提出国家经济学，而反对世界主义的西方古典政治经济学呢？
2. 张培刚的经济学理论中有哪些思想值得我们借鉴？
3. 我国当前的工业化、城市化是否已经过度？我国当前是否正在向"拉美陷阱"迈进？

第二篇　经济学的若干基本问题①

了解真相，远比了解所谓的规律或理论更重要。

——刘明国

---

① 注：本篇内容主要参考拙著《新经济学原理（微观）——综合、反思与发展》（2011 年）、《经济长期增长研究——以谈判势力为重心的分析》（2010 年），以及国内主流的经济学教材。

第七章

经济学的定义、逻辑起点与价值论

要避免讨论变成毫无意义的纷争，我们除了必须尊重事实外，就是必须要有相同的讨论起点。

——刘明国

■ 第一节　经济学的定义

经济学发展到今天，对经济学的定义，都是有分歧的。中国古典政治经济学家们根本不在意经济学的定义是什么，只关心如何才能实现治国平天下和经世济民、如何才能实现国强民富和国泰民安。

西方古典政治经济学们及其后的庸俗经济学家们，将心思放在了如何发财致富、如何忽悠广大劳动人民和第三世界国家上，他们将经济学定义为研究生产什么和生产多少、如何生产、为谁生产的科学，其实就是萨伊对政治经济学的定义——阐明财富是怎么生产、分配与消费的科学①。但是，在"为谁生产"或"分配"问题上，他们却经常是顾左右而言他。

恩格斯给政治经济学下了另外一个定义，"政治经济学，从最广的意义上说，是研究人类社会中支配物质生活资料的生产和交换的规律的科学"②。

西斯蒙第给政治经济学下的定义是："研究一定的国家绝大多数人能够最大限度地享受该国政府所能提供的物质福利的方法的科学"③，"政治经济学的基本问题在于消费与生产的平衡"④。西斯蒙第已经意识到经济学研究要归结到一定的目的上去。

李斯特等国家经济学者给经济学下的定义又有所不同："国家经济学似乎是这样一种科学，它正确地了解各国的当前利益和特有环境，它所教导的是怎样使各个国家上升到上述那样（即英法等工业化国家）的工业发展阶段，怎样使它同其他同样发展的国家结成联盟，从而使实行自由贸易成为可能，并从中获得利益。"⑤这个经济学的定义，无疑是属于工业化时代的弱国的经济学。

① 萨伊 J B. 1963. 政治经济学概论. 陈福生，陈振骅译. 北京：商务印书馆：15（转引自：《西方经济学》编写组. 2011. 西方经济学（上册）. 北京：高等教育出版社，人民教育出版社：15）.

② 马克思，恩格斯. 2009. 马克思恩格斯文集. 第9卷. 中央编译局译. 北京：人民出版社：153.

③ 西斯蒙第. 1964. 政治经济学新原理或论财富和人口的关系. 何钦译. 北京：商务印书馆：414.

④ 西斯蒙第. 1964. 政治经济学新原理或论财富和人口的关系. 何钦译. 北京：商务印书馆：500.

⑤ 李斯特 F. 2011. 政治经济学的国民体系. 陈万煦译. 北京：商务印书馆：127.

将中国古代经济学家们强调以"目的性"和西方经济学家们强调的"规律性"结合在一起，作者给经济学作如下定义：以为个体进行经济决策和政府等公众组织制定经济政策（甚至社会变革）提供理论指导、从而减少由信息缺乏所带来的损失为目的，以探寻个体经济行为规律和国民经济运行及其变迁规律为任务的科学。这又涉及生产技术条件与制度两个方面、生产—分配—消费三个环节[①]。生产技术条件包括人口、技术与生产工具、生产资料及其禀赋结构、国际国内市场条件等。制度，是指包括生产关系在内的所有法律、规章、道德伦理（或价值观）和习俗。

如果是按照微观和宏观的划分，研究个体经济行为（消费、生产与分配）规律的科学，就是微观经济学；研究国民经济运行及其变迁规律的科学就是宏观经济学。如果说，微观是一种孤立静止的观点，那么宏观就是系统动态的观点。

第二节　经济学的逻辑起点

庸俗经济学家认为，资源稀缺和人的欲望无限，是经济学的逻辑起点。由此派生出了"经济选择"——经济人假设——人总是在既定的约束条件，追求自身的收益（效用、利润）最大化。

这样的观点，不能说它错，但是不全面、不确切。人的欲望无限，表面上看是不假，但是实际上，存在诸多不确切的地方。比如，我们所说的欲望无限，是指物质消费欲望的无限呢？还是对精神效用的追求无限呢？就没有说清楚。

正如埃及狮身人面像所寓意，人既有动物性，也有人性。人追求欲望的满足，更多体现的是人的动物性——"下半身"。很显然，人与动物是有区别的，"上半身"是不同的。

实际上，每一个人就具体的物质消费欲望而言，总是有限的。中国古人云，"大夏千间夜宿七尺，良田万顷日食斗升"。真正无限的，是我们对精神上幸福的追求。然而，精神上的幸福并不一定是与物质有关的。所谓"贫困的富人"，正是这个意思。精神上的幸福问题，在仅仅考虑物质财富增长的西方主流经济学的范畴，是无法得到解答的。

和知音倾心交谈，读一本好书，教书育人，救死扶伤，家庭和睦、天伦之乐，纯真的爱情和友谊，拯救天下苍生，为了国家的独立富强而奋斗，救济贫困人口等弱者，等等，都可以获得无限的精神上的幸福。很显然，这样的幸福大多并不是来自你拥有了多少物质、金钱财富，而是来自你与你同类的相处。这些都是超越了动物性的人性——也就是马克思所强调的人的社会性——的重要体现。然而，庸俗的经济学家们却置之不理。

当然了，对物质财富依然非常贫乏的国家而言，像庸俗经济学家们那样考虑，尽可能地增加物质财富，倒是有些合理的。对于物质财富的生产已经非常丰富的国家，或者说已经进入小康生活的国家而言，还停留在一心增加物质财富的庸俗经济学的层次上，就不合时宜了。就算个人处于物质财富比较贫乏的境况下，也还是有精神上的幸福的追求的，只不过不是那么迫切罢了。

由此可见，庸俗经济学的逻辑起点，是不确切的，是极为狭隘的，其所谓的"人性"

[①] 刘明国. 2011. 新经济学原理（微观）——综合、反思与发展. 北京：中国社会科学出版社：8-9. 注：交通运输环节，实际上可以算是生产环节；交换环节，实际上既具有生产的特征，也具分配的特征。

实乃人的动物性，而非人区别于动物的"人性"。

那马克思主义政治经济学的逻辑起点又是什么呢？马克思等经典作家并没有明确表述过这个问题。但是，从其整个理论体系来看，在马克思的《资本论》中，等价交换假设、劳动是商品价值内涵的假设和社会人假设，可算是其逻辑起点。然而，正如前面已经讨论过的，前两个假设都缺乏事实经验的支撑。马克思的社会人假设，无疑揭示了人在社会中最重要的属性。

作者认为，"经济选择"可算是经济学的逻辑起点之一。也就是说，人在从事经济行为时，总是遵循"经济的选择原则"或"自利动机"——趋利避害、两害相权取其轻、两利相权取其重。这被作者称为"中国式的经济人假设"。①然而，何为"利"、何为"弊"，在不同的价值观下，却又是不同的；居于不同立场，也是不同的。

虽然，我们很多时候在事后发现，我们当初的选择并不是"经济的"，但这并不意味着我们当初在做出这个选择时没有遵循经济选择原则，而是说我们所获得的信息不充分甚至是虚假的（如本章附录 7-1 所述婚姻故事）。

至于究竟什么是"利"、什么是"害"、什么算"轻"、什么算"重"，那就是价值观的问题了，按照西方主流经济学的说法就是偏好、消费函数的问题了。对于芸芸众生的价值观而言，是普遍性和特殊性的有机统一，既有普遍类同之处，也有各具特色之处。

但是，令人非常遗憾的是，当代西方主流经济学家们却假设"偏好不变"。这无异于将人类社会中普遍存在的阶级差异、民族文化差异、收入水平差异等特殊性所导致的"偏好差异"给统统抹杀掉了，同时也将人类社会中的有关是非、善恶、美丑的道德伦理标准统统抛到九霄云外去了，人类就只剩下原始野蛮的弱肉强食了。

现实中的人，是不是仅仅受到自利动机的约束呢？答案是否定的。现实社会中的人，不仅要受到经济动机这一几乎是人之动物性的约束，而且要受到马克思所说的其所处的复杂社会关系的约束。这是经济学的逻辑起点之二。

虽然，我们每一个人内心深处都要受到自利动机的驱使，但是由于其所处的社会关系、价值观的不同，其行为选择往往是大相径庭。所谓"性相近，习相远；苟不教，性乃迁"是也。

不仅如此，人还是一个有感情的动物。然而，人的感情行为，不在经济学的研究范畴。不过，据说，人有两个感情行为经常被那些资本市场上的庄家们所利用：一个是贪婪，另一个是恐惧。

另外，人们的需求具有层次性，这可以算是经济学的逻辑起点之三。

人们不仅有物质效用的需求，还是精神效用的追求，一般情况是在物质效用得到满足的条件下人们才产生对精神效用的追求，但在不追求物质效用的闲暇时人们也会有精神效用的需求。前文所述的"仓廪实则知礼节，衣食足则知荣辱"，讲的也是物质效用的满足是精神需求产生的必要条件。当然，人要能知礼节、荣辱，也需要教化。

---

① 刘明国. 2011. 新经济学原理（微观）——综合、反思与发展. 北京：中国社会科学出版社：24-25. 注：严格地讲，自利动机和经济选择原则是不同的，自利动机是更为本原的动物性，经济选择原则是由自利动机派生出来的行为准则，但是自利动机毕竟是一个主观的难以验证的假设，经济选择原则却是比较容易通过经验来验证的。由于自利动机和经济选择原则的区别不过是"里"和"表"的区别，我们也就不严格区分这二者了。

在人们的物质效用需求中，也存在层次之分，一般遵循"衣食住行"的先后排序。在当代，由于车的价格往往比住房的价格低，这个消费需求顺序有的也转变为了"衣食行住"了。按照马斯洛的需求理论，需求可以分为生理需求、安全需求、社交需求、尊重需求、自我价值实现需求五个由低到高的层次。

在我们分析宏观经济问题时，不能简单地用微观个体的经济行为算术加总当成宏观经济运动，而应立足于经济结构分析经济系统是否健康、是否能可持续发展。也就是，要采用系统论的方法论来分析宏观经济问题。"结构决定功能"，这是经济学的逻辑起点之四。

上述四个逻辑起点，又可称为经济学的四个基本假设。

第三节　价值论：财富的性质与源泉

一、效用是财富的本质

这从上述有关人的需求的讨论可以看出，对人而言，只有具有使用价值的效用才是最后的价值所在。不管是穿衣、吃饭，还是消费其他各种各样的实物财富，本质上都是为了获取它们能给我们带来的效用——使用价值。[1]也就是说，财富是因为人的存在、人的需求而存在的，离开了人，财富就烟消云散了。将过剩的产品也计入国家财富中的国民收入核算理论，即 GDP、国民生产总值（gross national product，GNP）核算理论，就是这样一种非人本主义财富观的理论。

财富或者说效用，有物质和精神之分。这就是文化艺术的创作也是创造财富的道理。对于一个文明的社会而言，不仅需要物质文明，还需要精神文明。这也是邓小平所说的"物质文明和精神文明，两手都要抓，两手都要硬"的道理。从这个意义上讲，一个道德沦丧、金钱至上的庸俗堕落的社会，不能算是一个全面意义上的文明社会。

我们很难想象，在一个唯（物质、金钱）利是图的资本主义社会中，如何能创造出灿烂的精神文明。文化产业产值高，并不意味着其精神文明发达。

对于物质财富而言，不仅仅是指消费品（直接效用），所有能够生产消费品的生产资源也属于物质财富之列。劳动人口、土地、生产工具与技术、自然资源、生态环境等生产力的范畴，都是一个国家或者地区的物质财富（间接效用）。从这个意义上讲，只考虑消费品的增多，不顾忌生产力的保护和培育的经济增长理论，是非常短视的理论。

对于生产物质财富的生产力，不仅包含上述物质资本，还有李斯特所说的"精神资本"，如道德伦理、规章制度、政体、艺术、习俗等。也就是说，精神财富不仅是我们本身幸福所必需的，而且是生产我们所必需的物质财富之所必需的。

理解财富，我们还需要区分主体是个体还是整个国家或社会。货币对于个人来讲，是财富，但是对于整个国家或社会而言，就不是具有直接效用的财富，除非货币是金银等硬通货（它们本身就具有直接的使用价值）。对于纸币而言，在整个国家或者社会中，它更多地属于生产力范畴的财富，也就是说，它要能有助于社会生产力的发展或物质财富的增

---

① 注：有人认为，"效用"与"使用价值"不是同一个概念，"效用"是主观上的感受，"使用价值"是客观的存在。作者认为，这种机械的主客观划分是没有什么意义的，我们所言的"财富"，本身就是一个主观和客观浑然一体的事物。没有客体"使用价值"的作用，主观"效用"也就不会产生；没有主体"效用"的存在，客观"使用价值"也就成了无本之木。

长，它就算是生产力范畴的财富，否则它就仅仅是"纸"而已。

有些产品，对于个人来讲，因为其过剩或不需要，可以说不算是财富，但是对整个社会或其他个人而言，却又是财富。

在市场经济中，一个具有潜在使用价值（效用）的产品，经常会因为在市场上找不到买家而无法实现其使用价值，也就是马克思主义政治经济学所讲的"资本主义社会存在价值实现难题"，这是市场机制的一大弊端。

二、财富或价值的源泉

财富或价值的源泉，从理论上讲是非常简单的，一个是自然力，另一个是人类劳动。劳动创造价值，是没有任何争议的。自然力也是价值的源泉，是有争议的。不过，如果我们将效用（使用价值）界定为国民财富的本质，那么自然力也是价值的源泉，就很容易理解了。试想：要是没有万有引力，要是没有阳光雨露，人类劳动能创造出什么价值来？

更为重要的是，在价值的创造过程中，往往是自然力和多种劳动协作完成的，我们根本分不清楚谁的贡献是多少，而且，自然力参与了财富或价值的创造，却不参与财富或价值的分配。由此我们可以得到一个推论：财富的分配与财富的创造不是同一个逻辑；严格地按贡献大小进行分配，根本就是不可能的事情（但是我们可以在一定范围内近似地做到，如按劳动时间、按职称学历、按争取的订单等业绩来进行分配）。

■ 本章附录

附录 7-1 中国 2008 年、2009 年的结婚高峰和离婚高峰

2008 年 8 月 8 日，第 29 届奥运会在北京开幕，全国各地有数十万对新人喜结良缘，创下新中国成立以来日登记量最大的婚姻登记高峰。

随着奥运会开幕日的到来，全国各大中城市，特别是奥运比赛城市预约登记结婚的人数不断攀升。截至 8 月 5 日，北京市 18 个婚姻登记机关共办理预约奥运开幕日结婚登记 16 400 对，上海预约登记 5000 多对，广州预约登记 3300 多对，武汉预约登记 2300 多对，杭州预约 2300 多对。许多城市出现预约登记"井喷"情形，日登记量均是以往日登记量的数倍。上海在奥运会开幕式当日，登记结婚数更是夸张地达到了平时的 15 倍。

但是，这样的"井喷式"结婚很快就表现为了"井喷式"的离婚。

以下是《楚天都市报》2010 年 9 月 12 日以"2009 年 9 月 9 日 2008 年 8 月 8 日结婚的离婚率达 30%"为题的报道：

"2010 年 10 月 10 日，已经被很多认为这一天'十全十美'的新人瞄准。面对扎堆新人，婚姻登记机关工作人员提醒：别过于迷信吉日！

2009 年 9 月 9 日，三'9'相逢，武汉共有 6386 对新人喜领结婚证，这一数字不仅刷新了 2008 年 8 月 8 日 4841 对的'奥运记录'，也创下江城有史以来单日登记结婚的人数之最。而据不完全统计，在这两个日子结婚的，目前大约有 30%领了离婚证。硚口区的余先生，2008 年 8 月 8 日与相识不到一个月的女友领取结婚证，生活在一起的两个多月里，两人嘴仗频发，最终还是走进离婚室。

武汉市民政局婚姻登记中心主任袁就说，'一些新人为了赶吉利日子，在双方还没有完全了解的情况下冲动结婚，共同生活中发现不合拍而不得不闪离。只要感情好，天天都是好日子。'

昨日，记者从武汉市婚姻登记部门获悉，武汉市去年一年离婚数达到 18 219 对。与 1979 年相比，该市离婚数增加了 43.5 倍。据了解，和这个数字相对比的是，2009 年武汉市结婚总数为 98 008 对，仅比 1979 年增加 1.5 倍。"

〔作者按〕

结婚登记时，当事人都以为我们选择了最合适的人选，但是很多人很快就发现自己错了，并最终走向了离婚登记室。对于这种"闪婚""闪离"的现象，我们可以从诸多视角去透视。

从经济学的角度讲，我们在选择婚姻伴侣时，没有人会认为选择的不是最合适的人选，否则就会拉别人一起去（当然了，不愿意和你去登记的人选不构成你的现实选择）。但是，由于相互了解时间太短，彼此信息了解不充分、不对称，结果就在经济行为原则指导下做出了错误的选择。所以，我们说，每一个人都是"经济人"，但是有明智与昏庸之分。

中国古人为了减少由信息不充分和不对称导致的选择失误，发明了一套在婚姻上的获取信息的方式，如请媒婆、讲究门当户对、合合生辰八字等。这其中蕴涵了某一部分科学的成分，比如，门当户对，就蕴涵了经济基础的平等是上层建筑平等的前提的经济学原理。没有在家庭事务处置权力上的平等，怎么可能有美满的婚姻家庭，更不要说什么爱情了。[①] 这些中国古人给我们留下来的获取婚姻信息的智慧，至今仍有借鉴意义。

更为糟糕的是，时下很多年轻人因为对结婚、离婚究竟意味着什么，知之甚少，以至于太多的"闪婚""试婚"族犯下了终生遗憾的错误。人生是不可试的，更不是可以儿戏的。

"无知"经常是和"悲哀"联系在一起的。人一般情况下都是遵循经济原则从事的，但是人有博学与无知、英明与愚蠢、远见与短视之分。

■ 思考与讨论

1. 我们为什么要读书？我们学习的目的是什么？又有哪些？
2. 为什么我们要保护自然环境？
3. 人为什么要追求真、善、美？你在追求吗？

---

① 注：当然了，"门当户对"是中国古人从实践中归纳总结出来的经验性理论，并不意味着必然。

第八章

微观经济学

宏微观的划分，仅仅是为了研讨和叙述的方便，并不意味着存在两个相互独立的微观和宏观经济世界。

——刘明国

■ 第一节　微观主体经济行为规律

微观经济主体，从其行为特征的不同，我们大体可以划分为消费者、生产者（包括工人和资本家）和政府四大主体，也还有将企业作为一个主体的五大经济主体划分法。下面仅简单归纳一下这四大主体的一些常识性的行为规律。

一、交换

在经济社会中，人与人之间发生的社会关系有很多，如在家庭中的血缘关系、婚姻关系，在工作单位中的聘用与被聘用关系、领导与被领导的关系、同事关系，在企业中的雇佣与被雇佣关系，在市场交换中的买卖关系或者商品交换关系，等等。其中，生产关系是最为基本的关系。在市场经济中，生产关系往往通过商品交换关系来体现。

人们之所以要进行交换，其原因不外乎在于，经济主体禀赋的有限性与欲望的无限性或多样性。为了获得更多的满足，"在文明社会中的经济人总会选择把自己剩余的产品（边际效用为零）拿去与别人交换自己需要的效用产品（边际效用为正）、或者是把处于自己效用（或者需求）函数中较高层次的产品拿去交换处于自己效用（或者需求）函数中较低层次的产品"[①]。

交换的实质是物物交换，同时，交换也是财富分配的重要形式。在现实商品交换过程中，货币往往以交换媒介的形式出现。虽然，货币给交易带来了方便，但是，也给商品交换带来了新的分配关系。

对商品交换，目前流行的经济学普遍认为是"等价的"。不过，作者认为，等价交换是既不必要，也不可能的。[②]

---

① 刘明国.2011.新经济学原理（微观）——综合、反思与发展.北京：中国社会科学出版社：56.注：原文中的"较高层次"和"较低层次"正好写反，疑为笔误。这里的"较低层次"和"较高层次"是指，在消费者的消费函数中，优先需求的效用所处的层次较低，需求较为不迫切的、可有可无的效用需求所处的层次较高。

② 刘明国.2011.新经济学原理（微观）——综合、反思与发展.北京：中国社会科学出版社：56-58.

首先，对于现实中的经济人而言，不管其价值的内涵是什么，既然交换的结果是等价的，而交换却是有成本的，那么他为什么还要去交换呢？这不符合经济行为原则。也就是说，等价交换对经济人而言，是不必要的。

其次，若商品价值的内涵是效用，由于不同商品效用的不同质性，也是无法实现等价交换的；若一定要等价，也就是用完全相同的两个产品进行交换，然而这种交换是没有意义的。

最后，若商品价值内涵是社会必要劳动时间，等价交换也是不可能的。现实中的经济人在商品交换时，根本不可能知道彼此交换的商品的社会必要劳动时间是多少（试想，那些街头巷尾的老大妈们、那些大字不识一斗的劳苦大众们，怎么可能知道商品的社会必要劳动时间是多少）。而且，社会必要劳动时间在商品交换之前就已经决定了，而商品价格在现实中却经常是因人、因地、因时而变化，这说明商品价格的决定遵循着另外的逻辑。更不要说，简单劳动和复杂劳动之间如何准确换算社会必要劳动时间的难题了。

有坚持等价交换假设的学者辩解到：①现实交换中的人不关心交换是否等价，不代表现实中等价交换不存在；②虽然一次交换不等价，但不代表经多次交换后还不等价。实际上，这两点辩解并不能否定"等价交换既不必要也不可能"。第一点辩解忽视了对经济规律的探讨不能离开人的行为与动机。第二点辩解不仅错误地认为存在脱离每一个具体的交换行为的一般意义上的交换规律，而且回避了等价交换不可能的事实和经济人并不追求等价交换的行为动机。

在计划经济中，或者是在一个共有组织中，人们是如何进行交换的呢？比如，在一个家庭内部、一个人民公社内部、一个全民所有制企业内部，甚至在整个国民经济中，交换存在什么样的规律呢？对于生产而言，自然是各尽所能了，而交换的结果其实涉及的是分配的规律———一般是，在既有的财富情况下按需分配和按劳分配相结合。在家庭内部，一般是按需分配占主体。

二、消费行为规律

每一个人都是消费者，消费是经济人基本的经济行为之一。那作为个体的经济人的消费行为都有哪些规律呢？

第一，从上述需求层次性讨论可以看出，消费具有层次性可算是消费行为的第一规律。

第二，经济人消费什么、消费处于什么层次，又与其收入水平和消费观念有关。如果我们忽略消费观念的个体特殊性，那影响个体消费的主要因素就是收入水平了。在不同的收入水平下，经济人就会有不同的消费水平。这个收入水平，既指其个人及其家庭的现期收入水平，也指包括融资能力在内的个人及其家庭的收入水平，也就是说，影响消费水平的收入包括借贷资金。

由此，我们可以将不同收入水平或消费水平（即生活水平）划分为极贫、贫困、温饱、小康、奢靡五个层次。从单个人的物质需求来讲，小康生活就是最理想的，同时也是最为健康合理的生活水平。考虑到自然资源、自然环境承载能力的有限性，我们应该树立反对奢靡的消费观、树立非物质化的精神消费观。

第三，在自给自足的生产消费经济模式下，消费者生产什么，就主要消费什么，若还有剩余，则将剩余产品与其他经济主体进行交换。

第四，在纯粹的、高度专业化分工的市场（或商品）经济中，消费者能消费什么，主要决定于他（及其家庭）所生产或能够供给的商品与他（及其家庭）所需要的商品之间的相对交换比例——价格，即相对收入水平了。

如果我们总是低价地将自己所拥有和所生产的商品卖出去，而高价地买回我们所需要的消费品和劳务，那我们的相对收入水平就不会高。这就涉及价格的决定问题了。

第五，在既定的货币收入条件下，经济人总是希望用尽可能少的钱买到尽可能多、尽可能好的消费品。也就是，消费者都喜欢买物美价廉的商品。这同样涉及价格的决定问题。

第六，在某个消费需求没有得到充分满足的条件下，当消费品价格下降到其消费能力范围内，或其收入水平提高到能够消费得起该类消费品时，那么消费者对该消费品的需求有增加的趋势。当然，消费者究竟是否增加对该消费品的购买，还得看消费者的消费观。

第七，在某个消费需求已经达到充分满足的条件下，该类消费品价格下降并不影响个体经济人的消费购买量。这种商品，我们称之为需求缺乏弹性的生活必需品，如现时期的水、粮食等。但是，我们需要注意的是，同一个消费品，对于低收入水平的人来说可能是可用或不可用的奢侈品，而对于高收入水平的人来说就是生活必需品。比如，化妆品，对于广大劳动人民而言可能是奢侈品，不是生活之必需，但是对于那些富有的人群而言就可能成为生活必需品了。

第八，在某些消费品价格上涨并形成继续上涨（甚至是暴涨）的预期时，经济人对该商品的购买往往会增加。这种商品被称为吉芬商品，如爱尔兰的土豆和贵阳的食盐等（见本章附录 8-1）。这种商品同时具有消费品和投资品的属性。对于投资品，购买者面临的不是当期横向上的优化选择，而是跨期纵向上的优化选择。

上述消费行为规律，大体上可以用图 8-1 来表示。

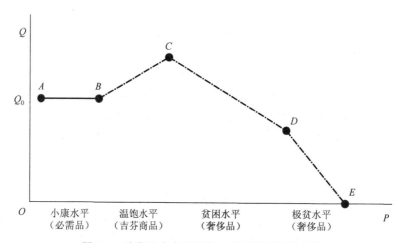

图 8-1　消费者在商品价格变化时需求量的变化

Q 为消费需求量，P 为商品市场价格、消费者收入-生活水平、消费品市场属性；本需求曲线不是连续的，在 B、C、D、E 点是间断的，意味着在不同阶段之间存在质的飞跃——消费者机会成本发生了变化

三、劳动力供给规律

劳动力的供给，在不同经济模式下，其行为规律也是不同的。在自给自足的传统家庭农业生产中，劳动力供给的基本规律是男耕女织、各尽所能，农忙时多干，农闲时少干或者做别的劳动。在计划经济模式下，劳动力供给的规律大体与此相同。在这两种经济模式下，劳动力数量及人口的增长主要受制于生产技术、自然资源、生产资料的积累等客观因素，一般是经济的繁荣也伴随着人口的繁荣。

但是在市场经济模式下，劳动力供给的规律就要复杂一些。下面大体阐述一下市场经济模式下的劳动力供给规律。

第一，劳动力和人口的增长，不仅受限于客观的生产力因素，还受限于社会财富的分配制度。在市场经济模式下，存在劳动力和人口增长滞缓的规律。这从西方资本主义国家从 20 世纪七八十年代以来人口增长滞缓、中国改革开放以来大城市人口增长滞缓的事实可以得到说明。这一劳动力或人口供给规律，就注定了市场经济模式在发展上的不可持续性。

究其原因，一说是因为经济发达了，医疗条件好、社会福利制度完善，不愁养老，同时养孩子投入大、成效低，比较而言养孩子不合算，所以孩子出生率就低了；另一说是因为社会财富收入分配极为不平等，越来越多的家庭随着社会消费水平的提高、失业而陷入贫困，再加之激烈的生存竞争、不安宁的生活预期，使得越来越多的家庭养不起孩子和推迟生养孩子，所以孩子出生率就低了。作者认为，从我们所看到的事实来讲，人口成本说要比人口比较效益说可信得多。

第二，在市场经济条件下，劳动者（工人）是为了养家糊口才出卖自己的劳动的，绝对不是为了投资、为了什么闲暇或者好玩。也就是说，劳动者是为了获取劳动力的生产与再生产的生活资料才去工作的。但是，劳动者能否获得足够补偿其劳动力生产与再生产成本的收入，就是另外一个问题了。

第三，在市场经济条件下，劳动者除了在既定的工资水平下竭尽所能外，就是在不同的工作岗位之间、不同的工作环境之间、不同老板之间进行选择了，绝不能在工作与否之间选择。

只不过，在经济繁荣时，由于工资水平的上涨，劳动者可以获得较大的劳动力供给自由度，劳动供给时间一般会有所减少，但并不是工资越上涨，劳动供给时间就会越少。而在经济衰退或者不景气时，由于实际家庭收入水平的下降，为了维持已有的生活水平，单个劳动者的劳动力供给往往增多。现实中，我们往往会看到，在经济繁荣时人们的文化娱乐活动时间增加了，而在经济衰退或者不景气时兼职工作的多了。具体如图 8-2 所示。

第四，在市场经济条件下，劳动力的供给不仅受到劳动者的工作意愿的影响，更多时候还要受到市场就业岗位数量的影响。严格说来，劳动者能否实现其劳动力的有效供给，关键在于市场能否给他们提供就业的岗位。这可以说，是市场经济模式下，最为特别的劳动力供给规律。

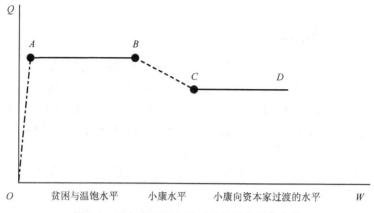

图 8-2 工人在工资上涨时劳动供给量的变化

Q 为劳动供给量，W 为工资、收入-生活水平；本劳动供给曲线不是连续的，在 B、C 点上是间断的，意味着在不同阶段之间存在质的飞跃——工人的机会成本发生变化

四、资本家投资行为规律

对于资本家的投资行为规律，其实是没有多少可说的。资本家的投资行为就遵循两条基本规律：第一条是，哪里有钱赚就将资金投向哪里；第二条是，哪里赚钱更多就将资金投向哪里。

至于说资本家如何组织生产，如何压低成本，如何保障产品质量，如何推销产品，如何购买生产原料、生产工具和雇佣工人等，那是企业管理的范畴了。不过在购买生产要素—生产—销售的整个过程中，资本家始终遵循着一条规律，那就是成本最小化、收益最大化。

具体到如何压低成本，又如何抬高商品价格、增加市场销售量以增加收益，马克思在《资本论》中可以说做了非常深刻、全面的描述了。比如，在既定的工资支出范围内尽可能地延长工作时间、利用失业大军的潜在威胁压低工资，鼓励生产原料供应商们扩大生产和相互竞争，垄断资本主义国家通过占领被殖民地获取廉价生产原料、扩大产品市场，通过垄断抬高商品价格，等等，都是资本家们的拿手好戏。

至于究竟应该如何才能赚钱，那可就是千变万化了。甚至可以说，有一个资本家就有一个赚钱的门道或生意经。

五、政府经济行为规律

将政府作为一个经济主体来分析其行为规律，这是西方主流经济学的范式。按照西方现代古典主义代表人物之一布坎南的说法，政府的经济行为总是由利己的和个人利益最大化的个人行为汇总而成的，社会赋予政府的公共权力必然被政府官员们为了一己私利而利用。[①]

在布坎南等西方现代古典主义者心目中，没有高尚贤明、没有治国平天下、没有经世济民、没有自我价值实现的概念，只有经济人，而且是金钱物质利益至上的狭隘极端的经

---

① 布坎南 Z. 1988. 自由、市场和国家. 吴良健，桑伍，曾获译. 北京：北京经济学院出版社：5.

济人。这都是东西方文化差异的体现。

当然了，他们会说，中国古代的贤明君主是为了巩固其江山社稷以取万世之利，那些贤良之士是为博取万世之虚名。但不管公共权力是被用于获取执政者的长远利益还是虚名，有一点是可以肯定的，公共权力是可以做到为民所用、为公众利益所用的。这总比那些纯粹地与民争利的政府行为要好，总比那些纯粹地与他人争利的行为要好。重要的不是某个人是否是趋利避害的经济人，重要的是经济人在社会中与他人的社会关系，是损人利己还是利人利己。

至于政府究竟是一个什么性质的政府，是官员贪腐成风、假公济私的暴戾政府呢，还是为人民服务的好政府呢，那就是另外一回事了。从这个意义上讲，要探讨政府的经济行为规律，首先要探讨它们的性质是如何形成的。

在一个不讲道德仁义，只讲物质与金钱的社会中，政府只可能为社会强势利益集团服务，这是由政府公共权力本身的强势特征所决定了的（强势利益集团必然要俘虏政府官员，从而俘虏政府公共权力）。期望所有的政府官员和执政者的道德修养都非常高尚，这本身也是不现实的。所以，政府官员的贪腐总是或多或少存在的，只是程度不同、形式不同而已。然而，现实告诉我们，我们是一天也离不开政府（严格说来是掌握公共权力的执政组织）的。

这个世界就是这样的，以至于西方现代古典主义经济学家诺思说："国家的存在对于经济增长来说是必不可少的，但是国家又是人为的经济衰退的根源"[1]；"没有国家办不成事，有了国家又有很多麻烦"[2]。

上述是从政府性质的角度探讨政府经济行为规律。具体而言，政府究竟有哪些经济行为呢？或者说，政府究竟是从哪些方面影响着国家经济的运行和个体利益的呢？

总体上说，政府（严格说是执政者）对国家经济运行和个体利益的影响可以说是无孔不入的，具体细分，大体有以下经济行为：界定并保护生产资料所有权、保护法律允许的社会各主体的权益、财政与税收、金融（货币发行等金融制度的制定）、制定各种经济制度和政策并监督其执行等。

■ 第二节　财富的分配

一、财富分配的几种形式

财富创造出来，最终是为了让人消费的，但从财富的生产到消费，中间还有一个分配的环节。在不同的经济运行模式下，财富分配的形式也是不同的。

但总体上，我们可以将财富的分配形式分为三种：第一种是前提性的财富分配（即生产资料的分配或生产资料产权的界定），第二种是财富的初次分配（即通过交换实现的财富分配），第三种是财富的再分配（即通过公众组织利用公共权力或者私人利用暴力等手段对财富的重新分配）。

---

① 诺思 D. 1992. 经济史上的结构与变革. 厉以平译. 北京：商务印书馆：25.

② 卢现祥. 2003. 西方新制度经济学. 北京：中国发展出版社：195.

谁要是拥有了稀缺资源或者是拥有了稀缺资源的处置权，谁在财富的初次分配中就将占有优势从而获得较多的财富。由此，我们可以得到一个推论：贫困是在生产资料分配不平等下的必然结果。

财富的初次分配，实际上是通过彼此供给的产品和（或）劳务的交换比例——价格——大小来实现的。至于财富的初次分配和再分配究竟遵循着什么样的规律，下文探讨。

二、价格的层次和含义

在市场经济模式下，通过市场交换形成的财富分配，成为财富分配的主体形式。在初次分配中，相对意义上的价格就是关键。要探讨财富初次分配的规律，其实就是探讨相对意义上的价格形成机制。

在探讨价格形成机制之前，我们有必要首先搞清楚价格的各个层次与含义。价格，有名义价格、真实价格之分，还有自然价格（马克思主义政治经济学语境中的中心价格）、政治价格和真正的市场价格之分。[①]

名义价格，是指价格的货币表现。真实价格，是指商品之间的交换比例。

自然价格，是指平等的、没有收入分配差距的商品交换比例，作者称之为需求价格。[②]政治价格，是指遵循物以稀为贵原则的、由买卖双方讨价还价形成的商品交换比例，作者称之为自然市场价格。真正的市场价格，是指以货币来表现的政治价格，作者称之为实际市场价格。

区分政治价格与真正的市场价格的意义在于，货币在交换中的引入，改变了政治价格意义上的财富分配格局。有了自然价格，我们就能判断市场价格是否过高、过低，甚至是否有泡沫了，从而可以判断一个产业乃至整个国民经济的发展是否健康可持续。

比如，我们判断中国时下的房价是否过高、是否有泡沫，就可以自然价格或需求价格作为标准来判断。如果房价超过了当地大多数家庭过上小康生活（或当时的社会总体生活水平）条件下能够承担的住房价格，或者说超过了没有利润和地租的住房成本价，那么该房价就过高、就有泡沫。

由上述价格的几个层次及其含义来看，价格，永远是相对意义上的价格。理解了这一点，我们就能理解以下现象了——我们的货币收入水平不断提高，但是我们的生活水平似乎并没有与货币数额同等比例地提高，甚至还有下降的情况出现。除此之外，价格还有以下丰富的含义。

价格是商品的效用及其相对稀缺性等因素的综合表现，但价格在现实生活中更多表现的是商品的相对稀缺性，而不是效用或边际效用，效用仅仅是相对稀缺性产生的前提。产品或者劳务，没有效用，就不会有价格（当然也就不会成为事实上的商品）；但不存在商品价格与其效用之间一一对应的比例关系。认识到这一点，是破解经济学中"价值转型难题"的关键。

价格，又称为商品的交换价值。商品不存在可以通约的交换价值。某个商品的交换价

[①] 注：自然价格、政治价格、真正的市场价格，是威廉·配第的说法，见前文第三章第二节威廉·配第的经济学理论。

[②] 要深入了解作者所指的需求价格，读者可以参阅拙著《新经济学原理（微观）——综合、反思与发展》（中国社会科学出版社 2011 年版）第 64～66 页。

值，就是它与若干其他商品的交换比例的集合。货币作为交易媒介，虽然似乎充当着通约的价值尺度，但事实上由于同样面额的货币对于不同所有者而言，意味着不同的产品或劳务的供给或付出（即价值不同），货币最终依然不可能是在不同种类产品或劳务之间进行价值通约的尺度。

从上述意义上讲，庸俗经济学中的均衡价格这个概念，不仅无助于我们认识真实的经济世界，而且给我们带来了诸多的思维混乱。对于任何一个具体的交换而言，供求总是相等的（否则交换就不可能实现），成交的价格都是均衡的。但是，对于整个产品市场而言，我们永远不知道哪个价格正好让市场供求相等。而且，除非在完全垄断定价的情况下，市场上根本不可能出现唯一的价格。就算是同一个货币数额的价格，实际上对不同的交易者而言，它所蕴涵的价值也是不同的。

三、价格形成机制

详细地阐述市场价格的形成机制，这超越了本书的范畴。而且，前文所述《管子》的轻重理论，也从商品的供求数量、需求的缓急（需求弹性）、供给的方式（垄断囤积、分散竞争）等方面来阐述商品价格的变化规律，以及阐述货币与谷物在整个国家经济价格体系中的关键性作用。为了能让读者尽可能便捷地理解价格决定的基本原理，作者在这里通过两个寓言来简要说明，以期对经济学价格理论做一补充。

（一）沙漠中卖水

我们假设有这么一个市场：（生命必需品）供不应求——沙漠中只有一个人卖水，需要水的人很多，多到肯定有人因为水不够而渴死在沙漠中（这成为共同信息）。

此时水的价格怎么决定呢？又应该是多少呢？作为趋利避害的"中国式经济人"的买卖双方存在以下博弈。

对于卖水的人来说，他发财的机会来了，可以狠敲一杠子了——水的价格要尽可能地高。问题是，价格要高到何处呢？这还得看买水的人有没有能力支付、愿意不愿意支付。

对于买水的人来说，自然是希望价格尽可能地低（要是碰到卖水的是熟人、朋友，请吃一顿饭还免费送水，就太好了！对于遵循经济原则的且有发财机会的卖水者来讲，这种情况不会出现，否则他的行为就不是市场行为了），面临以下选择：①买水，支付某个自己能支付得起的价格（财富），生命得到保持；②不买水、价格为零（或买水的价格低于别人而买不上水，竞争），死去，财富也失去了（财富是因为人的存在而存在的，人死了，财富对他来讲就失去了意义）。

当然，要是买水的人视钱如命，没有了钱与失去了生命对他来讲是一回事。我们很难想象把钱看得比生命还重要的情况，如果有，我们也认为这样的人是不正常的，从而将在这种价值观指导下的行为排除在经济学研究的范畴外（因为财富是以人生命的存在为前提的）。

显然，此时价格决定的主宰权在卖方手中，价格遵循就高定价原则。但是价格究竟高到何处，需要由买方的意愿及其承受能力来决定。

通过一番博弈后买卖的成交，必须是对买卖双方而言的最优选择的交集：买方支付一个无限接近且小于他的身价（全部财富）的价格（他能支付的最高价格）买水、生命得到保障（这要比"命没有了、财富也等于失去了"的不买水和买不上水的选择要有利，所谓"两害相权取其轻"也），卖方也获得了一个他能够获得的最高价格（所谓"两利相权取其重"也）。一个不能成交的高价对卖方而言是没有意义的，也是不现实的，我们所要研究的是现实可能的价格形成机制。

价格就这样决定了：一系列无限接近且小于不同的买者的身价（全部财富）的价格。注意，这个价格决定过程，不存在价值转型的难题，也不需要"等价交换假设"。

（二）沙漠中买水

我们假设：此时，供过于求——沙漠中卖水的人众多，水也很多，消费者只有一人（比如，就是当初在沙漠中卖水大发横财的人），水注定是卖不完的，也就是注定其中有人因为水卖不出去，而将成本全部亏损的（这成为共同信息）。

此时的价格又是如何决定的呢？又应该是多少呢？作为趋利避害的"经济人"的买卖双方存在以下博弈。

此时，价格的主宰权掌握在买方手中，价格决定遵循着就低定价的原则。对于买方而言，当然是价格尽可能低才好，他可以利用卖方的相互竞争从中渔利（不用担心买不到水、有生命之忧）。问题在于，价格要低到何处呢？这必须由卖方的意愿来决定。

对于卖方而言，虽然还是希望价格尽可能地高，但是由于竞争的存在，此时他们就不能主宰价格的决定了，他们面临以下两种选择：①不卖水（觉得买方出的价格低了），或者是水没有卖出去（买方觉得他标的价格高于其他卖方了），成本全部亏损；②卖水，获得一个无限趋近于且大于零的价格，成本可以得到（部分）补偿。

与第一种情况类似的道理，经过一番博弈后买卖的成交，必须是对买卖双方而言的最优选择的交集：卖方获得了一个无限趋近且大于零的价格（哪怕是亏本的价格，这比不卖和没有卖出要好，所谓"两害相权取其轻"是也），买方用一个极低的价格买到了水（这自然是他最优选择了）。

供过于求状况下的价格也就这样形成了或被决定了：一个无限趋近于且大于零的价格。

第一种情况下买方的承受能力（身价）和第二种情况下卖方的意愿底限（无限趋近于零且大于零的价格），如果我们借用现代西方主流经济学机会成本概念来描述的话，那么上述价格形成机制我们可以称之为**机会成本-价格理论**。也就是说，价格的决定在由交换双方中强势一方主导的前提下，由弱势一方的机会成本决定的（但这并不是说机会成本是多少，价格就是多少）。从这个意义上说，上述价格形成机制也可以称为**谈判势力-价格理论**。

虽然沙漠中卖水的情况，是一个不考虑再生产的静态的、极端的寓言故事，但是在真实世界中的价格决定中，买卖双方的谈判势力往往不对等、买卖双方都要遵循经济的行为原则（而不是等价交换的原则）、交换是买卖双方优化选择的交集却是普遍成立的，也是价格形成机制中的三大基本规律。①

---

① 注：优化选择，只是说选择时遵循**优化**（即"经济"）的原则，这并不意味着结果就一定是最优的。时下鼓吹赋予农民更多的在市场中自由处置私有财产权利是为了保障农民利益的论调，其实是把"理性动机"当作"最优结果"的谎言。

由上述寓言我们可以得到以下启示。

第一，通过市场交换，人口多数群体一方面低价卖出自己拥有的产品或劳务（如人民大众低价出售劳动力、中国当代农民低价出售农产品），另一方面从掌握稀有资源的人口少数群体手中高价地买回自己生活所必需的产品或劳务（如人民大众高价买回住房、教育、医疗药品，中国当代农民高价买回城市工业品和劳务），那广大民众贫困对应少数人富有的两极分化社会格局就是必然。

第二，如果要洗劫经济权力处于弱势的群体的财富，只需要将他们抛到自由放任的市场中去就行了，而且只需要控制他们的某一种生活必需品（如水、食品、住房、医疗等商品中的某一种）的供给就足够了。这一规律，不仅在国内市场交换中成立，在国际贸易交换中也成立。

第三，在市场经济中，并不是生产供给越多，你可以获得的财富就越多，相反，生产供给要保持不足的状态才最有利于你通过市场从社会中获得财富。管理学中的"缺口生产营销管理"原则也是这个道理。

第四，在市场交换中，弱势群体内部的相互竞争，通过一种无形的压力迫使他们只能提出较低的利益诉求。这就是帝国主义国家总是怂恿第三世界国家生产同类商品进而展开竞争，而极力阻止第三世界国家生产跟他们具有竞争性的产品的道理，也是资产阶级总是喜欢工人之间充分竞争、对别人鼓吹自由化的道理。

这只是一个近似于寓言的故事。要想搞清楚价格决定背后所隐藏的诸多奥秘，我们还需要去剖析真实世界中各个层次意义上的价格形成原理。读者若有兴趣，可以参阅拙著《新经济学原理（微观）——综合、反思与发展》（中国社会科学出版社 2011 年版）第三章"价格形成机制"。

四、财富分配的机制

在市场机制自由作用下，若你在寓言一中卖"水"，而又在寓言二中买"水"，那你就在这次交换中赚了，当然了，那些在寓言一中买"水"，而又在寓言二中"卖水"的，他们就只有亏的份了。这样的交换进行的次数越多，社会财富分配的差距就越大，前者成为富人、后者陷入贫困。在市场机制作用下进行的财富初次分配，就是这样的残酷无情。

但是，上述寓言要成立，还需要一个前提假设——买卖双方只能按照市场机制来讨价还价，而不能动用武力、欺骗等其他手段。比如，在寓言一中，卖者要是没有足够的暴力作为后盾，恐怕他的"水"是卖不了那么高的价格的，说不定大家一哄而上就将其"水"洗劫一空了。真实世界也是一样的，抢劫、诈骗是作为犯罪行为而被国家法律所禁止的。

而且，凭什么别人可以拥有稀缺资源，而我们没有呢？这是一个权力的配置问题。拥有了稀缺资源，就意味着你拥有了通过市场交换（初次分配）获取高额利润（巨额财富）的权力。这就是为了实现共同富裕，必须实行公有制——生产资料全民集体所有的原因。

再说财富的再分配。执政者可以凭借手中的公共权力对社会财富分配格局进行再分配，或遵循人道——损不足而补有余，或遵循天道——损有余而补不足。这还是决定于执政者的性质，即公共权力为谁服务，是为人民大众服务，还是为少数官僚服务，或者是为少数人的强势利益集团服务。

　　除了执政者可以进行财富的再分配外，抢劫、偷盗、侵略等，也可以对财富进行再分配。其分配的逻辑依然是按暴力大小进行的。

　　总而言之，社会财富的分配，不管是前提性分配，还是初次分配和再分配，遵循的都是按暴力大小进行分配的逻辑。不管是按要素分配还是按劳分配，背后都是按暴力（或权力）大小进行分配的。

　　由此我们可以得到一个很重要的推论：一旦你被解除了武装，你紧接着要被解除的就是你现在所有的和未来所要创造的财富。当然了，首先要被解除的武装，是你的思想武装。思想武装被解除，也是最可怕的。

　　如果我们换一个经济学味道相对较浓的词汇——谈判势力——来表示权力或暴力，那么上述收入分配机制可以称为**谈判势力-收入分配理论**。如果我们将初次分配和再分配进行分类，我们可以用市场谈判势力和非市场谈判势力来分析这两类财富的分配。

　　在探讨财富分配机制时，我们还需要注意的是，市场谈判势力和非市场谈判势力之间并不是孤立的，它们的作用也不是静止的。

　　市场谈判势力强的人群，往往会通过俘虏公共权力等手段来增强其市场谈判势力，从而强化其从社会中分配财富的有利地位，反之亦然。非市场谈判势力强的人群也往往会通过贪腐等手段来提升其市场谈判势力，进而进一步强化其非市场谈判势力，反之亦然。总而言之，市场谈判势力和非市场谈判势力往往相互强化（或弱化）——原本强势的会通过强化另外的谈判势力而更加强势，原本弱势的会因为另外的谈判势力的弱势而更加弱势。

　　不仅如此，社会财富在谈判势力不对称情况下的分配，还在动态过程中存在加速作用的机制，如马克思所说的资本积累和资本积聚：一方面，在初次分配中处于强势的利益主体，可以将利润转化为资本，从而增加从市场交换中获取的利润总额，这被马克思主义政治经济学称为资本的积累；另一方面，由于市场存在竞争，资本往往从破产的资本家手中集中到大资本家手中，市场结构由竞争过渡到垄断，这被马克思主义政治经济学称为资本的集聚。

　　所以，在社会谈判势力存在差距的格局没有逆向变革的情况下，社会财富的分配必然由有收入分配差距向两极分化发展，不仅资本主义社会如此，封建主义社会也是如此。唯独只有社会谈判势力结构对称的社会主义社会，才可能避免两极分化。

第三节　市场失灵与囚徒困境

一、市场失灵的表现与原因

　　在市场经济或者资本主义社会中，一方面是物质财富的高速增长，另一方面也往往伴随着两极分化和越来越多人陷入贫困，以及人口、产品、资本的相对过剩，当相对过剩积累到一定的时候，经济危机就爆发了，并通过强制性的手段（如战争、将牛奶倒进大海等）毁灭已有的生产力、为未来的经济复苏创造供不应求的市场条件。我们说，这是市场失灵的表现。

西方主流经济学家们经常回避表现在相对过剩与经济危机上的重大市场失灵，而将注意力集中以下诸多方面。

第一，具有外部正效应的公共品，在市场机制作用下往往出现供给不足，而具有外部负效应的污染、噪声等往往在市场机制作用下供给过多。

第二，由于市场交换中信息往往是不充分、不对称的，经济人经常不能做出正确的选择。例如，盲目生产，生产假冒伪劣商品，卖方依赖其信息优势榨取高额利润，二手车市场问题，保险市场和劳动力市场的道德风险问题等。

第三，资本家为了获取高额利润，往往通过竞争走向垄断，并控制产出以使市场保持供不应求的状态，社会资源和生产技术未能得到充分使用，同时，消费者的福利也受到了损失。

但是，若我们比较上述市场失灵的表现，就会发现，贫困和两极分化、相对过剩与经济危机，无论如何也要比西方主流经济学所关注的市场失灵要严重得多，对国家、民众的影响也要大得多。

对于市场失灵的原因，经济学前辈们已经给出了非常丰富而深刻的解释。马克思主义者认为，市场失灵是由资本主义社会化大生产与生产资料资本主义占有形式之间的矛盾——资本主义的基本矛盾——所致。西斯蒙第认为，市场失灵是资本主义不合理的收入分配制度所致（这其实也是马克思主义者的观点①）。凯恩斯主义者认为，市场失灵是商品价格不具有充分弹性、信息不充分和不对称所致。西方现代古典主义者认为，市场失灵是垄断、外部性所致。

作者认为，要深刻理解市场失灵主要方面的原因，应该将市场机制下收入分配的不合理与资本主义的基本矛盾结合起来。正是因为资本主义市场机制的收入分配的不合理——两极分化，必然导致社会有效需求的增长滞缓于产品的增长（相对过剩出现），但是资本主义的基本矛盾又注定了它不能自动调整有效需求不足，以避免出现全面性的经济危机。

严格地说，资本主义社会是不能做到，也不会做到足够的、正确的有效需求调节的。不管是第二次世界大战后西方资本主义国家采用的社会保障制度，还是大力促进有效需求的凯恩斯主义政策，在一定程度上是通过对内和对外借债来实现的。

正因为如此，在第二次世界大战以后，甚至从19世纪后期开始，资本主义国家的市场失灵往往首先通过金融危机和债务危机表现出来。隐藏在其背后的，还是相对贫困、两极分化与相对过剩。

凯恩斯主义和西方现代古典主义对市场失灵的解释，也是有助于我们全面认识市场失灵。只不过我们需要注意区分主次和轻重。

二、囚徒困境及其社会哲学含义

说到市场失灵，就不得不提及在经济学中的一个著名的案例——囚徒困境。

据说有这么一个故事：有两个嫌疑犯被警察抓住了，被分别关押在不同的房间里（为了避免串供）。按照法律规定，若这两个嫌疑犯拒不交代罪行，由于警方没有掌握充分的

---

① 注：马克思的剩余价值理论和相对贫困理论，说的正是资本主义不合理的收入分配制度。

证据，那么这两个嫌疑犯就会被无罪释放。聪明的警察为了让嫌疑犯交代罪行，就分别告诉两个嫌疑犯——谁坦白其犯罪行为，谁就可以从轻发落甚至无罪释放；谁要是死扛，但是同伙坦白了的话，那么他就会被重罚，而其同伙就会被从轻发落。结果是，两个嫌疑犯都坦白了其犯罪行为，按照法律规定受到相应的惩罚。无罪释放，对他们两人而言是最好的结局，却并没有出现。

这个故事被学术界称为"囚徒困境"。我们可以从这个故事得到一个很重要的启发：从每一个自利的个人角度讲都是最优的行为，从集体角度讲不一定是最优的行为。换句话说，就是个人理性与集体理性是存在冲突的。

这个故事可以说从哲学的角度诠释了资本主义的市场失灵：建立在个人主义基础上的资本主义，必然要将人类带入"囚徒困境"。

然而，是不是有了政府这样的公众组织，"囚徒困境"就可以避免了呢？显然不是。因为政府也可能是一个贪腐的政府。只有集体主义或者说社会主义，才能将人类从"囚徒困境"中解脱出来。若我们都按照中国传统文化所主张的"己所不欲，勿施于人"道德观行事，哪里还有什么囚徒困境呢？

■ 本章附录

附录 8-1　爱尔兰的土豆和贵阳的食盐

从 1845 年开始，一种名为"晚疫病"的疫病席卷了爱尔兰，导致大部分土豆腐烂。七年间，爱尔兰人口减少了 1/4，逃亡海外者高达 100 万人。这场空前的饥荒于是又被称为"马铃薯饥荒"。

在这次饥荒中，出现了一件奇怪的事，马铃薯价格在上升，但需求量也在持续增加。英国经济学家吉芬观察到了这种与"需求定律"不一致的现象，这种现象被经济学界称为"吉芬之谜"，而具有这种特点的商品就被称为吉芬商品。

2011 年中国诸多城市也出现了类似"爱尔兰的土豆"的吉芬商品——食盐。

2011 年 3 月 11 日，日本爆发了大地震，日本核电站泄漏、海水被污染、食盐要涨价、食盐供应紧张等谣言四起，于 3 月 17 日贵阳市广大民众不约而同到各大超市抢购食盐，部分不良商家乘机涨价，这更是强化了民众对食盐要涨价、食盐供应紧张的预期，抢购食盐的人群进一步扩大，一时间，有的超市门口排起了数千米的长队等待购买食盐，有的家庭一次就买了几十斤乃至上百斤食盐。

食盐价格上涨了，需求反而增多了。

〔作者按〕这个增加的需求是由价格上涨所导致的吗？答案显然不是，但又不能说完全与此无关。价格不是影响需求的唯一原因。对此比较合理的解释是，谣言使人们对食盐的供给产生了担心，为了未来能安全食用食盐、为了避免以后可能以更高的价格购买食盐，所以现在多买食盐。此时，购买食盐，已经具有投资的性质了。

附录 8-2　荷兰的郁金香

16 世纪中期时，郁金香从土耳其被引入西欧，当时数量很少、价格很高，被上层阶级视为财富与荣耀的象征。投机商看到了其中的商机，就开始囤积郁金香球茎，并推动价格上涨。

1635 年，炒作郁金香的热潮蔓延为全民运动，人们购买郁金香已经不再是为了其内在的价值——作观赏之用，而是期望其价格能无限上涨并因此获利。

1636 年，郁金香价格竟然涨到了一辆马车、几匹马的价格，就连还在地里的球茎都几经转手交易。一年间郁金香的价格上涨了 5900%。

终于，一起偶发事件刺破了这次泡沫：有一个水手，把船主的一棵价值 3000 金币的郁金香球茎拿去当洋葱就着熏腓鱼吃了，这引发了人们对郁金香价格的根本性怀疑。

1637 年 2 月 4 日，郁金香市场突然崩溃，六个星期内，价格平均下跌了 90%。

郁金香事件，是人类历史上第一次有记载的金融泡沫，此事间接导致了作为当时欧洲金融中心——荷兰的衰落。

〔作者按〕随着经济泡沫的破灭，一个国家的经济往往陷入长期的衰退中。日本在 20 世纪 90 年代初房地产泡沫破灭后，陷入了长达 20 多年至今的衰退美国 20 世纪 90 年代信息产业泡沫破灭，依靠房地产泡沫衰退得以暂时的缓解，2007 年终于以金融危机的形式得到总的爆发，都说明了这一点。

附录 8-3　第三种成本和社会理性

成本是任何一个经济学人都很熟悉的名词，但现在流行的经济学分析一般只注重会计成本和机会成本，而不注重另外一种成本，在这里姑且就叫作第三种成本。明确这种成本的含义，对我们深刻理解人类的所作所为会有一些启示。

对于饥饿的人来说，吃饭的效用是很大的。吃饭的成本有二：一是吃饭得付费，这是会计成本，是在获得效用前的耗费；二是吃饭把肚子撑饱了，就不能吃面包或其他的美食了，这是机会成本，是在获得效用时不需要实际支付的一种牺牲。还有一种成本，就是吃了饭后会生病，如营养不良（假如不吃菜）、胆固醇过高（假如吃了过多的蛋白质），就算营养搭配合理，其中的残渣废物对身体的健康仍有危害，这就是所谓的第三种成本，是在获得正效用后需要实际支付的耗费。

也就是说，凡事都有正效用和负效用两方面，在你获得正效用时，你还得接受你原本不想要的但又无法剔除的负效用。这就是哲学上所讲的事物都具有两面性的含义。

市场经济的自由竞争，能使资源的利用最有效率（姑且这样假定），但它面临以下成本：第一，建立市场经济需要付出的直接成本；第二，失去了计划经济和自然经济的好处，人们失去了在计划经济下的无忧无虑和自然经济下的悠然自得（所谓的穷欢乐）；第三，带来了资源流动的鞋底成本和交易费用的增加、自由竞争导致的生活质量下降——就业者整天或者说大部分时间是在忙于自己并不一定真正感到愉悦的工作、失业者为了找到工作而烦恼、国际矛盾激化、生态环境的破坏和生存环境的恶化也使大多数人的生活质量下降；第四，在市场激烈竞争下，企业为了生存不断创新产品，从而淘汰原本效用仍未自然耗尽的旧产品，如现在日益增多的电子产品"垃圾"（即创新的第三种成本）。

在市场经济下，即使物质消费量增加了，但社会的生活质量（或者说社会福利）很难说是得到了净增加，而且我们的后代将为之付出什么样的代价现在还很难定论。

计划经济在资源极端贫乏的情况下，无疑是有效率的，因为实际上在这种情况下自由竞争的结果往往要为社会带来极大的不稳定，为了资源的利用效率却以社会福利的巨大损失为代价是不符合理性原则的。而在生产规模达到一定程度的时候，计划经济有效率的条件也就越来越不易满足了。例如，计划者掌握的经济信息越来越不足、计划实施者面临的道德风险越来越大、计划者的智力也越来越不能满足大规模生产的资源有效配置对其的需要。计划经济最明显的第三种成本是对人力资源的浪费（缺乏有效的激励所致）。

总之，市场经济和计划经济都既有好的一面，也有坏的一面。这自然就会产生"人类在现实中的所作所为是否有意义"的问题。"道"无所不在，世界万物皆依"道"而自行，道家正是由于看到了这点，才提出了"无为而治"的处世哲学观。

西方古典政治经济学家们由于看到了"经济人"与物质财富增长的统一性，主张充分的自由市场竞争；而哈耶克看到了计划经济的第三种成本——大众的"受奴役"和"自由的丧失"，并且认为这成本使得实行计划经济失去了它原本的意义——提高民众的福利，因而主张自由的市场竞争，让经济按照个人理性的路径自由地进行，以实现个人效用的最大化。

但在现实中，从英国盛行重商主义开始一直到当代美国的经济自由化，市场就从来没有完全自由放任过，政府在经济发展的过程中总是不会袖手旁观的。难道所有这些政府作为都错了？凯恩斯的一句名言就足以对此做出回答了："长期，我们都已经死了！"

这话说明，行为当事人首先考虑的是眼前和近期的效用，而不是首先考虑那些不确定的、未来的第三种成本。庞巴维克也正是看到了这样一个人类行为规律——人们总是重视现在而轻视未来，才提出了时差利息论。由于未来的效用无法代替今天的效用，也就是说未来效用是不可贴现的。这是人性短视的一种表现。

从这个意义上讲，一切能改善现状的行为都是有意义的，而不管它最终付出的总成本是否超过了所获得的收益（当然，当期的收益要大于当期的成本）。为了未来的效用而容忍现在苦难的继续和放弃对现有状况的改善，是不符合从个体角度假设的理性人原则的。

但是，"囚徒困境"这个案例告诉我们，我们生活在社会中，而不是生活在鲁滨逊荒岛，立足于个体利益的最优化行为往往会导致集体的利益非最优化。更重要的是，我们不是生活在一个时间停滞的社会，我们不仅要过今天，还要过明天；我们不仅要考虑自己的利益，还有考虑儿子、孙子的利益，因为他们的利益与我们的利益有关。

个人的利益与他人的利益之间，不仅有此消彼长的对立关系，还有相互依存的共生关系，儿子、孙子快乐幸福，我们也快乐幸福。所以，我们需要一个立足于包括个体利益在内的集体利益最优化的行为原则，而不应该放纵个体理性——短视的、极端的个人主义的泛滥。

现有的西方主流经济学的宏观理论，基本上可以说是从当期的个体利益最优化的角度，并且忽视个体利益之间的共生关系来构建的。在这类理论的指导下，世界走向不和谐的、不可持续的发展道路，是必然的。当今世界局势日趋紧张的事实也说明了这一点。

而强调当期的个体利益最优化的思想，又是源于现代文明的核心价值理念之一——尊重人性。但问题是，尊重人性不等于可以任由人性泛滥。这是推崇自由化思想的现代文明在逻辑上存在的矛盾。世界需要新的文明，一种立足于长期的（或者说可持续的）、集体的利益的价值理念之上的文明，即社会理性。

■ 思考与讨论

1. 为什么房价不断上涨，对房屋的需求不减反增？
2. 为什么房价上涨到一定阶段后，对房屋的需求会减少？
3. 汽车对于一个穷人和一个富人来说，是不是都算奢侈品？为什么？
4. 贵阳市为什么收入水平不高而物价水平很高？

第九章

宏观经济学

宏观经济问题的分析，永远也离不开微观的知识。

——刘明国

有关宏观经济或国民经济运行和变革的认识或理论，在前面所述的各种经济学理论体系中都已经有很多值得我们借鉴的真知灼见、远见卓识。在此不再一一赘述。本章主要是讨论目前世人所关心的几个宏观经济问题并介绍有关理论。

■ 第一节　失业、价飙与财富的生产

失业、价飙这两个问题，是折磨市场经济模式或资本主义社会的两大"瘟神"。

失业，是市场失灵的一个重要表现。劳动人民一旦失业了，他们的生活就会受到严重影响，福利水平就会下降。当失业成为一个普遍形象，影响到千家万户时，社会就会不稳定，市场有效需求也就会显著萎缩，市场机制下的国民经济就难以持续健康运转，社会资源就不能得到充分利用，甚至还会带来经济危机、社会动荡、政权更替等。

价飙，是指国民经济中物价水平持续快速上涨现象。之所以价飙是宏观经济学的一个重要问题，因为它涉及社会财富的一次再分配，同时还影响到经济社会中的生产和销售。如果你出售的商品（包括你自己的劳动力）价额增加数，没有你买入（与原来同样多的）商品所付出的价额增加数多，那你就在价飙中吃亏了。在价飙中，总是几家欢喜几家愁。一旦价飙演变成"荷兰的郁金香"，就不仅仅是财富的再分配问题了。

西方主流经济学用通货膨胀来表示价飙。但是，通货膨胀的说法存在逻辑上的混乱。通货膨胀，顾名思义是指货币膨胀、货币扩张、货币供应量快速增加。而现实中人们所担心的问题是手中的货币贬值，这与货币扩张并不是一一对应的，因为在货币扩张的情况下货币并不一定贬值。

我国在1996年经济"软着陆"后大量发行货币，但是一直到2002年物价水平却并没有相应上涨（货币贬值最终在2003年至今的房价暴涨引导下表现出来），就是一个实例。[①]美国在1971年布雷顿森林体系解体后大量超发美元，但其物价水平也并没有相应

---

① 注：实际上，从1996年开始，我国还出现了货币量（M2）大于GDP的情况，即存在"超发货币"，"超发货币"还呈现出不断增长的趋势，学术界称之为"中国货币之谜"。

上涨（货币贬值转移到其他国家去了），是另外一个实例。

同时，某些商品价格上涨也并不意味着你手中的货币贬值。只有大多数商品价格都上涨的情况下，整个国民经济中的货币才贬值了。比如，豪华轿车、航天飞机等，不管它们的价格如何涨，对你我手中货币的价值基本没有什么影响，因为你我就不买它们。

价飙不是一个单纯的货币与商品的交换比例变化的问题，它还是国民经济中若干商品交换比例（价格）联动变化的问题。在整个商品交换比例联动变化过程中，往往存在某些商品价格上涨较快（幅度较大），而其他商品价格上涨较慢（幅度较小）的规律。比如，消费品价格往往就要比工资上涨得快，垄断性产品价格就往往要比竞争性产品价格上涨得快。类似于《管子》作者所说的"多则贱，寡则贵""散则轻，聚则重"[1]，"物臧（藏）则重，发则轻"[2]。

有些时候，不是货币扩张了导致物价上涨，反而是物价上涨导致货币扩张了。货币的扩张并不一定需要货币发行者增加发行，货币使用的频率提高也可以使货币运行量扩张。[3]而物价上涨是货币使用的频率提高的重要原因之一。

一、失业的类型及其原因

就失业类型或原因，除了马克思主义政治经济学的相对人口过剩理论外，目前西方主流经济学主要有以下理论。

（一）周期性失业理论

该理论认为，失业是由经济周期性波动所致；经济由繁荣走向衰退和萧条时所引起的失业，就是周期性的失业。周期性的失业，也是马克思主义者所关注的失业。至于经济周期的原因，留在本章第二节讨论和介绍。

（二）结构性失业理论

该理论认为，失业是由劳动力供给结构与需求结构不匹配所致。比如，我们现在需要英明的国家领袖，需要能"点石成金""化水为油"的高级工程师或科学家，但是你却不具备这个能力，你的失业就是结构性的失业。

（三）摩擦性失业理论

该理论认为，工人从一个工作岗位到另外一个工作岗位、从一个工作地点换到另外一个工作地点，这期间的失业就是摩擦性的失业。

（四）自愿失业理论

该理论认为，你找工作总是挑三拣四——既希望工资高，又想着工作轻松、工作环境

---

① 《管子·国蓄》（转引自：胡寄窗. 1981. 中国经济思想史简编. 北京：中国社会科学出版社：143）。

② 《管子·揆度》（转引自：胡寄窗. 1981. 中国经济思想史简编. 北京：中国社会科学出版社：142）。

③ 注：对于一定时间内同一货币的使用次数，有两种表达：一种是流行教科书的说法，"货币的流通速度"；另一种是罗天勇的说法，"货币使用的频率"。作者认同罗天勇的说法（参见：罗天勇. 2004. 货币运动的动力学研究. 南开大学博士学位论文）。

优越，结果没有找到自己满意的工作，你的失业是你自愿的，这种失业就是自愿失业。但是，谁又愿意去做工资连养家糊口都不够的工作呢？谁又愿意去做那些以牺牲身体健康为代价、有生命危险的工作呢？谁又应该去做这样的工作呢？

（五）自然失业率理论

庸俗经济学家认为，摩擦性失业和自愿失业是国民经济"正常"的失业、是"充分就业"的失业率，这两个指标之和就是"自然失业率"；只有当实际失业率超过自然失业率时，失业才是过多的。[①]

但问题是：当你失业时，你究竟属于哪一种失业呢？哪些失业不是自愿的呢？只要你参与了选择，不管选择的结果是多么的令人悲哀，哪怕你是多么的迫不得已，那都是你意愿的表达。这是庸俗经济学家们忽悠世人的拿手好戏——唯心主义。

二、价飙的类型及其原因

价飙的问题，其实并不是市场经济或者资本主义社会特有的问题。只不过在第二次世界大战以后（严格说来，是1971年布雷顿森林体系解体以后），这一问题尤为严重。究其原因，这并没有什么复杂和难以理解的，一是货币的滥发，尤其是美元作为世界货币的滥发与投机，二是诸多资源和产品的私人垄断或其他因素导致供给突然大幅减少乃至于出现供不应求的态势。从本质上讲，就是这个世界和各个国家内部社会谈判势力结构的失衡所致，也就是少数人利用市场机制掠夺大多数人的表现。

但西方主流经济学家们不这么认为，他们认为价飙主要有以下类型与原因。

（一）需求拉动通货膨胀

该理论认为，通货膨胀是由需求过旺——总需求超过总供给——导致的，换成流行的话说，就是"较多的货币追逐较少的商品"。这个说法，不能说它错，但是至多描述了价飙的一个表象罢了，难以称为透过现象看本质的理论。

（二）成本推动通货膨胀

该理论持有者认为，通货膨胀是由生产成本提高导致，尤其是工资的提高更是通货膨胀的"罪魁祸首"。所以，他们认为，要治理通货膨胀，就是要冻结工资的上涨，要强力打击工会，不能让工人团结起来，以避免工资在工会的推动下上涨。

石油，作为工业化的当代社会重要的生产资料，其价格上涨也被认为是推动通货膨胀的成本性因素。然而，对于石油价格上涨的原因，西方主流经济学家们却是避之不谈。

（三）结构型通货膨胀

该理论认为，国民经济中总是有朝阳产业（生产率提高速度快或产品市场不饱和）和夕阳产业（生产率提高速度慢或产品市场已饱和），朝阳产业的利润率往往比较高，

[①] 萨克斯 J, 拉雷恩 F. 2004. 全球视角的宏观经济学. 费方域, 等译. 上海：上海三联书店，上海人民出版社：430-431.

其工资水平也就往往比较高，这样一来，就会导致夕阳产业等其他利润率较低行业的工人攀比，进而迫使其工资水平也上涨，在成本推动通货膨胀机制作用下，形成通货膨胀。

总之，还是工资上涨惹的祸。

三、财富的生产和财富生产的扩张

财富生产，是宏观经济学的又一个重要问题。而财富生产的扩张（即经济增长），是西方主流经济学和西方古典政治经济学的核心问题。中国古典政治经济学、马克思主义政治经济学和国家经济学，不仅关心财富的生产，而且关心财富分配的问题，更重要的是经常将财富分配与财富生产问题联系起来考虑。

在此我们主要简单说明一下财富生产的一些基本知识，甚至是常识。

我们在前文财富（价值）的源泉部分已经提到，财富的创造离不开人类劳动和自然力。但是，劳动力为什么要和自然力结合在一起形成生产力，并创造出财富呢？它们又是通过哪些方式结合在一起形成生产力的呢？这些不同的生产结合方式在财富生产过程中又有什么区别呢？不同的生产结合方式下，经济增长的规律又有何不同呢？

在不同的经济制度下，人类劳动和自然力的结合方式是不同的。在不同的产业，人类劳动和自然力的结合方式也是不同的。比如，在欧洲的农奴制度下、资本主义制度下的劳动和自然力的结合方式，与在社会主义制度下、小农经济制度下的劳动和自然力的结合方式，就是不同的，它们的财富生产方式和财富生产扩张（即经济增长）规律也是不同的。又比如，农业生产和工业生产及其他产业的生产，其劳动和自然力的结合方式也是不同的。

按照西方主流经济学的四要素生产理论，财富的生产离不开资本、劳动、土地、企业家才能四个生产要素。在四要素理论里，生产资料、生产工具被抽象化了，仿佛只要有资本（实指货币资本），生产资料和生产工具总是会有的，资源稀缺假设在此被遗忘了；生产关系也被简化掉了，仿佛财富的分配与财富生产无关似的。至于其两要素（或三要素）的柯布-道格拉斯生产函数，就更是抽象和简化了，以至于让我们不能从中获得有关真实经济世界中财富生产的基本特征了。[①]

在欧洲的农奴制度下，财富生产（及其扩张）的主要制约因素是农奴的数量，谁拥有的奴隶多，谁就更为富有。

在中国古代的封建领主制下，财富生产（及其扩张）主要受制于人口数量、生产技术及生产工具。而在中国小农经济制度下，财富生产（及其扩张）大多时候则主要受制于生产技术和生产工具。

随着产品剩余的出现，尤其是财富生产工业化后，财富生产（及其扩张）的主要制约因素逐渐转变为市场的大小了。社会化大生产（实为商品化生产）下的资本主义社会，就具有这种特征。

---

① 注：柯布-道格拉斯生产函数认为，社会产品生产数量由资本和劳动的数量及生产技术决定。这里没有产品差别，也没有生产要素禀赋的差别，没有生产关系，没有历史性条件，没有自然环境因素，没有市场大小。这样的理论，是超越了时空的理论。

但是，随着财富生产的工业化在世界范围内的扩张，自然资源日趋贫乏、自然环境日趋恶化，财富生产及其扩张不仅依然要受到市场大小的制约，而且受到自然资源和自然环境条件的制约越来越显著。

分工、科学技术进步，虽然有助于财富生产的扩张，但始终不可能使人类财富生产摆脱自然资源和自然环境的制约，同时也不可能使人类财富生产摆脱经济规律的制约。技术进步不是万能的。

■ 第二节　经济周期

伴随着失业、价飙和经济危机，是经济的周期性波动。那经济为什么会出现周期性波动呢？这个问题其实类似于"为什么会出现失业""为什么会出现经济危机"。这两个问题与"经济为什么会繁荣"结合在一起，就构成了经济周期理论。

对于经济周期性波动中的前两个问题，马克思主义政治经济学已经做了非常深刻、全面的解释——相对过剩理论、经济危机理论。但西方主流经济学家们对经济周期性波动给出了他们的解释，主要有以下几种理论。

（一）乘数-加速数经济周期理论

该理论持有者认为，随着经济社会中投资的增长，会带来两个环节的联动影响：第一个环节的影响，是国民收入会按照某个乘数增长，第二个环节的影响，是随着第一个环节的国民收入的增长，经济社会中的投资会加速增长，反之亦然。

之所以投资增长会导致国民收入增长，这是由前面所述的国民收入核算理论（或"三驾马车"理论）得来的。而国民收入的增长会导致投资的加速增长，是由于投资生产中固定投资额往往是年产值的若干倍。为了满足由国民收入增长带来的消费需求，投资会加速增长。

在经济复苏时，由于经济社会中存在投资-国民收入-投资的乘数-加速数增长机制，经济很快就进入繁荣阶段。但是，由于市场有效需求的增长滞缓于生产的扩张，市场产销量在生产扩张到一定阶段后趋于稳定，此时投资（增量）会出现加速地减少，进而引发国民收入（增量）和投资的与复苏阶段完全相反的乘数-加速数作用，经济开始衰退。

在经济衰退时，由于存在自主消费和自主投资的遏制，国民经济中的消费和投资不会无限制地下降，当国民经济受到自主消费和自主投资的支撑不再继续衰退时，经济就处于萧条状态了。

我们不得不说，在市场经济模式下，经济确实存在大起大落的特征，投资-收入-消费-投资之间也确实存在内在的联动关系。这可以说是西方主流经济学中难得的有关宏观经济运行的富有价值的理论。

（二）创新周期理论

熊彼特认为，创新是经济周期性波动的主要原因，创新不是均匀的连续的过程，也有高潮和低潮，因此导致经济周期性波动。熊彼特认为，在技术出现重大变革或者出现重大发明时，创新往往会呈现出潮涌的特征，经济快速地由复苏走向繁荣；当这一波创新浪潮带来的经济增长潜力穷尽时，经济就开始出现停滞并转向衰退，直至萧条。

这也是西方主流经济学中值得我们借鉴的宏观经济理论。

（三）政治周期理论

该理论持有者认为，（实指在西方政治制度下）当政者为了获得选民的支持，往往会采用凯恩斯主义所主张的赤字政策以促进经济增长、增加就业，等其一旦重新当选后，为了削减赤字又不得不采用相反的经济政策，从而使经济出现周期性波动。

（四）太阳黑子周期论

该理论持有者认为，由于太阳黑子的周期性爆发，农业生产出现周期性的丰收和歉收，进而导致整个国民经济周期性波动。这个思想，类似于两千多年前中国著名政治家、经济学家范蠡的经济循环论。不同的是，年代晚了很多。

实际上，在市场经济模式下，资源始终是哪里有利润就配置在哪里，在"从众心理"的作用下和"用现在来推测未来"的习惯性思维下，投资在经济复苏时往往是"一窝蜂"似地猛增，在经济衰退时又像"受惊的兔子而集体性的裹足不前"。

从上述种种经济周期理论我们可以看出，影响经济周期性波动的原因很多，其中，哪些是主要的原因、哪些是次要的原因，是需要我们注意区别的。而且，上述经济周期理论基本上都是针对资本主义社会的。

作者认为，资本主义经济制度及社会生产的工业化（商品化），是市场经济模式或资本主义社会经济周期性波动的主要的、根本性的原因，天体的周期性运动、创新的周期性、国民经济中投资-收入-消费-投资的联动变化机制、从众心理等非理性因素，等等，不过是次要的辅助性的原因。

如果我们将视野放到人类发展的整个历程，那么经济周期性波动的规律依然需要我们继续研讨，如黄宗羲周期律。

▎第三节　国际分工贸易与金融

人类进入 20 世纪后，尤其是随着经济全球化后，国际分工、国际贸易和国际金融就成为宏观经济学的又一个重要问题了。[①]

自从西方资本主义国家崛起，国际贸易、国际分工和国际金融在宏观经济运行中的地位也就日益突出。从 15、16 世纪西方国家开辟远洋航线开始至今，国际分工、国际贸易和国际金融大体可以划分为以下几个阶段或几种情况。

---

① 注：实际上，除了上述的宏观经济问题外，还有与金融相提并论的财政赤字、主权债务问题。由于受本书篇幅的限制，就不作介绍了。

第一个阶段（或第一种情况），谁生产的产品物美价廉，谁就可以从生产繁荣中崛起。荷兰作为"海上马车夫"的崛起就是这个阶段的标志。荷兰因此集聚了巨额的货币（金银）资本，并最终孕育了"郁金香金融泡沫"。

第二个阶段（或第二种情况），殖民扩张。在宗主国和被殖民地之间，被殖民地生产、出口原料性产品和农产品，宗主国生产、出口消费品和工业产品，宗主国垄断被殖民地的商品进出口及其产品定价权，财富（包括金银）通过这样的不平等贸易而源源不断地由被殖民地向宗主国输送。

最终的结果是，宗主国和被殖民地之间两极分化——宗主国富庶且经济繁荣，被殖民地贫困且经济萎缩。英国在全世界的殖民是这种情况的标志。英国对中国进行罪恶的鸦片贸易及发动的鸦片战争，是这个阶段的典型事件之一。这样的国际分工与贸易必然激起广大被殖民地的反帝国主义独立运动。

第三个阶段（或第三种情况），美元作为世界货币。此时国际分工、贸易和金融出现了诸多新的特征，其中，美国利用美元霸权从全世界获取财富是最为基本的特征（美元霸权的形成过程，读者可回顾第五章附录5-2）。我们用图9-1和图9-2作以大体的表示。

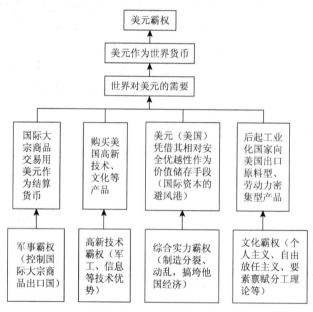

图9-1　美元霸权主导下的国际分工与贸易

在图9-1中，美国往往是高价出卖其产品给其他国家，并低价买入他国产品，而且经常是卖出的产品价额还远不及买入产品的价额，中间的差额也就用增发美元来填补了。

在美元霸权主导下的国际金融关系中，汇率是一个关键性的问题。也就是说，在美元霸权主导下的国际金融中，对于每一个国家而言，汇率应该是多少、又应该如何确定（或者说其决定机制应该是什么），应该如何应对美元霸权、应该如何对待外国资本，都是非常重要的问题，同时，也是学术界至今仍然争论不休的问题。

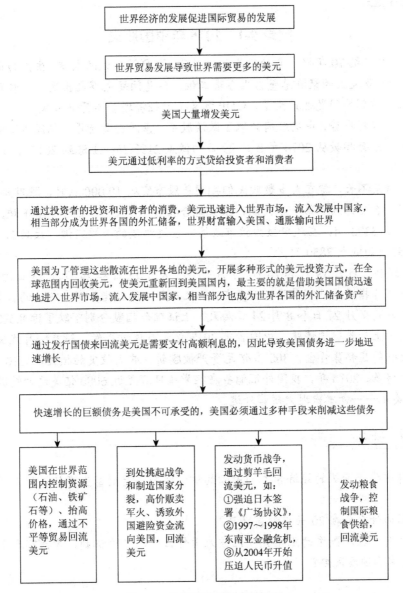

图9-2 美元霸权下的国际金融

或许，两千多年前《管子》作者提出的有关国际金融的轻重理论仍然值得我们借鉴："人君操谷币准衡，而天下可定也"[①]；"力重与天下调，彼重则见射，轻则见泄，故与天下调。泄者，失权也；见射者，失策也"[②]。

① 《管子·山至数》（转引自：胡寄窗.1981.中国经济思想史简编.北京：中国社会科学出版社：145）。

② 《管子·山权数》（转引自：谢浩范，朱迎平译注.2009.管子全译（下）.贵阳：贵州出版集团，贵州人民出版社：725）。

■ 本章附录

附录 9-1 2015 年中国股灾

中国从 20 世纪 70 年代末开始改革开放以来，取得了巨大的成就，生产力得到了极大的发展，GDP 意义上的经济总量占世界第二位，但是问题也随之出现了，如产品、货币和劳动力相对过剩的问题也产生了，GDP 意义上的经济增长率开始放缓。

针对这一经济形势，中央政府采取了做活股市、盘活存量货币、积极为实体经济输血的方略。上证综合指数从 2014 年 8 月 29 日的低点 2193.26，上涨到 2015 年 6 月 12 日的高点 5178.19。

但是，好景不长，就在大多数股民们期望着股市突破 10 000 点时，股市开始掉头了。2015 年 6 月 15 日开始了第一个大跌，上证综合指数跌了 2%，然后一路下跌，7 月 9 日跌到一个低点 3373.54，在政府极力救市政策下经过两波的小幅回调，最后在 2015 年 7 月 26 日跌到新的低点 2850.71。

其间，经历了 6 月 19 日和 26 日、7 月 27 日、8 月 18 日和 24 日及 25 日的千股跌停，前三日上证综合指数每日下跌了三百多点，后三日上证综合指数每日下跌两百多点，下跌百分比最大的是 7 月 27 日和 8 月 24 日两天，上证综合指数分别下跌了近 8.5%。

一时间，上千股被迫停牌，中国股市 20 万亿元市值被蒸发，股市一片哀嚎。传言号称宁波敢死队的某私募资金，300 多亿元资产被腰斩。这次股灾的损失，远比 1929 年美国的股灾大得多。2015 年，我国外汇储备在经常项目顺差近 6000 亿美元的情况下还减少了 4830 亿美元——资本出现大规模外逃。

■ 思考与讨论

1. 为什么资产阶级的经济学家们关心的核心问题，是财富生产的扩张而不是民众的幸福安康？

2. 美国为什么会在 20 世纪称霸世界？

3. 你认为中国人民币的汇率究竟应该采用什么样的定价机制，才最有利于中国可持续的国强民富和国泰民安？